АКАДЕМИЯ НАУК СССР
ИНСТИТУТ ЭКОНОМИКИ

ВОПРОСЫ ЭКОНОМИКИ

ЕЖЕМЕСЯЧНЫЙ ЖУРНАЛ

ВЫХОДИТ С ЯНВАРЯ 1929 г.

2

ФЕВРАЛЬ

1981

МОСКВА. ИЗДАТЕЛЬСТВО «ПРАВДА»

СОДЕРЖАНИЕ

ВОПРОСЫ ПОЛИТИЧЕСКОЙ ЭКОНОМИИ

НАВСТРЕЧУ XXVI СЪЕЗДУ КПСС

ЭКОНОМИКА МИРОВОЙ СОЦИАЛИСТИЧЕСКОЙ СИСТЕМЫ

ОБМЕН МНЕНИЯМИ

В ПОМОЩЬ СИСТЕМЕ ЭКОНОМИЧЕСКОГО ОБРАЗОВАНИЯ

КРИТИКА И БИБЛИОГРАФИЯ

НАУЧНАЯ ЖИЗНЬ

А. Еремин

ЭКОНОМИЧЕСКАЯ НАУКА И ИДЕОЛОГИЧЕСКАЯ, ПОЛИТИКО-ВОСПИТАТЕЛЬНАЯ РАБОТА

Одно из важных направлений строительства коммунистического общества — формирование нового человека, его воспитание. Оно тесно связано со всеми другими направлениями общественного прогресса, с развитием экономического строя, но происходит не автоматически, а в непосредственной зависимости от изменений в экономике или от улучшения материальных условий существования. В то же время процесс формирования нового человека прямо влияет на весь комплекс форм социальной жизни. От успехов идеологической, политико-воспитательной работы все больше зависят ход экономического, социально-политического и культурного развития страны, реализация возможностей развитого социализма, осуществление ленинского внешнеполитического курса Советского Союза, укрепление его международных позиций.

Специфической ролью данного фактора общественного развития обусловлены программные задачи КПСС в области формирования коммунистического сознания, мировоззрения членов общества, воспитания всех трудящихся в духе идейности и преданности социалистической Родине, делу коммунизма, коммунистического отношения к труду и общественной собственности, коммунистической морали и нравственности, полного преодоления буржуазных взглядов и нравов, обеспечения всестороннего, гармонического развития личности при использовании всех богатств духовной культуры. Задачи коммунистического воспитания на современном этапе развития нашей страны нашли всестороннее отражение в материалах XXV съезда КПСС, в постановлении ЦК КПСС (апрель 1979 г.) «О дальнейшем улучшении идеологической, политико-воспитательной работы».

В проекте ЦК КПСС «Основные направления экономического и социального развития СССР на 1981—1985 годы и на период до 1990 года» начавшееся десятилетие комплексно характеризуется как новый этап в создании материально-технической базы коммунизма, развитии общественных отношений, формировании нового человека. В проекте отмечено большое значение для экономического развития улучшения воспитательной работы, мобилизации масс на безусловное выполнение плановых заданий. В то же время практическая зависимость экономических успехов от массовой воспитательной работы предполагает и необходимость анализа взаимозависимости последней с экономической наукой.

Улучшение всей идеологической и политико-воспитательной работы тесно связано с развитием экономической науки, функцией которой является познание объективной экономической реальности, объективных закономерностей ее движения. Партийность нашей марксистской экономической науки вопреки инсинуациям недругов коммунизма отнюдь не состоит в том, что она как бы задним числом обосновывает субъективно выдвигаемые задачи или «подгоняет» к ним свои выводы. Более того, такое ложное понимание партийности нашего обществоведения в целом и экономической науки в частности было бы грубо искаженным пониманием взаимосвязи научного знания и идейно-воспитательной работы, оно подрывало бы не только смысл научного знания, но и действенность воспитательной работы.

Марксизм исходит из объективности научного знания, его независимости от любых заранее заданных идеальных установок [1]. Основная линия взаимосвязи науки и идеальных установок (при всем громадном значении идеалов, морально-ценностных установок и т. п.) характеризуется направленностью от первой ко вторым. На это указывал, в частности, Ф. Энгельс в письме П. Лафаргу, говоря о субъекте научного знания, «человеке науки» и его партийности: «Коль скоро речь идет о «человеке науки», экономической науки, то у него не должно быть идеала, он вырабатывает научные результаты, а когда он к тому же еще и партийный человек, то он борется за то, чтобы эти результаты были применены на практике» [2]. Иными словами, с точки зрения субъекта экономической науки главная его социальная роль состоит в выработке объективного знания, что тесно связано и с распространением научного знания, реализацией его в практической деятельности. Отсюда и прямая линия связи, идущая от экономической науки к практике идеологической, воспитательной работы, связи, которая имеет ряд направлений, ряд «выходов» на воспитание советских людей, в том числе такие, как обеспечение сознательного отношения к труду, хозяйского отношения к делу, укрепление дисциплины и ответственности; развитие социально-экономической активности (трудовой активности, соучастия в хозяйственном управлении), социалистического демократизма; раскрытие экономических преимуществ социализма, неизбежности гибели капитализма. Раскрытие объективных преимуществ экономического строя социализма, его исторической прогрессивности, коренных черт и тенденций, как и критический анализ современного капитализма, имеют непосредственное значение для идеологической борьбы, разоблачения буржуазной идеологии. Экономическая теория — основа экономического образования и, следовательно, непосредственно служит всестороннему развитию личности членов общества.

Существует и прочная глубинная основа прямой связи [3] специфически научной экономической и идеологической, воспитательной работы.

* * *

Связь экономической науки и идеологической, воспитательной работы обусловлена прежде всего тем, что политическая экономия (то есть сердцевина системы экономических наук) является составной частью марксизма-ленинизма, а марксистско-ленинская теория — основой идеологической и воспитательной работы при социализме. «Дело коммунистического воспитания, как и всю свою революционно-преобразующую деятельность,— отмечалось на XXV съезде партии,— КПСС строит на прочном фундаменте марксистско-ленинской теории».

Марксистско-ленинская теория, выступая фундаментом всей деятельности партии, развивается не только в результате усилий специалистов по изучению ее отдельных составных частей. Роль же ученых-

[1] В этом смысле Маркс определял свои взгляды как противоположные идеологическим взглядам (см. К. Маркс и Ф. Энгельс, Соч., т. 13, стр. 8).

[2] К. Маркс и Ф. Энгельс, Соч., т. 36, стр. 170.

[3] Указание на прямую связь само по себе означает и существование обратной связи идеологии с развитием экономической теории. Тем более такое указание не может истолковываться как недооценка роли идей, ибо идеи, овладевая массой, как известно, становятся материальной силой.

обществоведов (и их ответственность) при этом весьма важна именно в силу того, что они члены общества, специально работающие в области разработки социальной теории. И поэтому в своей теоретической деятельности партия постоянно опирается на исследования советских ученых-обществоведов.

Политическая экономия как наука, изучающая глубинные, материальные основы деятельности людей, реальный экономический базис, над которым возвышаются и от которого зависят все другие сферы социальной жизни, играет особую роль во всей преобразующей (в том числе воспитательной) деятельности партии, общества в целом. Идейно-воспитательная работа призвана вооружать массы глубоким пониманием закономерностей, перспектив общественного развития, а такое понимание вырабатывается на основе научных знаний. Ничто не может заменить науку в объяснении перспектив исторического развития, ибо она обладает свойством их «опережающего отражения» на базе выявления и анализа объективных тенденций. Объяснение экономических закономерностей, перспектив развития имеет основополагающее значение для понимания всех других социальных процессов. Обратное же влияние идейно-воспитательной работы на экономическую науку, ее развитие проявляется уже в том, что она предъявляет свои требования к усилению, углублению разработки тех или иных теоретических проблем. Так, анализируя состояние и уровень идейно-воспитательной работы, партия определяет обычно и задачи экономической науки. Существенно также значение воспитательной работы как самостоятельного фактора хозяйственной жизни. Хотя экономическая теория является одной из важных основ идейно-воспитательной работы, сама эта работа, ее воздействие на умы и чувства людей прямо влияет на хозяйское отношение индивидов к народному богатству, на развитие личной ответственности каждого члена общества за обеспечение роста производства, повышение эффективности работы и т. д. Этот фактор хозяйственной жизни не может не учитываться экономической теорией. В частности, любые концепции по тому или иному теоретическому вопросу не могут не оцениваться и с точки зрения идеологической, с точки зрения воспитания нового человека.

Первостепенное значение общественной, в том числе экономической, науки для идейно-воспитательной работы обусловлено также и тем, что успешность, результативность последней зависит от правильной политической линии. Политика же партии, в особенности экономическая политика, основывается на теории марксизма-ленинизма, в том числе его экономическом учении [4]. Как теоретическая база экономической политики политическая экономия лежит в основе идейно-воспитательной работы, в ходе которой решается задача глубокого разъяснения этой политики массам, мобилизации масс на ее практическое осуществление.

Таким образом, влияние экономической науки на идейно-воспитательную работу можно рассматривать и непосредственно как одну из основ последней и как базу экономической политики, глубокое разъяснение которой, в свою очередь, составляет важный элемент воспитания сознательного отношения к задачам коммунистического строительства.

Большое значение экономической науки для идейно-воспитательной работы определено уже самим объектом ее исследований, охватывающим основную сферу формирования и проявления личности, в том числе ее нравственных качеств, на развитие которых нацелена воспитательная работа. Марксистско-ленинская политическая экономия изу-

[4] Речь, естественно, идет лишь об основах экономической политики, а не о ее полном, целостном представлении. Ленин в свое время отмечал, что разрешить один и тот же вопрос «практически или теоретически совсем не одно и то же» (В. И. Ленин, Полное собрание сочинений, т. 44, стр. 41).

чает функционирование и развитие коммунистического способа производства в диалектической взаимосвязи движения экономического строя с изменениями в производительных силах. Еще более широким является предмет экономической науки в целом как сложной системы экономических знаний, поскольку она исследует все аспекты общественной организации труда, его эффективность. Анализ объективных экономических закономерностей, форм и условий развития всех сторон экономической жизни общества — важный момент ориентации жизнедеятельности членов общества как носителей всех общественных отношений, выработки в них вполне определенной целенаправленности, устойчивой сознательности поведения, идейной убежденности.

Воспитанию идейной убежденности и сознательного активного участия трудящихся в коммунистическом строительстве способствуют все экономические исследования, изучение разных сторон экономической действительности, сфер трудовой деятельности, но при этом особое значение имеют фундаментальные исследования. Роль теории всегда высоко оценивалась нашей партией. «...*Роль передового борца,*— указывал В. И. Ленин,— *может выполнить только партия, руководимая передовой теорией*» [5]. Значение науки, в том числе фундаментальных исследований, в современных условиях отмечалось на XXV съезде КПСС. Непреходящее значение для улучшения идейно-воспитательной работы имеют исследования в области политической экономии, особенно политэкономии социализма. Исследование таких ее основополагающих проблем, как, например, проблемы общенародной собственности, основного экономического закона социализма, планомерной формы функционирования социалистического производства, его непосредственно общественного характера и т. д., играет важную роль в идеологической работе.

Марксистско-ленинская идеология как система определенных взглядов и представлений отражает действительное историческое движение социальных сил, действительное направление их развития как раз вследствие своей научности. Фундаментальные идеи марксистско-ленинской политэкономии социализма органически включены в содержание воспитательной работы, поскольку основополагающей задачей этой работы является распространение марксистско-ленинской идеологии, а значит, пропаганда важнейших черт и характеристик социалистического (коммунистического) общественного способа производства, раскрытие его исторической прогрессивности.

Фундаментальные политэкономические исследования всегда носят социальный характер, зачастую прямо «стыкуются» с задачами идеологическо-воспитательной работы, поскольку последняя способствует формированию человека как личности, «обслуживает» разностороннее развитие членов общества. Политэкономия социализма не может не исследовать специально тенденции развития субъективного фактора производства не только потому, что это связано с пониманием, с раскрытием объективного движущего мотива социалистического коллективистского производства. Ф. Энгельс отмечал, что «общее ведение производства силами всего общества и вытекающее отсюда новое развитие этого производства будет нуждаться в совершенно новых людях...», имея в виду людей «со всесторонне развитыми способностями», «способных ориентироваться во всей системе производства» [6]. Формирование всесторонне развитого человека как необходимость коллективистского производства имеет прямое отношение и к объекту политэкономии и к задачам идеологической, воспитательной работы. Всесторонне развитый человек — идеал коммунизма, научно обоснованный идеал, а воспитание в духе таких идеалов — важнейшая часть идеологической работы.

[5] В. И. Ленин, Полное собрание сочинений, т. 6, стр. 25.
[6] К. Маркс и Ф. Энгельс, Соч., т. 4, стр. 335.

Первостепенное значение в этом смысле имеет исследование политэкономией основного, глубинного отношения экономической системы социализма — общенародной собственности. Роль общенародной собственности, основной связи всех других отношений коммунистического способа производства, реализующейся в их системе, в то же время выходит за рамки экономических отношений, так как она в конечном счете определяет характер всех социальных отношений как отношений коллективистских, демократических по своему духу.

Даже с преимущественно материальной точки зрения общенародная собственность является по своей глубинной сути непосредственно общественным присвоением условий производства, то есть присвоением, осуществляемым обществом как целым. Данный аспект общенародной собственности весьма важен не только для политико-воспитательной работы, но и для раскрытия правовых основ государственной собственности (охватывающей предприятия, землю, недра, накопленные средства, используемые в непроизводственной сфере, и т. д.), представляющих собой проявление общенародной собственности. Сохранение и развитие материальных условий производства, находящихся в общественной собственности (в том числе и колхозной, развивающейся в сторону сближения с общенародной),— главный фактор решения всех социальных задач и прежде всего обеспечения жизненных потребностей каждого члена общества. При этом воспитание хозяйского отношения к общественным средствам производства, добросовестного отношения к труду, благодаря которому преумножается общественное богатство,— важнейший фактор самой хозяйственной жизни [7].

В социально-экономическом смысле отношения собственности всегда представляют собой отношения по поводу соединения вещественного и личного факторов производства. В коммунистическом (социалистическом) способе производства решающие общественные средства производства непосредственно соединены с совокупной рабочей силой общенародной ассоциации производителей (как бы это ни выглядело на поверхности явлений). Такое соединение и является основой существования общенародной ассоциации с ее отношениями коллективизма. Именно отсюда объективно вытекают и демократизм нашего экономического строя, всех социальных отношений, как и задача его развития по мере зрелости основного экономического отношения. Несомненно, раскрытие содержания общенародной собственности имеет важнейшее значение для организации идеологической, политико-воспитательной работы, для развития в каждом труженике чувства сохозяина производства, его социально-экономической, в том числе трудовой активности, и т. д.

Из указанного характера соединения факторов производства, из общенародного присвоения следует, что движущий мотив, объективная цель функционирования и развития коллективистского производства — обеспечение благосостояния, свободного, всестороннего развития каждого члена общества [8]. Коллективистское производство, основанное на об-

---

[7] В конкретных условиях нашей хозяйственной жизни можно наблюдать немало негативных явлений, фактов проявлений эгоистических интересов отдельными лицами, в том числе и некоторыми хозяйственными руководителями (приписки, стремление к занижению планов и т. д.). Их преодоление зависит и от экономической науки, от анализа реальных противоречий развития экономики и определения путей их преодоления, от ее участия в процессе совершенствования хозяйственного механизма и т. д. Но существенны здесь и самостоятельная роль воспитательной деятельности, эффективность идеологической работы.

[8] См., например, В. И. Ленин, Полное собрание сочинений, т. 6, стр. 232. Основоположники марксизма писали об обеспечении всем членам общества путем общественного производства не только вполне достаточных и с каждым днем улучшающихся материальных условий существования, но также полного свободного развития и применения их физических и духовных способностей (см. К. Маркс и Ф. Энгельс,

щенародной собственности, не может иметь никакого другого всеобщего объективного стимула своего движения. Иначе говоря, основным экономическим законом социализма выступает непосредственно общественное производство благ с целью обеспечения благосостояния и всестороннего развития всех членов общества [9].

Объективный движущий мотив коллективистского производства находит прямое отражение в высшей цели экономической политики Коммунистической партии и Советского государства, которая реализуется как главная политическая задача. Разумеется, экономическая политика партии исходит из целого спектра задач. Такими задачами служат, например, обеспечение научно-технического прогресса, дальнейшее развитие сельского хозяйства и т. д. Но высшей, интегрирующей целью является рост материального благосостояния и культурного уровня людей, что прямо связано с объективным движущим мотивом социалистического производства. Раскрытие высшей цели экономической политики, практических путей ее реализации составляет важное условие успешности идейно-воспитательной работы. Это один из примеров тесной связи фундаментальных положений политэкономии социализма с решением воспитательно-пропагандистских задач. При этом идейно-воспитательная работа должна обеспечивать глубокое осознание того, что реализация высшей цели прямо зависит от добросовестной работы каждого труженика на своем рабочем месте, от творческого отношения его к своему труду, от того, как он содействует росту общественной производительности труда.

Велико идеологическое значение и многих других фундаментальных положений политической экономии социализма, ряда направлений ее исследований, например, развития материально-технической базы производства, планомерного характера социалистического производства, непосредственно общественного характера труда, экономических основ социалистического образа жизни и т. п. Немаловажную роль играет и то, что экономическая наука исследует и противоречия прогрессивного развития. Раскрытие таких противоречий (которое, видимо, пока не всегда достаточно представлено в фундаментальных исследованиях) важно для повышения действенности политико-воспитательной работы, для исключения из нее ненужной парадности и шумихи. Склонность к парадности, отмечается в постановлении ЦК КПСС «О дальнейшем улучшении идеологической, политико-воспитательной работы», не помогает делу, а лишь затрудняет решение наших общих задач.

Наряду с исследованиями развития общенародной собственности как производственного отношения, как основы их системы существенное значение имеет (и в чисто научном и в идеологическом смысле) также изучение путей сближения колхозно-кооперативной собственности с общенародной. Практика свидетельствует о многочисленных аспектах такого сближения. Среди них более пристального внимания заслуживают как бы «переходные формы», образуемые в результате создания новых

Соч., т. 20, стр. 294). Нацеленность развития ассоциированного производства на всестороннее развитие личности каждого индивида как бы «выводит» объективную цель за рамки материально-экономических потребностей людей. Цель способа производства реализуется здесь во всем социальном строе (включая и идеологическое развитие личности). И даже как объект исследования свободное всестороннее развитие индивидов относится не только к экономическим исследованиям. Непосредственно движение производства подчинено (в отличие от товарного производства) здесь производству потребительных стоимостей, полезных благ. Но социально-экономическая цель значительно шире, нежели производство материального продукта, которое служит лишь средством всестороннего развития личности.

[9] Тезис о всестороннем развитии личности важен для политико-воспитательной работы также в аспекте борьбы с рецидивами мещанской психологии, «вещизмом» и т. п.; рост материальных возможностей людей должен сопровождаться повышением идейно-нравственного и культурного уровня.

организационных форм производства: сельскохозяйственных объединений в масштабах административных районов с включением в них колхозов и совхозов, межхозяйственных предприятий, общих территориальных объединений для машинно-технического обслуживания совхозов и колхозов и т. п. Этот процесс представляет собой важный элемент движения к полному социальному равенству; его дальнейшее научное исследование не может поэтому не отражаться на политико-воспитательной работе.

В последнее время стали уделять внимание и экономическому анализу права собственности общественных организаций, его связи с собственностью как категорией производственных отношений, с общенародной собственностью, с процессом обобществления производства. Такой анализ, в частности, должен дать ответ на вопрос о тенденциях развития данной формы обособления средств с экономической точки зрения, что будет способствовать и лучшему пониманию взаимосвязи различных форм развития самоуправленческих начал в сфере удовлетворения потребностей людей. Необходим дальнейший анализ и экономических основ личной собственности, подобно анализу экономических основ образа жизни. Личная собственность как юридическое обособление имущества в личное пользование индивидов (семей) образуется в результате экономических отношений распределения благ, она характеризует организацию сферы личного потребления и т. д. Важное значение для воспитательной работы имеет изучение тенденций развития личной собственности граждан в связи с развитием производственных отношений на путях движения к полному коммунистическому обществу. Обеспечивая удовлетворение личных потребностей, эта форма при ослаблении воспитательной работы способна порождать стяжательство и даже частнособственнические тенденции.

Рассматривая вопросы взаимосвязи экономической науки и идеологической, воспитательной работы, нельзя не обратить внимания на ту специфику экономической теории социализма, которая обусловлена в конечном счете непосредственно общественным характером социалистического производства. При социализме, как известно, стихийное развитие общества заменяется планомерным движением общества к сознательно поставленным целям; при этом обусловленное общенародным присвоением единство интересов определяет необходимость и возможность всеобщего участия трудящихся в совершенствовании общественных отношений. Экономическая наука, политическая экономия социализма выступают здесь, с одной стороны, как необходимый элемент общей системы использования экономических законов (основанного на их познании), а с другой — как научная основа массовой социальной активности всех членов общества — равноправных творцов собственных экономических отношений.

Целью политэкономических исследований в условиях социализма является не только объяснение сущего, раскрытие существа экономических явлений, но и — на этой основе — определение направлений, путей и форм р а з в и т и я экономических отношений[10]. Такой аспект полит-

---

[10] Исследование форм развития экономических отношений представляет собой особый уровень теоретической работы. Такие формы не могут быть простой конкретизацией глубинной сущности производства. «...Стремление искать ответов на конкретные вопросы в простом логическом развитии общей истины... есть опошление марксизма...»,— писал В. И. Ленин (В. И. Л е н и н, Полное собрание сочинений, т. 3, стр. 14). Здесь, в частности, должны учитываться многосложные обстоятельства исторического, политического, нравственного и т. д. порядка. Соответственно и воспитательная работа не может сводиться к раскрытию глубинных основ экономических отношений, она должна комплексно учитывать существующую ситуацию, способствовать инициативному поиску новых форм развития глубинных характеристик социалистического производства.

экономических исследований, на котором базируется и должна базироваться выработка экономической политики, характеризует их практическое значение для воспитательной работы, для утверждения социально-экономических ориентиров сознательной деятельности каждого члена социалистического общества.

Экономическая наука, политическая экономия социализма уделяют, особенно в последнее время, значительное внимание вопросам использования экономических законов, их практического «исполнения», проблемам совершенствования экономического управления, выходя на уровень совершенствования хозяйственного механизма, практической организации взаимодействия ячеек и звеньев общественного производства. Это усиление внимания закономерно, поскольку хозяйственный механизм по своему содержанию представляет собой совокупность экономических форм (форм организации производства и распределения, организации взаимодействия хозяйственных звеньев по вертикали и горизонтали единого хозяйства и т. д.). В системе хозяйственного механизма экономические формы получают политико-правовое закрепление, тесно связаны со всей воспитательной деятельностью общества, поскольку последняя направлена на повышение трудовой активности, на возрастание эффективности общественного производства, на преодоление негативных явлений в хозяйственной жизни (например, приписки, гиперболизация эгоистических материальных интересов в ущерб общим экономическим интересам, рвачество, рудименты частнособственнических тенденций и т. п.). Но объект исследования политэкономии — экономические основы хозяйственного механизма.

Выше рассматривались только некоторые моменты взаимосвязи идеологической, воспитательной работы с политэкономией социализма. Разумеется, говоря о такой связи, нельзя не видеть и всех других отраслей экономических знаний. В частности, важную идеологическую роль играют исследования в области политической экономии капитализма, которые показывают (при всей непрямолинейности движения исторического прогресса) неизбежность его гибели, раскрывают подоплеку идеологических мифов, распространяемых буржуазной пропагандой, и т. д.

* * *

Потребность постоянного развития экономической теории тесно связана и с необходимостью улучшения идейно-воспитательной работы. Прежде всего требуется дальнейшее развитие научной системы политэкономии социализма, основы которой заложили Маркс, Энгельс, Ленин, разработавшие общеметодологические (философские) и специально методологические (применительно к политэкономии) принципы ее исследования. Конечно, налицо достижения в области развития экономической теории социализма. Но вместе с тем надо иметь в виду, что жизнь неизбежно выдвигает новые задачи перед экономистами-теоретиками. «На нынешнем этапе развития страны,— говорится в Отчетном докладе ЦК КПСС XXV съезду партии,— потребность в дальнейшей творческой разработке теории не уменьшается, а, наоборот, становится еще большей». Это указание относится и к экономической науке; в частности, и в аспекте формирования нового человека надо иметь в виду, что всякое приблизительное знание (при всей относительности знания вообще), не раскрывающее сути вещей и глубинной взаимосвязи явлений, а стало быть, не объясняющее реального бытия и не способное утверждать в умах людей действенные ценностные ориентиры, не может быть прочной опорой идеологической и воспитательной работы. Именно поэтому без дальнейшего развития фундаментальных исследований экономическая теория не может полностью выполнять своей роли в идеологической, пропагандистской, воспитательной работе.

Необходимость дальнейшего развития экономической теории обусловлена, во-первых, тем, что постоянно развивается сама практика как главный «потребитель» теории, в экономике рождаются новые явления, требующие творческого осмысливания. Во-вторых,— законами познания, постоянным движением мысли вглубь, к раскрытию сущности явлений, при котором то, что казалось достаточным для познания сущности вчера, оказывается недостаточным с точки зрения новых потребностей самой науки, ее логики. Анализ проблем обществознания на этапе развитого социализма требует новых подходов в научном поиске, к оценке современных экономических явлений и определению путей развития зрелого экономического строя. Развитие теоретических исследований экономики социализма может быть успешным [11] лишь при условии совершенствования их методологии. Методологические разработки, предопределяющие надежность теоретических выводов, имеют поэтому вполне самостоятельное актуальное значение.

Одним из фундаментальных вопросов, тесно связанных с совершенствованием хозяйственного механизма, является прежде всего дальнейшее повышение уровня обобществления социалистического производства.

В настоящее время уже преодолен взгляд, согласно которому считалось, что процесс обобществления при социализме (имея в виду государственную собственность) будто бы закончен. В рамках капитализма обобществление производства играет роль материальной силы разрушения его основ; в условиях социализма обобществление производства — глубинная тенденция развития самой общенародной собственности, которая развивается, как и вся система экономических отношений.

В последнее время наша теоретическая экономическая мысль значительно усилила внимание к проблемам повышения уровня обобществления производства, что имеет большое значение для понимания магистральных путей роста эффективности общественного производства, нацеленности его на конечные народнохозяйственные результаты и т. д. Эта исследовательская работа, видимо, должна вестись и далее с точки зрения изучения путей и форм обобществления. При этом нельзя забывать и ее большое влияние на воспитание масс, правильную ориентацию творческих устремлений трудящихся, поскольку повышение уровня обобществления — основной рычаг повышения зрелости всех социалистических отношений.

Обобществление воздействует не только на материальную сторону процесса производства (что прямо связано с повышением эффективности), но и на его социальный аспект. Исследование в данном аспекте предполагает анализ производственных отношений социализма как отношений их субъектов (индивидов, коллективов). В условиях господства общенародной собственности все члены общества выступают равными субъектами производственных отношений (другими словами, равными творцами этих отношений); все функционирование и развитие производственных отношений непосредственно зависит от их коллективных [12]

[11] При этом мы должны иметь в виду и трудности самой теоретической работы и сложность связей теории и практики. Теоретическое и практическое решения вопроса не всегда совпадают. Надо учитывать и то, что упование на абсолютно «безошибочное развитие» нового способа производства вряд ли реально. «...Разве бывало в истории, чтобы новый способ производства привился сразу, без долгого ряда неудач, ошибок, рецидивов?» — отмечал в свое время Ленин (В. И. Ленин, Полное собрание сочинений, т. 39, стр. 19).

[12] Коллективизм не означает уничтожения индивидуальности. Социализм означает ассоциацию производителей, совокупного работника в масштабе общества, но развитие общенародной ассоциации осуществляется усилиями индивидов, каждый из кото-

усилий, от их социально-экономической активности. Перерастание социалистического производства в полностью коммунистическое обеспечивается не волевыми устремлениями отдельных лиц, а коллективной социально-экономической активностью членов общества (их трудовой активностью, участием в управлении производством на всех уровнях). Рост социально-экономической активности членов общества — одно из главных условий эффективности производства и важная черта повышения уровня его обобществления, развития совокупного работника в масштабе общества.

Совершенствование хозяйственного механизма социалистического общества тесно связано с развитием демократизма экономического строя социализма. Как известно, Ленин отмечал, что «невозможен победоносный социализм, не осуществляющий полной демократии...»[13]. Развитие демократических начал нашло выражение и в Конституции СССР. На дальнейшее развитие демократических начал в управлении производством обращено внимание в постановлении ЦК КПСС и Совета Министров СССР о совершенствовании хозяйственного механизма от 12 июля 1979 г. В проекте «Основных направлений» рост социальной и трудовой активности определен как особый фактор осуществления высшей цели экономической стратегии партии. Проект ставит задачу повышать роль и инициативу трудовых коллективов в управлении и планировании, в воспитании высокой производственной и общественной активности, поднять значение производственных совещаний и общих собраний трудовых коллективов, усилить действенность соревнования и т. д.

Усиление экономических исследований развития демократизма в производстве, участия масс в управлении, форм этого участия имеет прямое отношение к улучшению всей воспитательной работы, развитию у всех индивидов не только чувства хозяина производства, но и убежденности в необходимости личных усилий в совершенствовании экономических отношений, активной позиции в развитии социалистического общества. «Советский человек,— говорится в постановлении ЦК КПСС «О дальнейшем улучшении идеологической, политико-воспитательной работы»,— должен ясно сознавать общественную значимость своего личного участия в выполнении народнохозяйственных планов, ускорении научно-технического прогресса...». Раскрытие экономической необходимости углубления демократического характера всего строя производственных отношений зрелого социалистического общества — общая задача и экономической теории и воспитательной работы. Непосредственное соучастие каждого члена общества в развитии экономических отношений, в частности, важно и для преодоления упоминавшихся выше негативных явлений хозяйственной жизни.

К развитию экономических исследований прямое отношение имеет содержащееся в постановлении ЦК КПСС об улучшении идеологической, политико-воспитательной работы положение о необходимости дальнейшего поворота исследователей к актуальным вопросам общественной жизни. Это можно отнести и к научным обсуждениям. Так, одним из важных вопросов теории остается вопрос о товарно-денежных отношениях. Можно считать почти преодоленными представления о якобы товарном характере социалистического производства[14], что имеет большое значе-

---

рых вносит свой личный вклад в развитие производства, в развитие производственных отношений.

[13] В. И. Ленин, Полное собрание сочинений, т. 27, стр. 253.

[14] Пожалуй, уже исключением, своего рода «анахронизмом» является утверждение о «товарном» характере социалистического производства или о двух его «характерах»: непосредственно общественном и товарном, содержащееся в работе «Товарно-денежные отношения в условиях развитого социализма: тенденции и закономерности» (Издательство Ленинградского университета, 1979 г., стр. 9, 10). Вряд ли помогают

ние для выработки правильной экономической политики, проведения идейно-воспитательной работы, ориентации ее на реальные ценности, на действительные результаты производства. Вряд ли, по нашему мнению, можно говорить о плодотворности воспитания, если провозглашать товарный характер социалистического производства или, например, личную собственность на рабочую силу (которая якобы «продается» или как-то временно «передается» для использования абстрактному обществу). Однако при определенном прогрессе и в настоящее время многие вопросы товарно-денежных отношений, если их рассматривать как особый феномен именно непосредственно общественного производства, требуют глубокого исследования.

Анализ проблемы товарно-денежных отношений при социализме, имея фундаментальный характер, одновременно играет большую практическую роль, например, в правильном понимании тенденций развития хозрасчета, разработке теории плановой цены и т. д. Значение соответствующих исследований непосредственно для идеологической работы состоит в том, что они способствуют правильному объяснению реальных неантагонистических противоречий в развитии социальной однородности общества. Необходима также и критика того понимания роли товарно-денежных форм в социалистической экономике, которая присуща концепции «рыночного социализма», поскольку последняя ставит во главу угла эгоистические интересы. Такая критика имеет большое идеологическое значение и для развития подлинного коллективизма экономических отношений социализма.

Улучшение качества, повышение уровня всей идейно-воспитательной работы требуют творческой атмосферы в научной работе, творческого сопоставления взглядов на общей марксистско-ленинской идейной платформе. На XXV съезде партии был отмечен и вред схоластического теоретизирования. Подобные явления имеют место и в экономических работах. Нередко бессодержательная формализация создает лишь видимость научности. В недавнем прошлом были попытки недооценки экономической теории под лозунгом необходимости создания «конструктивной политэкономии», «новой политической экономии». В конечном счете такие призывы свидетельствовали о недооценке методологической базы научного экономического анализа. Между тем методология исследования — это не просто совокупность его приемов, это такая совокупность, которая предполагает четкую мировоззренческую основу, что выражает ее тесную связь с идеологией.

Дальнейшее развитие экономической науки должно способствовать повышению ее эффективности. В то же время улучшение качества теоретических исследований экономической сферы нашей общественной жизни — предпосылка бóльшей действенности идеологической, политико-воспитательной работы, одного из важнейших условий успешного строительства коммунизма, развития нашей экономики.

теоретической разработке этой темы и встречающиеся еще в литературе рассуждения об «относительной экономической обособленности работника», о якобы существующих товарных отношениях между индивидами, между ними и обществом, между ними и коллективами предприятий.

Б. Плышевский

ЭФФЕКТИВНОСТЬ ПРОИЗВОДСТВА И ЦЕНА

Решение задач по повышению эффективности и качества, выдвинутых современной экономической стратегией партии, ориентирует экономическую науку на разработку ряда новых теоретических проблем политической экономии социализма и планового управления народным хозяйством. Одной из них является совершенствование методов планового руководства интенсификацией общественного производства, в частности усиление воздействия цены на экономию затрат и повышение эффективности народного хозяйства.

Многие аспекты данной проблемы уже рассматривались в СССР и других социалистических странах, однако анализ строился преимущественно на материалах предшествующего периода, главным образом применительно к задачам построения социализма. Итоги расширенного воспроизводства в следующий период, когда советская экономика вступила в этап развитого социализма и были изменены сложившиеся ранее инструменты планирования и экономического стимулирования, в должной мере еще не обобщены. Между тем это наиболее актуально в связи с возникновением новых процессов и тенденций, обусловленных реализацией в предстоящей одиннадцатой пятилетке системы мероприятий, предусмотренных постановлением ЦК КПСС и Совета Министров СССР «Об улучшении планирования и усилении воздействия хозяйственного механизма на повышение эффективности производства и качества работы». В статье анализируются некоторые общие методологические вопросы теории эффективности производства и оптовых цен, рассматривается их взаимодействие на важнейших этапах развития советской экономики и в современных условиях.

Взаимосвязь изменения эффективности и цены

Цена как стоимостное выражение общественно необходимых затрат труда применяется для определения величины потребленных в процессе производства материальных и трудовых ресурсов, объема созданной продукции и тем самым является измерителем эффективности хозяйствования. Взаимосвязь эффективности и цены двояка. Изменение эффективности производства в конечном счете находит отражение в уровне цен. Более низкая цена при прочих равных условиях свидетельствует о повышении эффективности производства. Снижение эффективности обычно ведет к последующему росту цен. Но при изменении условий воспроизводства повышение эффективности нередко сопровождается ростом цен. Несовпадение их динамики вызывается тем, что на цену как инструмент товарного хозяйства наряду с факторами эффективности влияют и многие другие, в том числе соотношение спроса и предложения, изменение покупательной силы денег. Это касается как производства отдельного товара, так и всего общественного продукта.

Марксистско-ленинская политическая экономия исходит из того, что взаимосвязь эффективности и цены определяется господствующими в обществе производственными отношениями, специфическим характером действующих на их основе объективных экономических законов. В буржуазном обществе эта взаимосвязь обусловлена законами создания и частнокапиталистического присвоения прибавочной стоимости, капиталистической конкуренции. При социализме взаимодействие эффективности и цены отражает планомерное развитие общественного производства в интересах наиболее полного удовлетворения общественных потребностей.

Подчеркивая решающее влияние специфических экономических законов исторически определенного способа производства, марксистско-ленинская политэкономия учитывает в то же время наличие некоторых общих закономерностей изменения эффективности и цены при капитализме и социализме. Это связано с двумя группами причин. Во-первых, существуют общие, присущие различным социально-экономическим формациям, законы воспроизводства. К ним прежде всего относятся открытые К. Марксом и развитые В. И. Лениным законы пропорциональности между материально-вещественной и стоимостной структурами общественного продукта, средствами производства и предметами потребления, фондами потребления и накопления в национальном доходе при простом и расширенном воспроизводстве. Общими являются и общеэкономические законы, возникшие на базе развития крупной машинной индустрии (например, законы роста производительности труда и снижения стоимости выпускаемой продукции).

Во-вторых, использование в экономике товарно-денежных отношений. Так как действие названных выше законов опосредуется стоимостными отношениями, то возникают и специфические закономерности во взаимодействии эффективности производства, уровня, структуры и соотношений цен.

При капитализме периода свободной конкуренции, анализ которого дан в «Капитале», рост производительности труда и сокращение издержек производства сопровождались в целом тенденцией к снижению уровня цен. Раскрыв законы, лежащие в основе циклического развития капиталистического производства, К. Маркс показал и законы стихийного движения цен. «Рыночные цены товаров и рыночные нормы прибыли следуют за этими фазами, то опускаясь ниже своего среднего уровня, то поднимаясь выше него. Рассматривая весь цикл в целом, вы заметите, что одно отклонение рыночной цены компенсируется другим и что в среднем, в пределах всего цикла, рыночные цены товаров регулируются их стоимостями» [1].

В конце XIX столетия и последующий период в связи с переходом к монополистическому капитализму классический тип изменения цен по фазам экономического цикла стал модифицироваться: замедлились темпы снижения цен в периоды кризиса и депрессии, одновременно ускорился их рост во время оживления и подъема. Так, в США индекс оптовых цен, исчисленный к базе 1957—1959 гг., по годам их наибольшего снижения и повышения равнялся в 1890 г.— 30,7%, в 1896 г. — 25,4, в 1901 г.— 30,2, в 1907 г.— 35,7, в 1920 г.— 84,5, в 1932 г.— 35,6, в 1937 г.— 47,2, в 1941 г.— 47,8, в 1948 г.— 87,9, в 1953 г.— 92,7% [2]. С 1890 по 1915 г. индекс оптовых цен возрос примерно на $^1/_4$, к 1920 г. увеличился в 2,2 раза, за 1921—1940 гг. снизился вдвое.

После второй мировой войны на втором этапе общего кризиса капитализма, совпавшем по времени с развертыванием современной научно-технической революции, повышение эффективности производства стало сопровождаться ростом уровня цен. Индекс оптовых цен в США по отношению к 1950 г. составил в 1955 г. 107%, в 1960 г.,— 116, в 1965 г.—

[1] К. Маркс, Ф. Энгельс. Соч., т. 16, стр. 148.

[2] «Historical Statistics of the United States Colonial, Times to 1957», 1958, pp. 106, 107.

118, в 1970 г. — 135, в 1975 г.— 214 и в 1978 г.— 238% [3]. В 70-е годы инфляционные процессы в капиталистическом мире ускорились, повышение цен ежегодно стало измеряться двузначными цифрами и распространилось на все фазы цикла, включая период кризиса и депрессии (явление так называемой «стагфляции»). С 1890 г. оптовые цены возросли почти в 8 раз, около $^2/_3$ этого повышения приходится на послевоенный период, в том числе 60% — на 70-е годы.

Модификация существовавшей ранее взаимосвязи повышения эффективности производства и изменения цен видна из следующих данных по экономике США (приросты в % в среднем за период) [4]:

	1961—1965 гг.	1966—1970 гг.	1971—1975 гг.
Выпуск продукции (на человеко-час)			
в частном секторе экономики	3,9	2,0	1,6
в обрабатывающей промышленности	4,5	1,2	1,9
Индекс оптовых цен	0,4	2,7	9,6
Индекс цен валового национального продукта	1,6	4,2	6,9

Данные таблицы показывают замедление темпов роста производительности труда при нарастающем ускорении повышения цен. В последние годы достигнутый ранее уровень производительности труда в обрабатывающей промышленности США снижается, тогда как рост индекса оптовых цен в среднем за 1976—1979 гг. составил 7,3%. Обратная зависимость изменения эффективности производства и цены в настоящее время прослеживается преимущественно в отраслях, определяющих современные направления научно-технического прогресса,— электронике, ядерной энергетике, производстве вычислительной техники, новых видов химического сырья и материалов и др. Однако снижение цен распространяется ныне, как правило, на продукцию отдельных отраслей, наиболее эффективные виды продукции и не сопровождается снижением их общего уровня.

Классическая схема: рост производительности труда — снижение стоимости и цены продукции, развита К. Марксом в продолжение трудовой теории стоимости А. Смита и Д. Рикардо применительно к условиям сбалансированной экономики. Она предполагает, в частности, наличие пропорциональности материально-вещественной и стоимостной структуры общественного продукта и его реализацию по ценам, динамика которых соответствует изменению стоимости воспроизводства отдельных частей этого продукта. Если данные условия отсутствуют, то необходим дополнительный анализ причин, вызвавших несбалансированность воспроизводства.

Примером такого анализа является работа К. Маркса «Заработная плата, цена и прибыль», в которой рассматриваются важнейшие случаи борьбы рабочего класса за повышение заработной платы или против ее понижения. Наряду с увеличением и снижением стоимости рабочей силы разбирается положение, когда стоимость жизненных средств, производительность труда, спрос и предложение остаются неизменными, а цены на товары удваиваются вследствие изменения стоимости денег. Тогда двенадцать часов труда, выражавшиеся прежде в 6 шиллингах, представляют теперь 12 шиллингов; если заработная плата рабочих остается прежней (3 шиллинга), то она будет равняться лишь половине

[3] «Statistical Abstract of the United States», 1977, pp. 405, 472.
[4] «Statistical Abstract of the United States», 1979, pp. 413, 476.

денежной цены труда (этот термин используется здесь для обозначения денежного выражения стоимости рабочей силы).

«Не изменяется ничего, кроме денежных *названий* этих стоимостей,— замечает по этому поводу К. Маркс.— Говорить, что в подобном случае рабочий не должен добиваться соответствующего повышения заработной платы, значит говорить, что рабочий должен довольствоваться тем, что ему платят названиями вместо вещей»[5]. Это будет иметь место в той или иной мере и при меньшем повышении заработной платы по сравнению с обесценением денег.

В приведенном примере повышение цен объясняется снижением цены золота в результате открытия более богатых рудников. Это лишь одна из возможных причин изменения цены денег. Данный пример важен в методическом отношении и для изучения других случаев изменения цен под влиянием изменения цены (покупательной способности) денег, которое зависит от факторов движения стоимости продукции и эффективности производства. Развитый К. Марксом подход применим и к бумажным деньгам, выпускаемым центральными банками капиталистических стран в обращение сверх нормальных потребностей экономического оборота для покрытия дефицитов государственного бюджета и платежного баланса.

Следовательно, обесценение денег может происходить не только при постоянной стоимости товаров, но и при ее снижении в результате роста производительности труда. Разнонаправленность динамики цен, стоимости продукции и эффективности производства используется капиталистическими государствами в качестве дополнительного средства увеличения доходов, роста прибылей за счет ограничения заработной платы и потребления трудящихся, перераспределения национального дохода через механизм цен в интересах буржуазии. Главной причиной выражения повышающейся эффективности производства в более высоком уровне цен в конечном счете является инфляционная финансово-валютная политика монополий и представляющих их интересы капиталистических государств, направленная на изменение ценовыми методами пропорций распределения национального дохода на необходимый и прибавочный продукт, фонды потребления и накопления.

Особенности роста эффективности производства и изменения цен в народном хозяйстве СССР

Опыт социалистического строительства в нашей стране показал необязательность присущего современной капиталистической экономике сочетания роста эффективности производства и повышения цен. В течение ряда лет (в период восстановления народного хозяйства после гражданской войны, в середине тридцатых годов, после выполнения основных задач социалистической индустриализации, в 1947—1956 гг.) повышение эффективности социалистического производства сочеталось со снижением общего уровня цен. До пересмотра оптовых цен на продукцию промышленности в 1967 г. их уровень оставался стабильным. С середины 50-х годов общий индекс розничных цен на товары народного потребления практически не изменился. Аналогичные тенденции имели место в народном хозяйстве европейских социалистических стран — членов СЭВ в первой половине их послевоенного развития.

Планомерная организация социалистической экономики означала создание нового механизма взаимосвязи высоких темпов научно-технического прогресса, снижения общественно необходимых затрат труда и изменения цен, важнейшей чертой которого является их устойчивость и стабильность. Оптовые цены на продукцию промышленности, транспорт-

[5] К. Маркс, Ф. Энгельс. Соч., т. 16, стр. 145.

ные тарифы и сметные цены в строительстве в послевоенные годы изменялись в среднем через десять — двенадцать лет. В этих интервалах частично пересматривались цены на продукцию отдельных отраслей и те виды продукции, по которым происходили особенно значительные изменения себестоимости, предложения и спроса.

На всех этапах социалистического строительства ценообразование активно использовалось в качестве важного рычага осуществления экономической политики партии; с помощью механизма цен решались задачи повышения эффективности социалистического производства. Система цен выполняет при этом две основные функции: измерение эффективности и экономическое воздействие на ее повышение (стимулирование).

В экономических расчетах применяются два вида цен — текущие и сопоставимые. В текущих ценах выражаются прежде всего показатели эффективности, отражающие хозрасчетные, финансовые результаты производства — себестоимость, прибыль, рентабельность. Расчеты показателей эффективности в этих ценах предназначаются для анализа текущих результатов производства, определения сравнительной эффективности деятельности предприятий в отрасли (министерстве). Возможность использования таких цен для сравнений динамики эффективности более ограничена, поскольку в течение пятилетнего планового периода при стабильности общего уровня цен изменяются структура выпускаемой предприятиями продукции и потребляемых ими средств производства (происходит их обновление), цены отдельных изделий и т. д. Поэтому в планировании и статистической отчетности изменения производительности труда, производства продукции на рубль основных производственных фондов (фондоотдачи), материалоемкости продукции, показателей эффективности капитальных вложений определяются на базе сопоставимых цен[6]. Начиная с восьмой пятилетки в сопоставимых ценах исчисляются также прибыль и рентабельность.

С середины 60-х годов в советской экономике стали складываться иные по сравнению с предшествующим периодом послевоенного развития соотношения роста эффективности производства и изменения цен, что видно из следующих данных (в%)[7] (см. табл. на стр. 19).

Среднегодовые темпы прироста производительности общественного труда в 1966—1979 гг. снизились более чем на $^1/_3$, а в промышленности — на $^1/_5$. О замедлении роста эффективности общественного производства свидетельствует и ускорившееся (в 2,7 раза по народному хозяйству и в 2,6 раза в промышленности) снижение фондоотдачи. В 1966—1979 гг. несколько возросла материалоемкость общественного продукта, тогда как до этого рост национального дохода опережал уве-

[6] В промышленности в качестве сопоставимых в настоящее время применяются цены 1975 г., в строительстве — сметные цены 1969 г., в сельском хозяйстве — цены 1973 г., для расчетов национального дохода — цены 1973 г. (см. «Народное хозяйство СССР в 1978 году». Издательство «Статистика», 1979 г., стр. 333, 574, 579, 585). Труднее добиться сопоставимости оценки основных фондов, поскольку новые предприятия и объекты, как правило, отличающиеся по своим техническим и конструктивным параметрам, вводятся в действие в смешанной оценке исходя из фактических затрат, выраженных в ценах различных лет. Ценовой фактор является, по-видимому, важной причиной ускорившегося в семидесятые годы снижения фондоотдачи (см. В. Фальцман, Мощностной эквивалент основных фондов.—«Вопросы экономики» № 8, 1980 г.; В. Тихонов, Сущность агропромышленного комплекса.— «Вопросы экономики» № 8, 1980 г.).

[7] См. «Народное хозяйство СССР за 60 лет», издательство «Статистика», 1978 г., стр. 350, 635; «Народное хозяйство СССР в 1970 году», издательство «Статистика», 1971 г., стр. 383, 703; «Народное хозяйство СССР в 1979 году», стр. 45, 54, 55, 285, 535. По народному хозяйству производительность труда и фондоотдача исчислены по национальному доходу, в промышленности — по валовой продукции; в чистый доход включены накопления государственного сектора (прибыль, налог с оборота и др.) и чистый доход колхозов. За 1951—1965 гг. данные относятся к накоплениям государственного сектора — сумме прибыли и налога с оборота; в 1966—1979 гг. их среднегодовой прирост составил 7,3%.

	1951—1965 гг.	1966—1979 гг.
Народное хозяйство		
Среднегодовые приросты:		
производительности общественного труда	7,9	5,0
чистого дохода общества	4,7	6,8
Изменение за период:		
фондоотдачи	—9,5	—23,8
индекса цен валового общественного продукта		6,4
Промышленность		
Среднегодовые приросты:		
производительности труда	6,5	5,1
прибыли	7,4	8,5
Изменение за период:		
фондоотдачи	—6,5	—16,0
индекса оптовых цен предприятий	—16,0	3,0

личение валового общественного продукта. В то же время происходило ускорение роста чистого дохода и прибыли, измеряемых на базе действующих цен соответствующих лет. В промышленности среднегодовые темпы прироста прибыли в 1966—1979 гг. были в 1,24 раза выше, чем в 1951—1965 гг. Так как повышение эффективности замедлилось, то это ускорение в первую очередь связано с переводом промышленности и строительства в восьмой пятилетке на новые условия планирования и экономического стимулирования и установлением более высоких оптовых и сметных цен.

Увеличение прибыли стало в меньшей мере зависеть от снижения затрат в процессе производства и больше отражать рост объемов выпускаемой продукции и заложенный в новые цены повышенный уровень рентабельности (15% к стоимости основных производственных фондов и нормативу собственных оборотных средств по сравнению с фактической 13,6% в 1960 г. и 13,0% в 1965 г.). Этот вывод подтверждается и замедлением снижения затрат на рубль товарной продукции промышленности [8]:

	1965 г. в % к 1960 г.	1970 г. в % к 1965 г.	1975 г. в % к 1970 г.	1979 г. в % к 1975 г.
Затраты на 1 руб. товарной продукции промышленности				
в действующих ценах	—1,0	—5,5	+2,8	+1,6
в сравнимых с предыдущим годом ценах	—4,8	—4,9	—3,1	—0,2

В строительстве себестоимость строительно-монтажных работ за 1966—1979 гг. снижена всего на 2,4% по сравнению с 21,3% в 1951—1965 гг.; в сельском хозяйстве себестоимость основных видов продукции повысилась.

Возрастание общего уровня оптовых цен в рассматриваемый период отражает наряду с замедлившимся повышением эффективности произ-

[8] См. «Народное хозяйство СССР в 1965 году». Издательство «Статистика», 1966 г., стр. 164; «Народное хозяйство СССР в 1970 году». Издательство «Статистика», 1971 г., стр. 173; «Народное хозяйство СССР в 1975 году». Издательство «Статистика», 1976 г., стр. 229; «Народное хозяйство СССР в 1979 году», стр. 162.

водства изменение общественных потребностей в отдельных видах продукции промышленности, размеров и условий их производства, а также диспропорции в развитии некоторых отраслей. Рост оптовых цен распространялся главным образом на средства производства (продукцию топливно-сырьевых отраслей промышленности, сельскохозяйственное сырье, вновь вводимые фонды); исчисляемый ЦСУ СССР общий индекс розничных цен на предметы потребления практически не изменился. Повышение цен в период индустриализации (первой и второй пятилеток), наоборот, было обусловлено в наибольшей мере ростом розничных цен на товары народного потребления, а оптовые цены изменялись в относительно меньшей степени (при стабильности заготовительных и закупочных цен на продукцию сельского хозяйства). Другое отличие процесса повышения оптовых цен на продукцию производственно-технического назначения, происходившего в течение трех последних пятилеток, заключается в том, что оно имело место в условиях замедлявшегося роста эффективности общественного производства.

Все это свидетельствует об ослаблении связи динамики оптовых цен и эффективности экономики. Соотношение измерительной и стимулирующей функции оптовых цен изменилось в пользу последней. Это подтверждается, в частности, структурой оптовых цен: удельный вес прибыли в ценах на продукцию отраслей тяжелой промышленности составлял в 1958 г. 9,9%, в 1965 г. — 11,6%, а с установлением в 1967 г. новых оптовых цен эта доля возросла в 1970 г. до 18,1% и в 1978 г. равнялась 14,6%. Удельный вес прибыли в оптовых ценах всей промышленности повысился с 7,4% в 1958 г. до 14,2% в 1970 г. и в 1978 г. составлял 11,8% [9].

При проведении последней реформы оптовых цен наряду с себестоимостью продукции в качестве одного из критериев определения рентабельности и уровня цен был принят объем образованных на хозрасчетной основе значительно увеличенных фондов экономического стимулирования (развития производства, материального поощрения работников и социально-культурного строительства). Эти фонды предназначались для усиления заинтересованности коллективов предприятий и отдельных работников в улучшении качественных показателей работы. Однако практика образования фондов стимулирования преимущественно в зависимости от увеличения объема реализации продукции и прибыли привела к их росту опережающими темпами по сравнению с повышением эффективности производства. Расширение стимулирующей роли цен оказалось недостаточно связанным с усилением заинтересованности предприятий в повышении эффективности путем снижения производственных затрат.

Политика цен влияет на мобилизацию резервов роста эффективности в сочетании с другим инструментом ее планомерного повышения — планированием научно-технического прогресса, отраслевой структуры производства и размещения производительных сил, соотношений между ростом производительности труда, заработной платы и выпуском товаров народного потребления. Вместе с тем рост эффективности зависит от особенностей применяемых в разное время экономических рычагов и стимулов. Хозяйственный расчет в том виде, в каком он сложился в годы довоенных пятилеток и начале послевоенного периода, в середине 60-х годов перестал отвечать новым задачам развития советской экономики. Претворение в жизнь решений мартовского и сентябрьского (1965 г.) Пленумов ЦК КПСС, определивших современную аграрную политику партии и переход промышленности и строительства на новые условия планирования и экономического стимулирования, обеспечило в

[9] См. «Народное хозяйство СССР в 1970 году», стр. 178; «Народное хозяйство СССР в 1965 году», стр. 168; «Народное хозяйство СССР в 1978 году», стр. 141.

восьмой пятилетке ускорение по отношению к предшествующему периоду темпов прироста национального дохода в 1,2 раза и реальных доходов на душу населения — в 1,9 раза. Это было достигнуто на основе более быстрого повышения эффективности общественного производства.

Главная причина замедления темпов роста эффективности в последующие годы, как отмечалось на ноябрьском (1979 г.) Пленуме ЦК КПСС, состоит в недовыполнении плановых заданий по показателям эффективности в том, что далеко не везде министерства и ведомства смогли преодолеть силу инерции, решительно перестроить работу с целью повышения качества и производительности труда, достижения лучших конечных результатов.

Важная роль в решении этих задач принадлежит обеспечению оптимального взаимодействия повышения эффективности производства и изменения цен. В предстоящей одиннадцатой пятилетке будет осуществлен очередной пересмотр оптовых цен и тарифов в промышленности. Основные принципы и направления этого пересмотра достаточно подробно освещены в экономической литературе [10]. Рассмотрим некоторые теоретические аспекты проблемы взаимосвязи эффективности и цен, относящиеся к осуществлению в новой пятилетке намеченных мероприятий по совершенствованию хозяйственного механизма.

Усиление воздействия хозяйственного механизма на интенсификацию производства

Опыт социалистического строительства в Советском Союзе и других странах показывает, что в применяемом ими механизме планирования и хозяйственного управления используются методы повышения эффективности производства, отличающиеся степенью централизации управления и самостоятельности хозрасчетных звеньев, составом планируемых показателей, подходом к политике оптовых цен. В частности, с середины 60-х годов в одной группе социалистических стран (СССР, ГДР) задачи повышения эффективности и качества решаются в рамках стабильного уровня оптовых цен или при незначительном их повышении, тогда как в другой (Венгрия, Югославия, Польша) в тех же целях допускаются значительно большие подвижность и рост цен [11].

Следовательно, можно говорить о наличии двух основных подходов к политике оптовых цен как инструменту экономического воздействия на эффективность производства — обеспечению их стабильности и ориентации на продолжающееся их повышение. Прежде чем судить о предпочтительности того или иного подхода, нужно выяснить причины и побудительные мотивы происходящего в ряде социалистических стран повышения оптовых и розничных цен. Как правило, это имеет место в странах с ограниченными топливно-энергетическими и сырьевыми ресурсами, сравнительно небольшими численностью населения и внутренним рынком, имеющих устойчивые торговые и научно-технические связи с индустриально развитыми капиталистическими государствами.

---

[10] См. Н. Глушков, Хозяйственный механизм и практика планового ценообразования («Коммунист» № 8, 1980 г.); Н. Глушков, О дальнейшем совершенствовании планового ценообразования и его воздействия на повышение эффективности производства и качества работы («Плановое хозяйство» № 6, 1980 г.); Ю. Яковец, Цены и совершенствование планирования и хозяйственного механизма («Вопросы экономики» № 6, 1980 г.); А. Комин, Задача совершенствования оптовых цен и тарифов в промышленности («Плановое хозяйство» № 5, 1980 г.).

[11] См. «Современный этап совершенствования планового управления экономикой», издательство «Мысль», 1978 г.; «Хозяйственные механизмы СССР и ряда других стран социализма (информационно-аналитический обзор)». ИЭ МСС АН СССР, 1979 г.; «Опыт совершенствования управления экономикой в зарубежных странах СЭВ (1976—1980 гг.)». Материалы научной конференции. ИЭ МСС АН СССР, 1980 г.

По всем этим признакам советская экономика находится в более благоприятных условиях. Советский Союз располагает достаточными источниками энергии и запасами практически всех минеральных ресурсов. Масштабы внутреннего рынка позволяют создавать специализированные отрасли и крупные предприятия, которые неэффективны для небольших стран. Удельный вес внешней торговли в народном хозяйстве СССР, несмотря на тенденцию к его повышению, и впредь, по-видимому, будет оставаться более низким, чем в других социалистических и индустриально развитых капиталистических странах.

Указанные факторы обусловливают преобладающее влияние на уровень оптовых цен условий воспроизводства внутри страны и ограниченное воздействие на них мирового капиталистического рынка. Поэтому в СССР гораздо больше, чем в любой другой социалистической стране, возможностей проведения политики стабильных оптовых цен, обеспечения необходимой для стимулирования технического прогресса и роста эффективности производства подвижности и гибкости цен без повышения их общего уровня.

Развивать производство и организовывать выполнение планов в условиях стабильного уровня оптовых цен (тем более при их снижении) во многих отношениях сложнее, чем при повышении цен, хотя бы даже происходящем не постоянно, а периодически. Любое недовыполнение плановых заданий по объемам выпускаемой продукции и эффективности производства (производительности труда, издержкам производства и иным качественным показателям) ведет в этих условиях к уменьшению прибыли и других накоплений, необходимых для финансирования намеченных мероприятий по развитию отраслей народного хозяйства и повышению народного благосостояния. При этом исключается либо сводится к минимуму дополнительное, не предусмотренное ранее утвержденными пятилетними планами, перераспределение национального дохода ценовыми методами между потреблением и накоплением и самого фонда накопления — между отдельными отраслями и экономическими районами.

Такой хозяйственный механизм, обеспечивая устойчивость и повышение покупательной способности денег, гарантирует реальный уровень накоплений социалистических предприятий, доходов государства и населения, создает предпосылки для усиления действенности всей системы экономических рычагов и стимулов. Важное преимущество политики стабильных и снижающихся оптовых цен заключается в том, что она в большей мере ориентирует хозяйственную деятельность предприятий на осуществление режима экономии путем снижения затрат в процессе производства. Благодаря этому изменение прибыли точнее выражает достижения хозрасчетных предприятий в повышении эффективности своей работы. Не случайно, по-видимому, что наиболее высокие темпы роста производительности труда и снижения себестоимости продукции достигались в годы, когда происходило снижение уровня оптовых цен и особое внимание обращалось на обеспечение их стабильности, соблюдение государственной дисциплины цен, недопущение их завышения по вновь осваиваемым и модернизируемым видам продукции.

Очередной пересмотр оптовых цен в одиннадцатой пятилетке, как и в 1967 г., приведет к некоторому повышению их уровня главным образом за счет роста цен на продукцию топливно-сырьевых отраслей промышленности. С учетом изменившихся за истекшие полтора десятилетия условий воспроизводства будут уточнены также соотношения цен и рентабельности в обрабатывающих отраслях и по отдельным видам продукции. Новые оптовые цены формируются исходя из рентабельности отраслей в пределах 12—15%. В целом принятый ранее в ценообразовании норматив рентабельности в сопоставимых условиях не снижается, так как в себестоимость продукции (по добывающим отраслям) в полном объеме включаются затраты на геологоразведочные работы и увеличенные примерно в 1,5 раза отчисления на социальное обеспечение рабочих и служащих, которые прежде почти на 40% финасировались за счет средств государственного бюджета. При введении новых цен имеется в виду не допустить повышения розничных цен на товары народного потребления и удорожания продукции производственно-технического назначения, поставляемой сельскому хозяйству.

Приближение оптовых цен к стоимостному выражению общественно необходимых затрат труда исходя из современных условий воспроизводства усиливает их влияние на мобилизацию резервов повышения эффективности по нескольким направлениям. Цены становятся более точным инструментом экономических расчетов, измерения затрат и результатов, исчисления народнохозяйственной и хозрасчетной эффективности во всех звеньях народного хозяйства. В то же время расширяется стимулирующая функция оптовых цен путем установления более значительных надбавок на высокоэффективную продукцию производственно-технического назначения (от 0,5 до 1,25 принятого при определении цены норматива рентабельности и до 70% годового экономического эффекта от выпуска и использования этой продукции), продления срока действия надбавок при присвоении государственного Знака качества (до четырех лет, а по продукции особой сложности — до 5 лет) и применения скидок в размере половины прибыли от реализации продукции второй категории качества и не аттестованной в срок.

Практика планирования и ценообразования, итоги неоднократно проводившихся пересмотров оптовых цен вновь выдвигают вопрос об уровне и структуре цен, в наибольшей мере отвечающих задачам эффективного хозяйствования, укрепления хозяйственного расчета и экономических стимулов. Ряд авторов связывают это с повышением оптовых цен, особенно на дефицитные и более экономичные виды продукции (например, высокопроизводительное оборудование, нефть, газ). Считается, что при таком повышении цены точнее будут отражать общественно необходимые затраты труда.

Обращаясь к истории планового ценообразования, можно видеть, что этот довод приводился при обосновании всех изменений цен, будь то их снижение или повышение. Само понятие общественно необходимых затрат употребляется в двояком смысле — как естественная мера затрат абстрактного труда в отработанном времени и как денежное их выражение. С одной стороны, эти затраты благодаря росту производительности труда, как правило, снижаются, и приближение их к стоимости может происходить, очевидно, лишь при снижении цен. С другой — под общественно необходимыми затратами понимают стоимостное выражение элементов себестоимости продукции (материальных затрат, амортизации, заработной платы), чистого дохода и прибыли, соответствующих конкретным условиям и пропорциям воспроизводства. В этом смысле общественно необходимые затраты труда по разным видам продукции имеют разнонаправленную динамику: снижаются в отраслях, в которых выше темпы технического прогресса и роста производительности труда; остаются неизменными или растут в тех отраслях, где эти процессы происходят менее интенсивно либо действует отражаемый законом дифференциальной ренты переход к разработке относительно худших земель и месторождений полезных ископаемых.

Принципы, положенные в основу нового пересмотра оптовых цен, не подтверждают, по нашему мнению, аргументов о стимулировании роста эффективности производства более высокими ценами. В новых оптовых ценах учитываются объективно существующие отраслевые различия в динамике издержек производства и рентабельности. Повышение цен в группе добывающих и сырьевых отраслей сочетается, как это было и прежде, с проведением линии на их снижение в обрабатывающих отраслях. Сохраняют силу известные положения, что эффективность новой техники в конечном счете проявляется в относительном снижении цены по отношению к ранее выпускаемой и в расчете на единицу мощности, а удешевление более эффективных средств производства расширяет границы их экономически выгодного применения.

Целесообразность повышения цены как рычага более эффективного использования ресурсов на современном этапе развития советской экономики, на наш взгляд, не следует преувеличивать. В условиях централизованного распределения материально-технических средств (фондирования) новые цены учитываются в сметах затрат и финансовых планах как поставщиков, так и потребителей, в силу чего последним в известном смысле безразлично, по какой цене оплачивать выделенные им по плану ресурсы. Реальную хозрасчетную выгоду потребитель мог бы получить при возможности замены, к примеру, дорогого мазута или газа на более дешевый уголь, или сложного в эксплуатации дорогого станка на более простой и надежный.

Экономическое воздействие повышения цены на рост объема продукции, снижение издержек производства и улучшение качества изделий особенно ощутимо при устранении убыточности по причинам, не связанным с собственной деятельностью предприятий. Но и в этом случае стимулирующее влияние цен, как показывает опыт, довольно кратковременно. Если затем не происходит снижения уровня затрат, а, напротив, допускается их повышение и рентабельность падает, то регулирующие функции цен вновь ослабляются и возникает необходимость очередного их повышения.

При централизованном планировании не менее действенным, чем цена, средством экономического воздействия на рациональное использование материальных ресурсов выступают нормы затрат, исходя из которых разрабатываются балансы и планы распределения продукции производственно-технического назначения. Именно поэтому в постановлениях о совершенствовании хозяйственного механизма большое внимание уделяется нормативной базе планирования — созданию системы прогрессивных технико-экономических норм и нормативов по видам работ и затрат (экономии) труда, сырья, материалов и топливно-энергетических ресурсов, нормативов использования производственных мощностей и удельных капитальных вложений, а также разработке паспортов предприятий.

Особенность осуществляемых в настоящее время мероприятий по совершенствованию хозяйственного механизма заключается в установлении более тесной зависимости всех экономических рычагов и стимулов с повышением эффективности путем экономии затрат в процессе производства, улучшением конечных результатов хозяйственной деятельности производственных коллективов.

Прежде всего нужно отметить усиление связи стимулирования повышения эффективности производства с заданиями пятилетних планов, которые имеется в виду сделать стабильными по годам пятилетки. В систему директивно утверждаемых министерствам, объединениям и предприятиям плановых показателей включены долговременные нормативы заработной платы, распределения прибыли и образования фондов экономического стимулирования.

В состав доводимых до производственных коллективов плановых показателей по труду и капитальному строительству вводятся лимиты численности работающих и капитальных вложений как предельные величины выделяемых им ресурсов. Применение лимитов нацеливает предприятия на достижение более высоких конечных результатов производства, так как эти показатели не будут использоваться для оценки итогов хозяйственной деятельности. Одновременно расширяется перечень централизованно планируемых заданий по экономии затрат и эффективности производства. В этот перечень включены задания по сокращению применения ручного труда, среднему снижению норм расхода важнейших видов материальных ресурсов, экономическому эффекту от проведения научно-технических мероприятий, выпуску продукции высшей категории качества. В отдельных отраслях промышленности, главным образом добывающих и сырьевых, в числе финансовых показателей вместо прибыли предусмотрено устанавливать задания по снижению себестоимости продукции. Планирование производительности труда в промышленности и строительстве перестраивается на базе ее измерения по нормативной чистой продукции или другому показателю, более точно отражающему изменения затрат труда в отдельных отраслях.

Характерная черта проводимой перестройки методов экономического стимулирования заключается в установлении более тесной взаимосвязи между размером поощрения производственных коллективов и отдельных работников и экономией затрат в процессе производства. Так, фонд материального поощрения в объединениях и на предприятиях промышленности будет образовываться не по критерию роста реализации продукции и прибыли, а в зависимости от повышения производительности труда, увеличения продукции высшей категории качества и выполнения плана поставок продукции потребителям в соответствии с заключенными договорами. Расширены права министерств по применению с учетом особенностей отраслей в числе фондообразующих других качественных показателей: экономии материальных ресурсов, повышения фондоотдачи и коэффициента сменности, снижения себестоимости продукции, а в добывающих отраслях — роста производства продукции в натуральном выражении. Экономическое стимулирование строительно-монтажных организаций, так же, как оценка их хозяйственной деятельности будут проводиться по результатам выполнения заданий по вводу в действие производственных мощностей и объектов, товарной строительной продукции, росту производительности труда и прибыли.

В проекте ЦК КПСС к XXVI съезду партии «Основные направления экономического и социального развития СССР на 1981—1985 годы и на период до 1990 года» поставлены задачи усиления режима экономии, укрепления хозяйственного расчета. Для этого предусмотрено осуществить на всех уровнях хозяйствования систему мероприятий, направленных на более полное использование всех видов ресурсов — труда, энергии, сырья и материалов, оборудования и производственных мощностей, сокращение различных потерь и отходов, ликвидацию непроизводительных расходов.

Последовательная реализация комплекса намеченных мер по совершенствованию хозяйственного механизма призвана способствовать более полному использованию резервов повышения эффективности социалистического производства, сокращению сроков планомерного перевода советской экономики на интенсивный путь развития.

К. Микульский

О ТИПЕ ВОСПРОИЗВОДСТВА В РАЗВИТОЙ СОЦИАЛИСТИЧЕСКОЙ ЭКОНОМИКЕ

Для выявления сущности и путей освоения типа воспроизводства, адекватного развитому социалистическому обществу, первостепенное значение с методологической точки зрения приобретает определение самого понятия «тип воспроизводства». Хотя этот термин широко используется в литературе (социалистический тип воспроизводства, интенсивный тип воспроизводства), однако его содержание еще нуждается в уточнении.

Необходимо прежде всего установить критерии, исходя из которых можно определить важнейшие признаки исторически конкретного воспроизводства: его социально-классовую природу (социалистическое или капиталистическое воспроизводство), характер динамики (расширенное воспроизводство с неизменными, возрастающими или снижающимися темпами роста, простое воспроизводство, суженное воспроизводство), соотношение факторов экономического роста (экстенсивное или интенсивное), влияние технического прогресса (например, в зависимости от экономичности использования овеществленного труда), специфику места и роль потребления в воспроизводственном процессе, значение внешнеэкономических связей и т. д. Как видно, в число этих критериев входят и критерий, на основе которого определяется социальная сущность общественной формации в целом (или ее фазы), а тем самым ряд сторон воспроизводства, предопределяемых этой сущностью, и критерии для выявления менее значимых признаков процесса воспроизводства. Признаки могут быть стабильными (например, расширенное воспроизводство при социализме), изменчивыми (темпы прироста), свойственными разным этапам развития (интенсивное или экстенсивное воспроизводство) и т. д.

При анализе воспроизводства до настоящего времени упор делается на его определение с точки зрения какого-нибудь одного важного признака. Данный подход к исследованию воспроизводства все еще остается довольно типичным в экономической литературе. В известной мере такое описание можно считать подготовительным этапом к комплексному анализу воспроизводства, однако оно еще не базируется на совокупности признаков, обязательной для достаточно полной характеристики воспроизводства, не позволяет судить о том, какие его черты закономерно взаимообусловлены, непременно сопутствуют друг другу, а какие являются взаимоисключающими и не могут существовать в реальной действительности одновременно, какие из них выступают по отношению к другим причиной, а какие — следствием и т. д. Поэтому, на наш взгляд, такой анализ не дает возможности выявить тип воспроизводства.

Происходящие в последние два десятилетия сдвиги в процессе социалистического воспроизводства обусловили усиление внимания к исследованию его качественно важных черт и их изменений на различных этапах развития социалистического общества. При этом постепенно выявляется совокупность черт, характеризующих сущность конкретного типа социалистического воспроизводства, формирующегося на современном этапе, и одновременно складывается абстрактное понятие типа воспроизводства вообще.

Важным шагом в решении этой задачи явилась концентрация внимания на проблеме интенсификации воспроизводства. Исходя из положения К. Маркса о том, что воспроизводство может иметь либо экстенсивный, либо интенсивный характер [1], раз-

---

[1] См. К. Маркс и Ф. Энгельс, Соч., т. 24, стр. 193.

вивая данное положение применительно к современным условиям, экономисты социалистических стран [2] разработали концепцию повышения роли интенсивных факторов как главного условия обеспечения расширенного воспроизводства на современном этапе, которая заняла ведущее место в принятой странами СЭВ стратегии экономического роста. Это имело и имеет огромное значение для дальнейшего совершенствования социалистического воспроизводства.

Но в то же время экономисты фактически исходили из представления, что разграничение процессов социалистического воспроизводства в зависимости от того, какие факторы лежат в основе расширения производства — экстенсивные или интенсивные, достаточно для выделения двух различных типов воспроизводства. Тем самым на первый план была выдвинута одна из основных черт воспроизводства общественного продукта, которой на современном этапе его совершенствования принадлежит решающая роль. Однако при таком подходе воспроизводственный процесс характеризуется все же неполно, односторонне, использование понятия «тип воспроизводства» представляется неправомерным, поскольку не соответствует сущности этого понятия как комплексного [3].

Многие экономисты под интенсивным типом воспроизводства все чаще подразумевают гораздо более широкий круг признаков, чем те, которые непосредственно связаны с интенсивным характером воспроизводства. Интенсивный тип воспроизводства понимается ими как характерный для развитого социализма тип воспроизводства, которому присущи не только перевес интенсивных факторов роста производства, но и другие важные черты: обеспечение этого перевеса путем внедрения достижений научно-технической революции, усиление социальной ориентации производства и т. д. Такая трактовка означает существенное продвижение в формировании комплексного понятия типа воспроизводства, однако разработка связанных с этим вопросов еще далека от завершения.

На наш взгляд, тип воспроизводства — это совокупность существенных и устойчивых черт воспроизводства, которые выражают адекватные каждому данному этапу исторического развития определенной общественной формации целевую функцию воспроизводства (охватывающую в единстве как экономический, так и социальный эффекты), а также социальные условия и экономический режим использования ресурсов общества, необходимые для ее выполнения. Понятие «тип воспроизводства» охватывает наиболее важные аспекты воспроизводства во всех его фазах. Следовательно, он характеризуется теми чертами, которые в совокупности образуют исторически обусловленную качественную определенность воспроизводства.

Значение предлагаемого методологического подхода заключается в том, что он нацеливает на комплексность, всесторонность анализа воспроизводства, особенно на выявление сопряженности различных его черт, их адекватности воспроизводственному процессу в целом. Для практики хозяйствования он важен тем, что требует четкого представления о всех основных чертах формируемого или развиваемого типа воспроизводства и их взаимосвязи, ориентирует на комплексный характер мероприятий по совершенствованию воспроизводства, на их взаимоувязанность.

Постановка вопроса о необходимости комплексного понимания типа воспроизводства не исключает выделения ведущего, определяющего его критерия — социальных условий воспроизводства и прежде всего социальной организации процесса общественного производства, которые предопределяют содержание целевой функции воспроизводства и в той или иной мере экономический режим использования ресурсов.

---

[2] См., например, А. Ноткин, Тип расширенного воспроизводства при развитом социализме («Вопросы экономики» № 8, 1975 г.).

[3] А. Анчишкин справедливо отмечает, что характер, тип экономического роста невозможно определить по какому-то отдельно взятому признаку из-за многообразия аспектов экономического роста. «Поэтому целесообразнее всего выделить основные признаки, каждый из которых отражает определенный аспект экономического роста, а в соответствии с этими признаками подходить к характеристике типов экономического роста» (А. И. Анчишкин, Прогнозирование роста социалистической экономики. Издательство «Экономика», 1973 г., стр. 72). Хотя тип экономического роста, о котором пишет А. Анчишкин, очевидно, несколько более узкое понятие, чем тип воспроизводства, данный подход необходим и при анализе типа воспроизводства.

Накопленный до сих пор опыт позволяет, на наш взгляд, выделить два типа социалистического расширенного воспроизводства. Один из них соответствует этапам становления и упрочения социалистического способа производства [4], другой — этапам построения и дальнейшего совершенствования развитого социализма [5]. В рамках каждого из этих типов можно выделить характерные для них подтипы и разновидности последних, обусловленные конкретно-историческими особенностями развития различных стран. Соотношение между этапом общественного развития и типом воспроизводства можно сформулировать следующим образом: тип воспроизводства детерминирован главными чертами данного этапа общественного развития, особенно уровнем производительных сил и степенью зрелости производственных отношений, но в то же время он сам во многом влияет на его характер, конституирует его.

Исторически первый тип социалистического воспроизводства в том виде, в каком он проявился на практике и может быть изучен на основе опыта, связан прежде всего с решением таких исторически обусловленных задач, как социалистическая индустриализация, форсированное повышение унаследованного от капитализма низкого уровня экономического развития, ускоренный подъем тяжелой промышленности и т. п. Поэтому его нельзя считать в полной мере и во всех его чертах свойственным этапам построения и упрочения социалистического общества во всех странах и в любых исторических условиях. Однако некоторые его черты представляются неизбежными, например, вследствие того, что и в высокоиндустриальных странах, которые будут вступать на путь социализма, потребуются создание новых рабочих мест для ликвидации безработицы, выделение значительных средств для преодоления диспропорций, обусловленных капиталистическим характером развития экономики, и т. д.

В период, для которого свойствен первый тип социалистического воспроизводства, преимущественное развитие получают те стороны организации общественного производства, которые в наибольшей мере служат максимальному вовлечению в общественное производство потенциальных производственных ресурсов, повышению доли накопления в национальном доходе, осуществлению крупных структурных сдвигов, концентрации ресурсов на решении важнейших задач создания материально-технической базы социализма. В этот период быстро возрастают масштабы вовлекаемых в общественное производство трудовых и материальных ресурсов на основе увеличения занятости населения и производственного накопления. Темпы роста общественного продукта заметно повышаются главным образом за счет ускорения роста промышленной продукции. Эти темпы должны обеспечивать увеличение объема потребления в расчете на душу населения, несмотря на преобладание тенденции к снижению доли фонда потребления в национальном доходе. Повышается степень удовлетворения первичных, насущных потребностей людей. В ускорении роста производительности общественного труда и валового общественного продукта большое значение имеет перестройка отраслевой структуры производства. В расширении производства велика роль экстенсивных факторов. Таков далеко не полный перечень основных черт первого типа воспроизводства.

Конкретная историческая ситуация в различных странах, как только что говорилось, в той или иной мере отклоняется от вышеприведенной схематичной характеристики первого типа воспроизводства. В СССР, например, на протяжении десятилетий ярко проявлялись практически все черты этого типа воспроизводства, а в европейских социалистических странах во многих случаях наблюдались заметные отклонения

[4] Сюда не относится тот временной отрезок переходного периода от капитализма к социализму, когда капитализм имел еще значительные позиции в экономике социалистических стран и воспроизводственный процесс характеризовался сосуществованием и борьбой экономических законов социализма и капитализма.

[5] Имеющийся опыт еще не позволяет составить полное представление о различиях воспроизводства на этапе строительства развитого социализма и на этапе его дальнейшего совершенствования. Следует, однако, полагать, что по многим своим чертам этап строительства развитого социализма ближе к этапу его совершенствования, чем к предыдущему этапу. Этап строительства развитого социализма характеризуется развертыванием именно таких черт, которые в полной мере присущи этапу совершенствования развитого социализма, но отсутствуют на этапах становления и упрочения социализма. Этапы становления и упрочения социализма, за исключением вышеупомянутой части переходного периода, также близки между собой по многим характеристикам воспроизводственного процесса.

от некоторых из них. Так, в ряде стран в отдельные пятилетки оставалась стабильной или даже сокращалась численность занятых в материальном производстве, и весь прирост национального дохода обеспечивался за счет повышения производительности труда. Однако такие особенности не изменяют общей оценки воспроизводственного процесса во всех странах СЭВ за минувший период как относящегося к первому типу.

Проводимый коммунистическими и рабочими партиями стран социализма анализ общественного развития показывает, что исторически первый тип социалистического воспроизводства в целом адекватен определенному этапу общественного развития. Он сыграл огромную роль в наращивании экономического потенциала и повышении экономического уровня социалистических стран. Об успехах экономики стран СЭВ в период, когда она развивалась преимущественно на основе первого типа воспроизводства, свидетельствуют, например, следующие данные. За 1951—1979 гг. национальный доход в расчете на душу населения в странах СЭВ увеличился в среднем в 5,4 раза, душевое производство промышленной продукции возросло в 8,3 раза. В странах ЕЭС за те же годы эти показатели увеличились соответственно в 2,7 и в 3,1 раза, а в США — в 1,9 и в 2,3 раза. Рост производства в странах СЭВ сопровождался повышением жизненного уровня населения. Фонд потребления в расчете на душу населения увеличился за 1951—1978 гг. в среднем в 4,2 раза. Эти данные подтверждают, что и по темпам роста жизненного уровня страны СЭВ опережали капиталистические страны (личное потребление в расчете на душу населения в 1951—1977 гг. возросло в Англии на 65%, во Франции — в 2,8 раза, в Италии — в 2,9, в ФРГ — 3,2 раза, в США в 1951—1978 гг.— на 88%).

Вместе с тем некоторые черты первого типа воспроизводства (и особенно конкретные исторические условия его функционирования) не всегда благоприятствовали повышению эффективности использования производственных ресурсов. Данный тип воспроизводства еще не позволял в полной мере реализовать преимущества социалистической общественной организации производства. Сказывался также недостаток опыта и т. п. В результате выявилось недоиспользование возможностей роста эффективности производства.

Ныне в социалистических странах осуществляется переход ко второму типу социалистического воспроизводства. Он совершается на базе созданных первым типом воспроизводства огромных возможностей качественного совершенствования (в том числе роста эффективности) и в то же время решает задачи реализации тех возможностей в этой области, которые оставались недоиспользованными. Вместе с тем продолжают сохраняться и некоторые черты первого типа воспроизводства, противореча закономерному ходу экономического развития. Это относится особенно к тем сторонам хозяйствования, которые все еще обусловливают большую зависимость темпов расширения производства от увеличения объема вовлекаемых в производство ресурсов, прежде всего капиталовложений. Примечательно, что более высокие темпы экономического роста наблюдались в последнее десятилетие в тех странах СЭВ, где имелись относительно благоприятные условия для использования экстенсивных факторов расширения производства.

Однако повсеместно выявляются признаки исчерпания резервов развития экономики на базе первого типа воспроизводства. Назовем лишь некоторые из них. Во-первых, не только уменьшаются возможности быстрого наращивания объема вовлеченных в производство ресурсов, но и снижается экономическая отдача от их прироста, происходит удорожание роста национального дохода, достигаемого экстенсивными методами. Во-вторых, утрачивает социальную и экономическую эффективность структурная политика, ориентированная на всемерное расширение базовых производств без учета задач повышения конечного эффекта использования их продукции и соответствующего технического обновления отраслей, обслуживающих все этапы производства конечной продукции и все фазы воспроизводства. В-третьих, относительно пассивная роль потребления в воспроизводстве, не реализующего в должной мере свои возможности в стимулировании производства и совершенствовании его пропорций, отрицательно сказывается на дальнейшем подъеме экономики.

Одновременно создаются условия для перехода к новому типу воспроизводства. Это выражается не только в исключении или уменьшении возможностей сохранения многих прежних характерных черт воспроизводства, но и в формировании необходимых предпосылок для перестройки воспроизводственного процесса, прежде всего мощной материально-технической базы, квалифицированных кадров, опыта совершенствования методов хозяйствования.

Второй тип социалистического воспроизводства складывается в ходе строительства и дальнейшего поступательного движения развитого социалистического общества. Это развитой тип социалистического воспроизводства, который будет все более типичен для зрелого социализма. Начало анализу сущности этого типа воспроизводства и путей его становления было положено XXIV съездом КПСС. На XXV съезде партии были рассмотрены наиболее важные черты развитой социалистической экономики, основные признаки адекватного ей типа воспроизводства. На состоявшихся в последнее десятилетие съездах коммунистических и рабочих партий братских социалистических стран много внимания уделялось важнейшим критериям и направлениям его становления.

Новому типу социалистического воспроизводства свойственны преимущественное использование интенсивных источников экономического роста на базе ускорения научно-технического прогресса и усиления социальных стимулов совершенствования производства, качественно новый характер сбалансированности экономики на основе более совершенных народнохозяйственных пропорций, обеспечивающих ее всестороннее и комплексное развитие, а также укрепление связи производства и потребления. При этом типе воспроизводства возрастает стимулирующая роль социалистических производственных отношений в развитии производительных сил, прежде всего благодаря большей гармонизации общественных, коллективных и личных экономических интересов при более активной роли общества в формировании интересов коллектива и личности и усилении целенаправленного управления условиями их реализации. В системе производственных отношений возрастает значение трудового коллектива, в связи с чем он наделяется обществом большими, чем до сих пор, функциями в управлении процессом воспроизводства. Достигается такой уровень фактического обобществления производства и формируется такой адекватный ему тип социалистической организации общественного производства, которые обеспечивают более тесное взаимодействие всех звеньев и уровней народного хозяйства и дальнейшее повышение степени фактического обобществления производства.

Возрастает роль социальных требований и критериев в процессе воспроизводства, изменяется их характер прежде всего потому, что во главу угла непосредственно выдвигаются задачи повышения жизненного уровня народа, совершенствования образа жизни. Задачи роста народного благосостояния ставились и решались и при первом типе воспроизводства. Однако огромные масштабы и сложность первоочередных задач форсированного создания материально-технической базы социализма и укрепления его экономических позиций в противоборстве с капитализмом резко сужали возможности роста потребления, вынуждали в той или иной мере жертвовать его интересами.

При втором типе воспроизводства потребности повышения жизненного уровня занимают более важное место в системе критериев распределения ресурсов, экономический рост в большей мере регулируется на основе учета текущих и перспективных социальных нужд. Этот курс не всегда непосредственно ведет к ускорению темпов роста доходов населения, а проявляется главным образом в перестройке пропорций общественного производства: в повышении темпов роста группы «Б» промышленности, сельского хозяйства, в более полном и рациональном товарном обеспечении денежных доходов населения и т. д. Одновременно ускоряется решение ряда специфических социальных проблем (изживание малообеспеченности, увеличение помощи матерям с детьми, пенсионерам, решение жилищной проблемы). Достигнутый уровень экономического развития позволяет удовлетворять насущные потребности населения, ставить как практически разрешимую в обозримой перспективе задачу обеспечения рационального (по современным представлениям) уровня потребления, постепенно повышать степень удовлетворения существовавших ранее и особенно вновь возникающих более сложных и более высоких потребностей (в увеличении и содержательном использовании свободного времени, в качественном улучшении системы территориального расселения и т. д.). Одновременно потребление во всевозрастающей мере выполняет роль фактора экономического роста в качестве стимула производственной активности трудящихся. Ориентация на повышение эффективности производства резко усиливается. Разумеется, борьба за высокую эффективность производства велась и раньше, однако в иерархии задач, решавшихся при первом типе воспроизводства, приоритет отдавался увеличению объемов производства, расширению (пополнению) отраслевой структуры промышленности и сокращению сроков достижения этих целей.

Как уже отмечалось, новый тип воспроизводства предполагает и новое содержание многих народнохозяйственных пропорций, усиление сбалансированности экономики, ее сочетание с динамичным процессом постоянного совершенствования пропорций. Отличие этой сбалансированности от сбалансированности в условиях первого типа воспроизводства (когда распределение ресурсов было подчинено задачам подъема отдельных отраслей народного хозяйства и обеспечению приоритетного положения этих отраслей «за счет» других) заключается прежде всего в том, что она достигается при комплексном развитии народного хозяйства. Важной чертой такого типа воспроизводства является и усиление взаимодействия внутренних (национальных) и внешних (международных) факторов экономического роста. Повышение эффективности экономики, рационализация пропорций, оптимизация темпов развития национальных хозяйств все больше зависят от совершенствования производства на базе международной специализации и кооперирования, прежде всего между социалистическими странами.

В настоящее время основные черты второго типа воспроизводства могут пока быть определены исходя в основном из назревших потребностей совершенствования экономики и социальных отношений, из необходимости преодоления некоторых факторов, сдерживающих экономический рост. Сложность исследования этих черт, следовательно, заключается, в частности, в том, что они еще не в полной мере стали реальностью. Нынешний этап развития воспроизводственного процесса в СССР и европейских странах СЭВ, представляя собой этап становления второго типа социалистического воспроизводства, носит «переходный» характер.

Возникает вопрос, правомерно ли относить к данному этапу развития социалистического воспроизводства — становлению его второго типа — современный воспроизводственный процесс в странах, экономика которых в той или иной мере иногда существенно различается по отдельным воспроизводственным характеристикам и, более того, которые находятся на разных этапах зрелости социалистического общества. Как известно, КПСС констатировала, что в СССР построен развитой социализм, а братские партии европейских стран СЭВ исходят из того, что в этих странах еще только осуществляется строительство развитого социализма.

Следует, однако, учитывать, что такие аспекты социалистической экономики, как уровень зрелости социалистических производственных отношений, материально-технической базы общества, с одной стороны, и характер воспроизводственного процесса — с другой, развиваются во взаимосвязи и взаимообусловленности, но, как правило, в известной мере асинхронно, и их взаимная адекватность достигается лишь постепенно, в рамках относительно длительного исторического периода. При этом новый тип социалистического воспроизводства не может опережать создание соответствующих материально-технической базы и социальной структуры экономики, либо даже сформироваться одновременно с ними: становление нового типа воспроизводства следует за сдвигами в материально-технической базе и социальной структуре, реализует и закрепляет эти сдвиги в самом процессе воспроизводства с некоторым временным лагом. Поэтому в СССР сложившейся материально-технической базе и социальной структуре экономики развитого социализма еще не сопутствует весь комплекс черт второго типа социалистического воспроизводства. Хотя такое отставание, как только что отмечалось, в известной мере закономерно, однако оно несколько затянулось, что объясняется некоторыми причинами объективного и субъективного характера. Проанализировав эти причины и задачи завершения перевода экономики на рельсы интенсивного развития, другие актуальные проблемы совершенствования хозяйствования, ЦК КПСС наметил конкретные пути их решения в проекте к XXVI съезду «Основные направления экономического и социального развития СССР на 1981—1985 годы и на период до 1990 года». Предстоит на базе сложившихся материально-технических и социальных условий развитой социалистической экономики отладить механизм ее функционирования и обеспечить отвечающий современным требованиям процесс воспроизводства.

Проблема освоения второго типа воспроизводства является актуальной не только для СССР, но и для европейских стран СЭВ. И у них расширяются материально-технические и социальные предпосылки для перехода к этому типу воспроизводства. Так, в 1950 г. максимальная величина различий между европейскими странами СЭВ (включая СССР) по душевому объему национального дохода выражалась соотношением 1 : 3,2 и по душевому объему промышленной продукции — 1 : 5, а к 1978 г. максимальный разрыв сократился соответственно до 1 : 1,2 и 1 : 1,5. Возможность и необходимость перехода ко второму типу воспроизводства в европейских социалистических странах сформировались в более короткие сроки, чем в СССР, в частности благодаря сотрудничеству в рамках СЭВ и в особенности разностороннему содействию со стороны СССР. Кроме того, и сам процесс углубления социалистической экономической интеграции требует дальнейшего совершенствования воспроизводственного процесса в каждой участвующей стране.

В то же время общую задачу освоения нового типа воспроизводства разные страны решают в неодинаковых условиях. Между ними имеются различия по возможностям вовлечения в производство новых ресурсов, уровню сбалансированности экономики, темпам расширения производства, степени использования внешних средств для финансирования экономического роста. При общности стратегических целей и методов их достижения имеются различия в тактике (например, в подходах к определению динамики производства).

Анализируя формирование второго типа воспроизводства, нужно подчеркнуть, что многие усилившиеся на нынешнем этапе «ограничители» чисто количественного роста производственных ресурсов неизбежны и закономерны не только для конкретных условий, которые сложились в экономике одних и к которым приближается экономика других стран СЭВ, но и для определенного уровня социально-экономического развития вообще. Для развитой социалистической экономики надо, на наш взгляд, признать нормальной ситуацию, когда возможности увеличения объема вовлеченных в производство ресурсов ограничиваются следующими факторами: полной (оптимально высокой) занятостью населения; отсутствием возможностей широкого межотраслевого перераспределения рабочей силы; достижением такой доли накопления в национальном доходе, которая, с одной стороны, свидетельствует о больших инвестиционных возможностях экономики, о способности осваивать крупные капиталовложения и обеспечивать совершенствование производственного аппарата на уровне передовых научно-технических достижений, а с другой — исключает целесообразность ее дальнейшего значительного повышения в свете назревших потребностей социального развития, в особенности потребностей материального стимулирования работников. Эти «ограничители» представляют собой не «трудности», не отклонения от нормального хода развития, а именно нормальные условия, формирование которых относилось к важнейшим задачам первого типа воспроизводства.

Проиллюстрируем высказанные положения соответствующими цифрами. Так, доля занятых в общественном производстве и на учебе с отрывом от производства достигла в европейских странах СЭВ (включая Советский Союз) 9/10 населения трудоспособного возраста и более. Например, в СССР этот показатель в 1967 г. составил 89%, а по данным за 1979 г.—95%. В интересах стабилизации и повышения рождаемости и с учетом сформировавшихся в последнее время представлений о преимуществах домашнего воспитания детей в первые годы их жизни в странах СЭВ проводятся и будут проводиться мероприятия, позволяющие женщинам с рождением детей временно прекращать работу на производстве в целях воспитания и ухода за ними, что приведет к некоторому снижению уровня занятости.

Среднегодовая доля накопления в национальном доходе возросла в Болгарии с 21,7% в 1951—1960 гг. до 27,8% в 1971—1978 гг., в Венгрии соответственно — с 19,7 до 28,6, в ГДР — с 13,8 до 22,4, в СССР — с 25,8 до 27,5, в Чехословакии — с 16,8 до 26,9, в Румынии — с 16,8 до 34,1% [6]. Дальнейшее существенное увеличе-

[6] Хотя по всем названным странам, кроме ГДР и Румынии, данные о доле накопления приведены в текущих ценах, они все же свидетельствуют о ее существенном повышении.

ние этой высокой доли могло бы привести к осложнению текущих и перспективных социально-экономических проблем, и ныне в социалистических странах преобладает тенденция к стабилизации или некоторому ее снижению. Вместе с тем следует учитывать огромные потребности всех стран в новых капиталовложениях с целью модернизации базовых отраслей промышленности, обеспечения снабжения топливом и энергией, дальнейшего подъема сельского хозяйства и т. д. Отсюда вытекает настоятельная необходимость повышать эффективность использования накоплений, а в том случае, если ее динамика не позволит решить эти задачи, не исключено даже повышение (но незначительное) доли накопления в той мере, в какой это не будет вступать в резкое противоречие с социальными потребностями.

Проблемы эффективности экономики на современном этапе обострились. Согласно нашим ориентировочным расчетам, совокупная эффективность затрат живого и овеществленного труда в материальном производстве в большинстве стран СЭВ в 1971—1975 гг. возрастала теми же темпами, что и в 1961—1970 гг., или более высокими. Однако в 1976—1980 гг. (особенно в последние два года) эти темпы замедлились, и в целом за последнее десятилетие составляли в СССР и европейских странах СЭВ оценочно от 1 до 4% в среднем в год по сравнению с 2—5% в 1961—1970 гг.[7]. Развитие народного хозяйства ряда стран СЭВ осложнялось сдвигами в уровне цен на мировых рынках и в платежных балансах этих стран.

Динамика совокупной эффективности затрат труда складывается под влиянием разнонаправленных тенденций в динамике эффективности живого и овеществленного труда. Производительность живого труда во всех рассматриваемых странах растет. В 1971—1977 гг. она возросла в Болгарии на 66%, в 1971—1978 гг. в Венгрии — на 62, в ГДР — на 45, в Румынии — на 116, в СССР — на 40, в Чехословакии — на 44%. В 1971—1978 гг. по сравнению с 1961—1970 гг. рост производительности труда в ряде стран ускорился, однако последние два года истекшей пятилетки в этом отношении почти повсеместно были менее благоприятны.

Фондоотдача в народном хозяйстве всех рассматриваемых стран за 1971—1978 гг. несколько снизилась, хотя ее динамика по сравнению с предыдущим десятилетием в разных странах была неодинакова: в одних снижение фондоотдачи замедлилось, в других ускорилось, в третьих некоторый рост или стабилизация фондоотдачи сменились ее снижением. Причины этого носят как объективный (специфика современного этапа технического перевооружения народного хозяйства, освоение новых месторождений полезных ископаемых, повышение технического уровня сельского хозяйства и т. д.), так и субъективный характер (недостатки в планировании и управлении, особенно проявляющиеся в строительстве и материально-техническом снабжении, медленное приспособление системы стимулирования работников к новым условиям).

Однако в общем оценка современного уровня и динамики эффективности общественного производства с точки зрения их соответствия второму типу воспроизводства должна быть иной, нежели оценка достигнутой степени вовлечения народнохозяйственных ресурсов в производственный процесс и возможностей их дальнейшего количественного роста. Как отмечалось выше, сужение возможностей такого роста, обусловленное высокой степенью фактического вовлечения потенциальных ресурсов в общественное производство, представляет собой закономерный результат предшествовавшего развития экономики, свидетельство достигнутого ее высокого уровня. В отличие от этого уровень и динамика эффективности использования вовлеченных в производство ресурсов, как это неоднократно констатировали коммунистические и рабочие партии социалистических стран, не соответствуют возможностям, которыми располагает экономика этих стран. В результате объем конечного продукта и степень удовлетворения потребностей общества оказываются меньше тех, которые можно достичь при имеющихся ресурсах. Об этом свидетельствуют, в частности, такие явления,

---

[7] Этот ориентировочный расчет сделан на основе данных о динамике эффективности использования живого и овеществленного труда, взятых в отдельности. При этом условно приняты одинаковыми для всех стран доли прироста эффективности использования каждого из названных двух факторов в приросте совокупной эффективности. Оценочно учтено возрастание в 70-е годы по сравнению с 60-ми годами доли овеществленного труда в совокупных затратах труда. Расчеты по другой методике дают иные величины, но выявляют такую же тенденцию.

как превышение численности работников предприятий по сравнению с необходимой для выпуска того же объема продукции, но при лучшей организации производства и труда, неполная загрузка производственных мощностей, перерасход сырья, топлива, материалов и т. д.

Перспективы динамики роста эффективности производства и тесно связанной с ней динамики национального дохода зависят от ускорения научно-технического прогресса и использования внутрипроизводственных резервов. Эти два фактора экономического роста взаимосвязаны. В силу того, что для технического перевооружения производства требуются большие первоначальные затраты, усиленное внимание надо уделить мобилизации внутрипроизводственных резервов, позволяющей высвободить для более эффективного использования значительные ресурсы. Путь к этому — дальнейшее совершенствование хозяйственного механизма.

С учетом сказанного представляется реальным преодоление на протяжении 80-х годов неблагоприятных тенденций в динамике эффективности общественного производства. И хотя в ближайшее время многие страны СЭВ намечают определенное замедление темпов расширения производства, их стратегической целью является такая перегруппировка факторов экономического роста и такое изменение структуры производства, которые дадут возможность добиться значительно больших успехов в его интенсификации и обеспечить развитие экономики более высокими темпами.

В ходе развития зрелого социализма неизбежны будут дальнейшие существенные сдвиги в процессе воспроизводства. Можно предположить, что со временем они примут столь глубокий характер, что сформируется новый, третий тип социалистического воспроизводства, адекватный этапу непосредственного перерастания социализма в коммунизм. На наш взгляд, процесс развития социалистического воспроизводства в этой большой исторической перспективе не может уложиться в рамки того типа воспроизводства, который формируется на современном этапе. Представляется, что в числе характерных черт третьего типа воспроизводства можно назвать обеспечение качественно более высокого уровня экономической эффективности производства в результате массового использования достижений научно-технической революции; качественно значимое возрастание потребления и обогащение его структуры; обеспечение соответствия между развитием производства, масштабами и действенностью мер по охране, восстановлению и улучшенному воспроизводству окружающей среды.

При этом типе воспроизводства завершится характерная для второго типа перестройка экономики с целью ее большей ориентации на задачи роста народного благосостояния. Будет в полной мере осуществлен переход к распределению национального дохода в соответствии с крупномасштабными долгосрочными социальными программами, которые станут непосредственно и в решающей степени предопределять экономические задачи. Фонд потребления будет формироваться на нормативной основе. Главной особенностью этого типа воспроизводства станет, очевидно, возросшая эффективность «вложений в человека», усиление зависимости между затратами на удовлетворение его потребностей и их отдачей для общества, превращение таких затрат в конечном счете в решающий фактор совершенствования производства и повышения его эффективности. Все это приведет к увеличению удельного веса потребления в национальном доходе [8], к смягчению объективного противоречия между текущими и перспективными интересами общества. Одновременно может относительно снизиться значимость дальнейшего роста уровня материального потребления в пользу увеличения свободного времени и т. д.

Различия между третьим и вторым типами воспроизводства будут меньше различий между вторым и первым его типами. Однако трактовка третьего типа воспроиз-

[8] Третий тип социалистического воспроизводства закрепит и разовьет выявляющиеся уже в предыдущем типе новые по сравнению с первым типом воспроизводственные пропорции, соотношения затрат на расширение производства и на увеличение потребления. Тем самым получит дальнейшую реализацию более благоприятное для потребления распределение ресурсов при социализме, нежели при капитализме, которое было намечено Лениным в его схемах воспроизводства (см. Ленинский сборник XXXVIII. Политиздат, 1975 г., стр. 88—91). В основе такого распределения будет лежать более высокая эффективность использования всех ресурсов.

водства как «высокоразвитого второго типа» была бы неточна. Полное развитие черт воспроизводства, формирующихся в процессе функционирования второго типа воспроизводства, будет означать, по существу, новое качественное изменение его характера. Третий исторический тип социалистического воспроизводства подготовит предпосылки для такого уровня развития производительных сил и потребления, для такого соотношения этих уровней, а также для той степени зрелости личности, которые необходимы для реализации на практике принципов и объективных законов высшей фазы коммунизма, но сам еще не будет ей адекватен. Перерастание социалистического воспроизводства в коммунистическое означает, на наш взгляд:

— ускорение роста экономической эффективности использования производственных ресурсов и многократное увеличение объема национального дохода;

— развитие тех функций производства, которые имел в виду Маркс, когда писал, что развитие производительных сил человечества есть *«развитие богатства человеческой природы как самоцель»* [9];

— достижение полного удовлетворения тех потребностей, рост которых в силу их характера имеет границы и практически прекращается или замедляется после обеспечения рациональных норм потребления (даже при возможном пересмотре этих норм в сторону повышения, особенно в аспекте качественных характеристик);

— возрастание роли потребностей высшего порядка, удовлетворение которых будет иметь более непосредственное и весомое значение для повышения трудовой активности и производственных возможностей работников по сравнению с удовлетворением первичных потребностей. Один из важнейших аспектов этого процесса — возрастание роли труда как процесса удовлетворения потребности в трудовой активности, расширение возможностей «стимулирования» работника самим трудом.

Все это, вместе взятое, приведет, как нам представляется, к существенному отрыву динамики роста эффективности производства и его масштабов от динамики увеличения затрат на воспроизводство рабочей силы и на обеспечение удовлетворения более широкого круга потребностей населения. Только так, по нашему мнению, могут сложиться материальные предпосылки для создания изобилия предметов потребления, для перехода к распределению по потребностям, а также для необходимого в будущем резкого возрастания доли тех элементов накопления, которые связаны с фундаментальными исследованиями, улучшением окружающей среды и т. д.

Таким образом, в ходе формирования непосредственных предпосылок становления коммунистического типа воспроизводства будет, видимо, действовать следующая схема взаимосвязи производства и потребления: на основе роста потребления (включая удовлетворение потребностей высшего порядка) развить творческие способности и производственные возможности человека и обеспечить такое существенное снижение затрат на удовлетворение личных потребностей, которое позволит при изобилии предметов потребления наращивать объем затрат на цели накопления, в том числе производственных. В этих условиях тенденция к стабилизации и даже снижению доли прибавочного продукта, которая, на наш взгляд, будет характерна для третьего типа социалистического воспроизводства, может смениться при коммунистическом воспроизводстве тенденцией к ее повышению. Возможность и целесообразность такой тенденции будет вытекать из новых условий дальнейшего подъема производительных сил: с одной стороны, этот подъем будет предполагать глубокие преобразования материального мира, связанные с большими затратами; с другой стороны, перенесение центра тяжести потребностей человека на созидательную, творческую деятельность будет означать, что осуществление затрат на такое преобразование станет не только условием удовлетворения потребностей, но и непосредственно процессом их удовлетворения.

---

[9] К. Маркс и Ф. Энгельс, Соч., т. 26, ч. II, стр. 123.

П. Павлов, В. Цага
Ленинград

КОНСЬЮМЕРИЗМ — БУРЖУАЗНАЯ КОНЦЕПЦИЯ «ПОТРЕБИТЕЛЬСКОГО КОММУНИЗМА»

Обобщая опыт развития мирового революционного процесса и современной идеологической борьбы, ЦК КПСС в постановлении «О дальнейшем улучшении идеологической, политико-воспитательной работы» со всей решительностью призвал «своевременно давать достойный отпор идеологическим диверсиям империализма и его приспешников. Вести последовательную борьбу против любых форм оппортунизма и ревизионизма». Наши классовые враги хорошо понимают, что строительство социализма и коммунизма — главный вопрос эпохи. Об этом красноречиво свидетельствует дискуссия по вопросам развитого социализма, развернувшаяся на страницах буржуазной прессы, в частности западногерманского журнала «Остеуропа» [1]. В целом ее участники фальсифицируют природу и закономерности развития коммунистической общественно-экономической формации, социалистического образа жизни.

Консьюмеризм — современный вариант потребительской концепции

Термин «консьюмеризм», или «потребительство», введенный на Западе в оборот в середине 60-х годов текущего столетия, обозначает один из методологических принципов буржуазной экономической мысли. Он утверждает примат потребления по отношению ко всем сторонам общественной жизни. Из него исходит подавляющее большинство идеологов антикоммунизма. Консьюмеризм стал общей методологической основой разнообразных школ и направлений современной буржуазной политэкономии. Вслед за Сэем, изолированно рассматривавшим производство, распределение и потребление, его нынешние последователи выделяют «политическую экономию потребления» и ставят ее во главу угла [2].

Сторонники консьюмеризма игнорируют анализ собственности, процесса производства, классовых отношений, объективно действующих специфических и общих законов общественно-экономической формации. По их мнению, ведущей силой любого современного общества (капитализма или социализма) является «движение потребителей», которое определяет-де структуру общественного производства и распределения товаров и услуг. Оно якобы обусловливает и переход от одной ступени общественного развития к другой. «Движение потребителей,— подчеркивается в одной из работ,— есть продукт экономической эволюции. Это аспект перехода от экономики производителей к экономике потребителей, от экономики скудости к экономике изобилия и с известными ограничениями — от рынка продавцов к рынку покупателей» [3].

Английский профессор Дж. Хирст пишет, что «большинство людей... использовало бы понятие «потребительское общество» для того, чтобы описать тот образ жизни, в котором мы живем в настоящее время, и определить его особенности, которые, вполне вероятно, будут еще больше превалировать в будущем. К этим особенностям относятся владение машиной и цветным телевизором, проведение отпуска за границей и т. д.». Сам же он понимает потребительское общество «как экономику, направляемую решениями о покупках миллионов индивидуальных потребителей» [4].

---

[1] «Osteuropa» № 7, 1978.
[2] L. Robbins, Political Economy: Past and Present. New York, 1976, p. 2—3.
[3] «Consumerism. Search for the Consumer Interest». New York — London, 1974, p. 6.
[4] «The consumer society». London, 1977, p. 51.

По сути дела, концепция консьюмеризма — всего лишь замена старого лозунга «суверенитет потребителя» лозунгом «суверенитет движения потребителей». И содержание и социально-апологетическое назначение консьюмеризма отражает усиление противоречий капитализма, углубление кризисного антагонистического характера его развития и стремление расчищать дорогу для новых потребительских товаров. Выбрасывая на рынок в погоне за прибылями массу не всегда нужных, а иногда и вредных товаров, монополисты и их идеологи пытаются представить этот процесс как удовлетворение растущих потребностей общества, как ответ на «движение потребителей», на их запросы.

На эту сторону вопроса обратил внимание Дж. Гэлбрейт, который органически связывает само возникновение консьюмеризма с антиобщественными последствиями экономической реализации НТР в условиях современного капитализма. «Все чувствуют,— пишет он,— что многие новшества в потребительских товарах есть не что иное, как обман. Считается само собой разумеющимся, что наиболее заметной чертой широко разрекламированных изобретений окажется их неспособность к работе или же выяснится, что они просто опасны. Общественное движение, названное «консумеризмом»,... своим происхождением в немалой степени обязано этим особенностям нововведений» [5].

Приверженцы консьюмеризма игнорируют общественную форму потребления, сводят его к физиологическим и эмоциональным процессам. «Под потреблением,— подчеркивает Г. Стенли, — я понимаю просто «употребление» [6]. Однако потребление такого рода не является предметом политэкономии вообще. Она рассматривает потребление в его специфической общественной форме. Буржуазные же экономисты потребление непосредственно связывают с приобретением и использованием товаров массового назначения. А ведь до потребления товары должны быть произведены, распределены и обменены. И эти процессы, протекая в условиях той или иной общественно-экономической формации, определяются ее спецификой.

Критикуя потребительскую концепцию Сисмонди и либеральных народников, которые «считали нужным выделять «потребление» от «производства» как особый отдел науки», В. И. Ленин доказал теоретическую и практическую несостоятельность возведения потребления в абсолют, рассмотрения его в отрыве от производственных отношений, которые определяют характер и распределения, и обмена, и потребления. «Если же мы последовательно будем смотреть на «производство», как на общественные отношения по производству,— указывал он,— то и «распределение», и «потребление» потеряют всякое самостоятельное значение» [7]. В классовом обществе нет потребления индивидуумов вообще, есть потребление различных классов общества, определенное их различным отношением к средствам производства. И Ленин с особой силой подчеркивал, что все стороны общественного производства, в том числе и потребление, отражают отношения классов по поводу производства и детерминируются ими. «Раз эти общественные отношения выяснены и проанализированы до конца,— писал он,— *тем самым* определено и место в производстве каждого класса, а, следовательно, и получаемая ими доля национального потребления» [8].

Потребительская трактовка основного экономического закона социализма и законов социалистического расширенного воспроизводства

С позиций консьюмеризма «советологи» выдают удовлетворение растущих потребностей членов общества за цель каждого современного государства независимо от его социально-экономического строя. При этом ссылки делаются на то, что в эпоху научно-технической революции «накопление богатства, экономический рост и растущая производительность в конечном счете оправданны, если ведут к более высокому уровню потребления населения в будущем» [9].

[5] Джон К. Гэлбрейт, Экономические теории и цели общества. Издательство «Прогресс», 1976 г., стр. 191.
[6] «The consumer society», p. 168.
[7] В. И. Ленин, Полное собрание сочинений, т. 2, стр. 195, 196.
[8] В. И. Ленин, Полное собрание сочинений, т. 3, стр. 53.
[9] «The consumer society», p. 24.

Однако буржуазные идеологи упускают из виду то, что различия в социально-экономическом характере социалистического и капиталистического обществ предопределяют разную структуру и производства и потребления. Производственные отношения капитализма или социализма, в конкретных рамках которых осуществляется научно-техническая революция, подчиняют ее достижения противоположным целям, вытекающим из основных экономических законов буржуазного и социалистического способов производства. Научно-техническая революция не изменяет этих целей, она вторична, а не первична по отношению к ним. Социализм обеспечивает рост материального и культурного уровня общества в целом и всех его членов, тогда как капитализм — рост богатства только господствующего класса — монополистической буржуазии.

Утверждение о том, что рост благосостояния народа — общая закономерность всех современных развитых стран независимо от их общественной системы, основано на свойственном буржуазной политэкономии рассмотрении потребления вне органической взаимосвязи с характером господствующих производственных отношений. Ее представители игнорируют тот факт, что материальные блага потребляются не сразу после их изготовления, а после распределения, характер которого всецело определяется отношением членов общества к средствам производства. В буржуазных странах производится очень много товаров, но в силу частнособственнического характера присвоения результатов производства они распределяются не иначе, как по капиталу и стоимости рабочей силы. В целом жизненный уровень рабочего зависит от величины реальной заработной платы, цен на потребительские товары, продолжительности рабочего дня, уровня налогов, стоимости жилья, медицинских услуг и т. д., а не от общей массы производимых в обществе товаров.

Отдельные буржуазные идеологи выдают высокий уровень потребления за специфическую особенность капитализма. Так, директор русского исследовательского центра Гарвардского университета (США) профессор А. Бергсон признает факт роста народного потребления в странах социализма, «быструю экспансию продуктов, особенно товаров длительного пользования». Однако он представляет эти процессы не как закономерность социализма, связанную с действием его основного закона, а «как эпитомизацию (выражение в сокращенном виде.— *Авт.*) западного «консьюмеризма» [10]. Некоторые теоретики антикоммунизма договариваются даже до того, что рост материального благосостояния членов социалистического общества якобы «приведет СССР к империализму» [11].

Подобные оценки — следствие непонимания того, что основной экономический закон каждой общественно-экономической формации выражает цель и средства ее достижения в данном обществе. Так, общественное производство при социализме нацелено на обеспечение «*полного* благосостояния и свободного *всестороннего* развития *всех* членов общества» [12]. Этот закон, с одной стороны, вызывает необходимость всевозрастающего производства материальных и духовных благ и более полного удовлетворения потребностей всех членов социалистического общества. Тем самым предопределяется экономическая эффективность социалистического общественного воспроизводства во всех фазах и на всех уровнях. С другой стороны, основной закон, отражая всестороннее развитие человека в сфере производства, предопределяет его социальную эффективность, прямое влияние на человека, условия и характер его труда. «Производительные силы и общественные отношения — и те и другие,— писал К. Маркс,— являются различными сторонами развития общественного индивида...» [13].

В проекте «Основных направлений экономического и социального развития СССР на 1981—1985 годы и на период до 1990 года» подчеркивается: «**В восьмидесятые годы Коммунистическая партия будет последовательно продолжать осуществление своей экономической стратегии, высшая цель которой — неуклонный подъем матери-**

---

[10] A. Bergson, Productivity and the Social System — the USSR and the West. Cambridge (Mass.) — London, 1978, p. 182.
[11] A. Hodgart, The Economics of European Imperialism. London, 1977, p. 80.
[12] В. И. Ленин, Полное собрание сочинений, т. 6, стр. 232.
[13] К. Маркс и Ф. Энгельс, Соч., т. 46, ч. II, стр. 214.

ального и культурного уровня жизни народа, создание лучших условий для всестороннего развития личности на основе дальнейшего повышения эффективности всего общественного производства, увеличения производительности труда, роста социальной и трудовой активности советских людей». Теоретическое и практическое значение этого тезиса заключается в том, что в нем отражается неразрывная связь экономической стратегии партии с основным экономическим законом социализма, с теми его положениями, которые сформулировал Ленин.

При зрелом социализме возрастает непосредственное влияние производства на самого человека, на процесс формирования коммунистической личности, всестороннее развитие работника. Оно обеспечивается не только и не столько в ходе потребления материальных благ, сколько в процессе труда, создания материальных и духовных благ. Полное благосостояние предполагает наряду с обеспечением жизненными средствами и наличие удовлетворяющих индивида условий труда, окружающей среды, продолжительности рабочего и свободного времени, оплачиваемого отпуска и многих других факторов.

Основной экономический закон социализма (коммунизма) отражает экономические и социальные преимущества коммунистической общественно-экономической формации по сравнению с капитализмом. Не случайно поэтому «советологи» пытаются умалить его роль, отвести ему подчиненное место в системе всех законов социализма. Они во главу угла ставят категорию планомерности социалистической экономики, к тому же по-своему истолковывая ее. Так, по мнению западногерманского профессора Ф. Хаффнера, в советской экономике «доминирующим (принципом) является планомерность, которая выражается в других законах (основной экономический закон, закон планомерного, пропорционального развития, закон распределения по труду и др.)» [14].

Сама же планомерность рассматривается буржуазными экономистами как чисто субъективная деятельность, проявление волюнтаризма со стороны государства. Например, австралийский «советолог» Дж. Вильчинский утверждает: «В этой модели экономические процессы всецело поглощаются иерархической системой планирования и управления...» [15]. Небезызвестный Р. Арон говорит даже об использовании Советским государством «неограниченной власти плановиков», об «авторитарном централизованном планировании» [16]. Эти высказывания свидетельствуют о том, что их авторы отрицают объективный характер действия экономических законов социализма, считая, что они порождены экономической политикой социалистического государства, осуществляющего планирование народного хозяйства.

Развитой социализм и постепенное его перерастание в коммунизм многие западные идеологи рассматривают с позиции потребительской теории «стадий экономического роста» У. Ростоу. Скажем, Хаффнер характеризует развитой социализм как общество, в котором «частично можно выявить тенденцию к массовому потреблению». Ростоу и его последователи связывают переход от одной стадии «экономического роста» к другой с характером использования прибавочного продукта. При этом использование прибавочного продукта на нужды материального производства противопоставляется личному потреблению, «массовое потребление» рассматривается как «альтернатива применению прибавочного продукта в хозяйстве» [17]. В подобной постановке вопроса со всей очевидностью проявляется научная несостоятельность потребительской концепции общественно-экономического развития, отрывающей потребление от его основополагающего фактора — производства.

Исследование производства и воспроизводства прибавочного продукта и национального дохода вне процессов реализации и воспроизводства совокупного общественного продукта — заблуждение, присущее буржуазной политэкономии со времен А. Смита. Именно оно привело Сисмонди и либеральных народников к ошибочной теории реализации и кризисов, а Мальтуса — к реакционно-апологетической теории «третьих лиц». «Вопрос о «национальном доходе» и о «национальном потреблении»,—

---

[14] «Osteuropa» № 7, 1978, p. 591.
[15] J. Wilczynski, The Economics of Socialism. Chicago, 1973, p. 23.
[16] «Encounter» № 3, 1977, p. 20.
[17] «Osteuropa» № 7, 1978, S. 597.

указывал Ленин,— абсолютно неразрешимый при самостоятельной постановке этого вопроса и плодивший только схоластические рассуждения, дефиниции и классификации,— оказывается вполне разрешенным, когда проанализирован процесс производства всего общественного капитала. Мало того: этот вопрос перестает существовать отдельно, когда выяснено отношение национального потребления к национальному продукту и реализация каждой отдельной части этого продукта. Остается только *дать название* этим отдельным частям» [18].

Не производство только прибавочного продукта и не производство только национального дохода, а производство при наименьших затратах всего общественного продукта необходимого количества и качества — вот что имеет решающее значение для развития коммунистического общества. Именно на это обращено внимание в постановлении ЦК КПСС и Совета Министров СССР о совершенствовании хозяйственного механизма: «Производить оценку результатов хозяйственной деятельности производственных объединений (предприятий) промышленности, а также их экономическое стимулирование, исходя прежде всего из выполнения планов поставок продукции производственно-технического назначения и товаров народного потребления по номенклатуре (ассортименту) и в сроки в соответствии с заключенными договорами (заказами), повышения производительности труда, улучшения качества продукции и роста прибыли (в отдельных отраслях — снижения себестоимости)».

С позиции потребительской концепции «советологи» объявляют несостоятельными теорию социалистического воспроизводства и особенно закон преимущественного роста I подразделения, фальсифицируют суть процесса сближения темпов роста I и II подразделений при развитом социализме. Марксистско-ленинское положение о действии этого закона в нынешних условиях они считают «равнозначным догматическому пониманию закона» [19]. Установление пропорций расширенного воспроизводства западные идеологи рассматривают как выражение чисто волевых решений государства. Они уверяют, что возможно произвольное сочетание темпов роста I и II подразделений общественного производства -- либо интенсивное развитие тяжелой промышленности, либо рост народного потребления. «Увеличенному производству предметов потребления,— пишет Хаффнер,— противоречит значительное расширение некоторых отраслей машиностроения, энергетики и других отраслей тяжелой промышленности, экспансии которых, по-видимому, угрожает динамичное производство предметов потребления» [20].

Расценивая постановку вопроса о возможности и необходимости сближения темпов роста I и II подразделений общественного производства как отступление марксистов от теории и практики первых лет социалистического строительства, буржуазные экономисты тем самым смешивают проблему содержания закона преимущественного роста I подразделения с проблемой соотношения темпов роста I и II подразделений. Ведь суть закона в условиях НТР остается неизменной, такой, как ее сформулировал Ленин: «Чтобы расширять производство («накоплять» в категорическом значении термина), необходимо произвести сначала средства производства... а для этого нужно, следовательно, расширение того отдела общественной продукции, который изготовляет средства производства...» [21].

Закон преимущественного роста I подразделения отнюдь не предполагает, что темпы роста производства средств производства всегда значительно опережают темпы роста производства предметов потребления. Мощная тяжелая промышленность, развивающееся социалистическое сельское хозяйство создали все условия для сближения темпов роста производства предметов потребления с темпами роста производства средств производства. Это стало возможным за счет включения в производство новых сырьевых ресурсов и экономически более эффективных средств труда, материалов и энергоносителей. «Сближение темпов роста производства предметов потребления и производства средств производства,— подчеркивается в Тезисах ЦК КПСС

---

[18] В. И. Ленин, Полное собрание сочинений, т. 3, стр. 53.
[19] «Osteuropa» № 7, 1978, S. 598.
[20] Ibid.
[21] В. И. Ленин, Полное собрание сочинений, т. 2, стр. 146—147.

к 50-летию Великой Октябрьской социалистической революции,—одна из важных особенностей современных структурных сдвигов в народном хозяйстве».

Сближение темпов роста двух подразделений происходит при преимущественном росте I подразделения. Сближение темпов роста групп «А» и «Б» промышленности связано в значительной мере и с тем, что все большая доля сельскохозяйственной продукции поступает в дальнейшую окончательную переработку в отрасли легкой и пищевой промышленности. Следовательно, резко увеличивается доля продукции сельского хозяйства, относящейся к I подразделению, которая в дальнейшем в форме конечного продукта промышленности включается уже во II подразделение. Такое положение отражает прогрессивное усиление производственно-экономических связей между сельским хозяйством и промышленностью, углубление специализации в аграрном секторе.

Не соответствует истине и заявление буржуазных экономистов о том, что сближение темпов роста I и II подразделений является отступлением от теории и практики первых лет социализма. Уже в начале 30-х годов Н. А. Вознесенский рассматривал проблему уменьшения разницы в темпах прироста средств производства и средств потребления при сохранении ведущей роли I подразделения общественного производства. «В более быстром росте промышленности средств производства — основа расширенного воспроизводства, основа и технической реконструкции,— писал он.— При этом, однако, будет *уменьшена* разница в темпах прироста средств производства и средств потребления». Главным условием сокращения разрыва между темпами производства в I и II подразделениях Н. А. Вознесенский считал переход «сельского хозяйства на рельсы расширенного социалистического воспроизводства» [22].

Отрицая объективный характер пропорций расширенного воспроизводства, в частности пропорций производства и потребления, «советологи» тщатся доказать, что в странах социализма большие капиталовложения в отрасли I подразделения осуществляются в ущерб производству предметов потребления. Арон, например, заявляет, что в мероприятиях КПСС и Советского государства, направленных на обеспечение капиталовложений в тяжелую промышленность, «массовое потребление сведено к высокому уровню капиталовложений и производству вооружения...» [23].

Псевдозаботы о сокращении инвестиций в тяжелую промышленность в пользу «интересов потребителя» рассчитаны на подрыв экономической мощи социалистических стран и их обороноспособности. Некоторые «советологи» из тех же «добрых» побуждений предлагают ни много ни мало, как восстановить частнособственнические отношения, ликвидировать централизованное планирование, заменив его стихийно действующим рыночным механизмом и т. п. Вполне определенно выразил эти антикоммунистические цели профессор Сорбоннского университета Я. Марчевский. Рассматривая «сокращение капиталовложений в тяжелую индустрию как только одно из необходимых условий» совершенствования потребления в социалистических странах, он заявляет: «Реальное разрешение проблемы потребления требует полной ревизии официальной доктрины «социализации» сельского хозяйства, ремесел и услуг, реставрации отношений цена — рынок и отказа от советской системы командной экономики» [24]. Таковы иллюзорные надежды буржуазных идеологов.

Критика модели «потребительского коммунизма»

В буржуазной модели «потребительского коммунизма» высшая фаза коммунистической общественно-экономической формации рассматривается сугубо только как «общество изобилия», удовлетворяющее все потребности индивидуумов. «Что такое коммунизм? Это когда все имеют все в достаточном количестве» [25],— такая искаженная формула пущена в оборот швейцарским Институтом Востока и взята на вооружение «советологами». Они ложно утверждают, что Маркс представлял коммунизм как общество, в котором удовлетворяются все потребности и желания индивидуумов не-

[22] Н. А. Вознесенский, Избранные произведения. Политиздат, 1979 г., стр. 122.
[23] «Encounter» № 3, 1977, p. 20.
[24] «Soviet Studies» № 1, 1979, p. 117.
[25] Цит. по: «Die Zukunft», Jänner, 1978, S. 28.

зависимо от их участия в труде. Поскольку же многообразные потребности и субъективные желания людей в целом удовлетворить невозможно, постольку, продолжают западные идеологи, невозможно и строительство коммунизма, а стало быть, и «марксистская теория будущего общества базируется на фальшивом идеале — создании рая на земле». По их мнению, «такое общество, однако, не может быть построено, ибо в принципе все потребности народа нельзя удовлетворить» [26].

«Советологи» игнорируют тот факт, что противоречия коммунистической общественно-экономической формации носят неантагонистический характер. Они не учитывают объективные закономерности постепенного перерастания социализма в коммунизм, в том числе совершенствования развитого социализма на его собственной основе. Суть перерастания социализма в коммунизм зачастую сводится ими только к «переходу от современной социалистической оплаты по труду к коммунистическому бесплатному распределению» [27].

Именно в этом смысле американский профессор Г. Шерман пишет о «революции трудящихся классов при социализме», которая ускорила бы «установление» коммунизма. «Другими словами,— подчеркивает он,— переход от современной социалистической оплаты по труду к коммунистическому бесплатному распределению может означать необходимость революции для установления коммунизма. Следовательно, можно быть революционером в Советском Союзе, призывая к более быстрому установлению коммунизма в нем» [28].

Такого рода призыв к «революции» — очередная попытка дезорганизовать строительство коммунизма, толкнуть трудящихся социалистических стран на путь волюнтаризма. Между тем классики марксизма-ленинизма неоднократно предостерегали против попыток недоучета объективных законов общественного развития. Рассматривая переход от социализма к коммунизму как естественноисторический процесс, как прогрессивное развитие зрелого социализма на собственной основе, они отвергали идею насильственного введения принципов коммунизма до создания соответствующей материально-технической и духовной базы. «Продвигаясь вперед, — подчеркивается в Тезисах ЦК КПСС к 50-летию Великой Октябрьской социалистической революции,— мы можем идти только к коммунизму. Попытки искусственно затормозить или перескочить необходимые этапы неизбежно вступают в конфликт с объективными законами общественного развития».

Марксистско-ленинская программа строительства коммунизма охватывает все стороны материальной и духовной жизни общества. В основе общественного прогресса лежит удовлетворение всех общественных потребностей и в первую очередь в сфере материального производства. Чтобы потреблять по потребностям, нужно создать изобилие потребительских благ и услуг, что предполагает совершенствование материального производства и рост его на основе производительности труда. У нас еще не созданы полные материальные и духовные предпосылки распределения по потребностям. «У нас действует социалистический принцип «От каждого — по способностям, каждому — по труду»,— говорил Л. И. Брежнев.— Перескочить через него при современном уровне экономического развития и сознательности людей невозможно» [29].

Нередко буржуазные экономисты твердят о неосуществимости коммунизма вследствие трудностей определения потребностей членов общества. «Насколько мне известно,— пишет, например, Л. Роббинс,— марксистское предписание конечной справедливости: от каждого — по способностям, каждому — по потребностям, никогда еще не пытались осуществить на практике в коммунистических странах: очевидные трудности определения потребностей в широком смысле дают основание предположить, что осуществление такой попытки мало вероятно...» [30].

Извращают на Западе и сам коммунистический принцип распределения по потребностям. Ленин указывал, что буржуазные идеологи трактуют его обывательско-ме-

[26] «International Journal of Politics», Spring-Summer 1978, p. 30, 27.

[27] H. Sherman, Radical Political Economy. Capitalism and Socialism from Marxist — Humanist Perspective. New York, 1972, p. 335—336.

[28] Ibid., p. 335—336.

[29] Л. И. Брежнев, Ленинским курсом. Речи и статьи, т. 6, Политиздат, 1978 г., стр. 524.

[30] L. Robbins, Op. cit., p. 141.

щански. «С точки зрения буржуазной легко объявить подобное общественное устройство «чистой утопией» и зубоскалить по поводу того, что социалисты обещают каждому право получать от общества, без всякого контроля за трудом отдельного гражданина, любое количество трюфелей, автомобилей, пианино и т. п.,— писал он.— Таким зубоскальством отделываются и ныне большинство буржуазных «ученых», которые обнаруживают этим и свое невежество и свою корыстную защиту капитализма» [31].

Характеризуя закономерность перерастания социализма в коммунизм, Ленин доказал, что это длительный процесс формирования коммунистического отношения к труду, «когда люди настолько привыкнут к соблюдению основных правил общежития и когда их труд будет настолько производителен, что они добровольно будут трудиться *по способностям*» [32]. Только тогда материальные блага будут распределяться по потребностям культурных людей. Ныне же, на этапе развитого социализма, указывал на Всесоюзном совещании идеологических работников (1979 г.) член Политбюро ЦК КПСС, секретарь ЦК КПСС М. А. Суслов, нужно обращать внимание на необходимость разработки «проблем формирования разумных потребностей. Наши партийные кадры, практические работники сферы воспитания ждут от ученых продуманных рекомендаций о путях решения этой важной общественной проблемы».

Буржуазному, узкопотребительскому толкованию высшей стадии общественного прогресса как «века высокого массового потребления» теория и практика коммунистического строительства противопоставляют два взаимосвязанных условия — рост материально-технической базы и всестороннее развитие человеческой личности. «Великое дело — строительство коммунизма невозможно двигать вперед без всестороннего развития самого человека. Без высокого уровня культуры, образования, общественной сознательности, внутренней зрелости людей коммунизм невозможен, как невозможен он и без соответствующей материально-технической базы» [33].

Современную буржуазную политэкономию характеризует полная неспособность научно предвидеть будущее. Она представляет собой реакционную силу, стоящую на пути социального прогресса. Конструируя модель будущего «потребительского общества», буржуазные идеологи предрекают человечеству перспективу длительного прозябания, бездеятельности, опустошенности, мещанского духовного вырождения. Показательна в этом отношении позиция Ростоу, который, считая высшей стадией общественного прогресса «век высокого массового потребления», откровенно признал свою беспомощность в решении проблем будущего, в предсказании того, «что наступит за стадией высокого потребления» и «как можно избежать «вековой духовной стагнации» [34].

Согласно его прогнозу, в США возникнет «тип жизни Будденброков»[35], когда американцы предпочтут иметь большие многодетные семьи. Мужчины же почти не будут участвовать в воспитании детей и обречены на скуку, если не займутся охотой, стрельбой или рыбной ловлей подобно богатому джентльмену XVIII в.[36]. По существу, то же самое утверждает и Арон. Отрицая объективные закономерности движения к высшей фазе общественного прогресса и предсказуемость будущего, он говорит о «возможной скуке, ожидающей цивилизацию досуга», являющейся «опасностью, ничуть не меньшей», чем «сверхчеловеческая власть, которую биология вместе с физикой, возможно, дадут человечеству завтра» [37]. Тем самым в ложном свете изображается характер трудовой деятельности человека, неоправданно представляемой как легкое времяпрепровождение.

---

[31] В. И. Ленин, Полное собрание сочинений, т. 33, стр. 97.
[32] Там же, стр. 96.
[33] «Материалы XXIV съезда КПСС». Политиздат, 1972 г., стр. 83.
[34] W. Rostow, The Stages of Economic Growth. A Non-communist Manifesto. Cambridge (Mass.), 1960, p. 11, 12.
[35] Ссылаясь на историю рода Будденброков, героев романа Томаса Манна, Ростоу возводит в добродетель процесс вырождения буржуазии, ее отход от какого-либо участия в производственной деятельности и превращение в паразитирующую часть общества.
[36] W. Rostow, Op. cit., p. 91.
[37] «Man-Made Futures. Readings in Society, Technology and Design». London, 1974, p. 19.

Марксизм-ленинизм рассматривает трудовую деятельность человека не как простую забаву и праздность. «Действительно свободный труд...— писал Маркс,— вместе с тем представляет собой дьявольски серьезное дело, интенсивнейшее напряжение»[38]. В социалистическом обществе идет неустанная борьба с тунеядцами. Технический прогресс коренным образом изменяет характер труда, делает труд более привлекательным. Процесс труда постоянно обогащается творческими элементами, происходит дальнейшее гармоничное сочетание физического и умственного труда. В то же время технический прогресс требует повышения исполнительской точности, производственной и трудовой дисциплины, прилежания к работе.

Коммунистический труд, писал Ленин, есть бесплатный труд на пользу общества, труд добровольный, труд вне нормы, труд без расчета на вознаграждение, труд как потребность здорового организма[39]. Таковы специфические черты труда при полном коммунизме. Труд на социалистической стадии развития коммунистической формации — исходная ступень формирования коммунистического труда. Вот почему в Конституции СССР записано: «Общественно полезный труд и его результаты определяют положение человека в обществе. Государство, сочетая материальные и моральные стимулы, поощряя новаторство, творческое отношение к работе, способствует превращению труда в первую жизненную потребность каждого советского человека».

* * *

Буржуазная концепция консьюмеризма — это не только теоретическое заблуждение многих экономистов за рубежом. Она имеет и классовую цель — завуалировать определяющую роль отношений между различными классами и социальными группами по поводу средств производства. Концепция консьюмеризма направлена и на насаждение иждивенческих, чисто потребительских настроений. Поэтому разоблачение научной несостоятельности и вредности проповедуемой концепции — важный момент в идеологической борьбе с буржуазией. Это тем более актуально, что проект «Основных направлений экономического и социального развития СССР на 1981—1985 годы и на период до 1990 года» ставит перед советскими учеными задачу критики антикоммунизма, буржуазных и ревизионистских концепций общественного развития, разоблачения фальсификаторов марксизма-ленинизма.

---

[38] К. Маркс и Ф. Энгельс, Соч., т. 46, ч. II, стр. 110.
[39] См. В. И. Ленин, Полное собрание сочинений, т. 40, стр. 315.

М. Дарбинян

ПУТИ УДОВЛЕТВОРЕНИЯ ПОТРЕБНОСТЕЙ НАСЕЛЕНИЯ

Успехи развития народного хозяйства в десятой пятилетке явились крупным шагом в реализации разработанной XXIV и XXV съездами КПСС экономической политики.

Дальнейшее повышение благосостояния населения нашло свое выражение, в частности, в росте розничного товарооборота государственной и кооперативной торговли, который за годы десятой пятилетки увеличился на 24,5% в сопоставимых ценах. Положительные сдвиги произошли и в структуре розничного товарооборота. За пять лет реализация продуктов животноводства возросла более чем на 15%, еще выше были темпы роста продажи кондитерских изделий (18%), овощей и фруктов (36%), рыбы и рыбопродуктов (36%).

Произошли изменения и в реализации непродовольственных товаров. Продажа тканей, одежды и белья увеличилась за указанный период примерно на 30%, трикотажных, чулочно-носочных изделий — на 25%, кожаной обуви — на 22%, мыла и моющих средств — более чем на 35%. Высокими темпами возрастала продажа товаров культурно-бытового и хозяйственного назначения — почти на 46%. Значительно увеличились покупки населением электропылесосов, мотоциклов, фотоаппаратов, мебели, посуды металлической, фарфоро-фаянсовой, стеклянной и многих других товаров.

Однако достижения в развитии экономики и в решении социальных задач, как отмечается в проекте ЦК КПСС к XXVI съезду Коммунистической партии Советского Союза «Основные направления экономического и социального развития СССР на 1981—1985 годы и на период до 1990 года», могли быть более весомыми. Известное отрицательное влияние оказали недостатки в механизме управления и планирования, методах хозяйствования, нарушения трудовой и исполнительской дисциплины и т. д. Это затруднило резкое повышение эффективности, перевод народного хозяйства на путь интенсивного развития. Так, несмотря на достижения в сельском хозяйстве и рост потребления продуктов питания, имеются, как это отмечается в «Основных направлениях», недостатки в обеспечении населения некоторыми продовольственными товарами; в сельском хозяйстве недостаточно эффективно использовались выделяемые ему ресурсы.

За последние три пятилетия в сельское хозяйство вложено около 400 млрд. руб., а вот отдача пока, как отмечалось в выступлении Л. И. Брежнева на ноябрьском (1979 г.) Пленуме ЦК КПСС, явно мала. Повышение эффективности сельскохозяйственного производства требует обеспечения высокого качества и сохранности произведенной продукции, доведения ее без потерь до потребителя. Следует отметить, что из-за недостатков в этом деле порой более 1/4 валового объема производства овощей, фруктов и картофеля портится в процессе транспортировки и хранения.

Такое положение обусловлено рядом причин. Нередко это происходит вследствие нерадивого отношения работников торговли к порученному делу, безответственности в соблюдении режима хранения, отсутствия элементарного порядка в приемке, хранении, транспортировке сельскохозяйственной продукции.

Однако необходимо в ряде случаев значительно повысить и качество сельскохозяйственной продукции, сдаваемой колхозами и совхозами предприятиям и организациям торговли. Согласно отчетным данным, процент нестандартной и бракованной плодоовощной продукции и картофеля, поставляемых государственной и кооперативной торговле, в том числе в общесоюзный фонд, составляет порядка 10—14%, а порой и более, причем процент этот в течение последних лет почти не снижается. Частично это объясняется тем, что колхозы и совхозы материально не заинтересованы в должной мере в качестве сдаваемой продукции, так как оно не стимулируется в достаточной степени закупочной ценой.

Нередко, исходя из правильного положения, что вся выращенная сельскохозяйственная продукция должна быть принята и сохранена, торговле навязывают нестандартную продукцию. Она завозится в города, содержится в хранилищах в течение многих месяцев, а затем оказывается, что использовать ее невозможно. Создается видимость выполнения планов поставки, излишне загружаются транспорт, хранилища.

Не исключена, конечно, необходимость приемки и нестандартной плодоовощной и другой скоропортящейся продукции, пригодной для использования в свежем или переработанном виде. Как известно, заготовительным организациям разрешено принимать такую продукцию на условиях и по ценам согласно договоренности. Однако необходимо стимулировать поставки именно стандартной продукции.

Было бы целесообразно, на наш взгляд, закупки у колхозов и совхозов нестандартной продукции осуществлять без зачета ее в выполнение планов, стимулировать заинтересованность колхозов, совхозов, сельскохозяйственных органов в создании на местах мощностей по переработке нестандартной продукции.

Значительные резервы повышения эффективности сельскохозяйственного производства и улучшения снабжения населения кроются в организации хранения продукции в торговле. На начало 1980 г. уровень обеспеченности хранилищами для фруктов, овощей и картофеля в целом по стране составлял в государственной торговле около 75%, в потребкооперации — примерно 50%. Следует при этом учитывать территориальную неравномерность производства плодоовощной продукции и размещения хранилищ, которая снижает коэффициент их загрузки соответственно до 61 и 40%.

В то же время, если капиталовложения, направляемые в сельскохозяйственное производство и в пищевую промышленность, возрастают довольно высокими темпами (что вполне обоснованно), то капитальные вложения в торговлю, в том числе на развитие хранилищ для овощей, фруктов и картофеля, в течение двух последних пятилеток не только не увеличивались, но порой даже уменьшались.

На октябрьском (1980 г.) Пленуме ЦК КПСС указывалось, что нужно изыскивать средства для развития соответствующих мощностей по переработке и хранению сельскохозяйственной продукии, в том числе и за счет разумного перераспределения капитальных вложений, которые выделяются сельскому хозяйству. Однако пока мало сделано в этом отношении. Это весьма важно и в связи с тем, что, как предусмотрено проектом «Основных направлений», необходимо всемерно расширять приемку скота, молока, плодов и овощей в местах их производства и вывозку транспортом заготовителей, что требует создания дополнительных мощностей по хранению и переработке сельскохозяйственной продукции в торговле и в первую очередь в потребительской кооперации.

Решение этой проблемы требует комплексного подхода. В проекте «Основных направлений» предусматривается концентрация сил и ресурсов для решения основных народнохозяйственных задач, обеспечения поэтапной реализации целевых комплексных программ по важнейшим социально-экономическим проблемам. В первую очередь названа продовольственная программа, которая призвана соединить воедино вопросы развития сельского хозяйства, заготовок, хранения, транспортировки, переработки и реализации продукции, пищевой индустрии и торговли продовольственными товарами. Это должно обеспечить высокое качество сельскохозяйственной продукции, сохранность, равномерность реализации ее в течение всего года при сезонном характере производства. Продовольственная программа должна быть направлена на обеспечение удовлетворения потребностей населения в соответствии с нормами рационального потребления и сбалансированность спроса и предложения.

В целях успешной реализации продовольственной программы, проектом «Основных направлений» предусмотрено единство планирования, финансирования и управления, обеспечивающее пропорциональное и сбалансированное развитие агропромышленного комплекса, совершенствование экономических связей между отраслями, организацию четкого их взаимодействия по наращиванию производства продукции, улучшению ее сохранности, транспортировки, переработки и доведения до потребителя. При этом следует иметь в виду, что для сохранения полученной продукции требуется гораздо меньше средств, чем для увеличения ее производства.

Важным шагом в реализации этой программы явилось бы ускорение строительства колхозных и совхозных складов и хранилищ для фруктов, овощей и картофеля там, где это целесообразно, что способствовало бы повышению качества продукции, известной разгрузке транспорта и улучшению снабжения населения продуктами питания. Для стимулирования этого необходимо установить более высокие закупочные цены на продукцию сельского хозяйства в несезонное для ее производства время по сравнению с сезонным периодом. Это обеспечило бы не только выгодность закладки продукции на хранение в местах производства, но и быструю окупаемость капиталовложений и, следовательно, заинтересованность в строительстве хранилищ на селе.

В настоящее время вопросы комплексного планирования развития производства, транспортировки, хранения, переработки и реализации продукции наиболее актуальны для плодоовощной продукции сельского хозяйства.

В последние годы достигнуты известные успехи в увеличении производства товаров народного потребления. В то же время нередко возникают перебои в снабжении населения то одним, то другим товаром. Перебои в продаже отдельных товаров имеют свои особенности. Происходят они порой в условиях довольно высоких темпов роста их производства и продажи. Так, перебои в продаже мыла и синтетических моющих средств начались в 1979 г., когда уровень их продажи составил 113% к предшествующему году и 240% — к 1966 г. При этом за 1966—1978 гг. при насыщенности рынка продажа хозяйственного мыла даже сократилась на 26%. В ряде случаев перебоям в продаже указанных товаров не могли воспрепятствовать даже имеющиеся сверхнормативные запасы. На начало 1979 г. в розничной торговле имелись сверхнормативные запасы мыла на 40 дней оборота, или 30% к нормативу, и синтетических моющих средств соответственно — на 24 дня, или

33%. И это оказалось недостаточным для недопущения перебоев в их продаже.

Нередко случайные перебои, начавшиеся в одном регионе, городе, имеющие, казалось бы, локальный характер, быстро распространяются по территории страны, принимают более широкие масштабы. Объясняется это не только единством товарных рынков, но и недостатками в маневрировании ресурсами, отсутствием общесоюзного оптового звена, способного осуществить этот маневр в масштабах страны. В условиях, когда цена не ограничивает покупки товаров населением в разумных с точки зрения общества размерах, при возникновении даже кратковременного дефицита населением создаются запасы ряда товаров в количествах, превышающих необходимое нормальное потребление.

В проекте «Основных направлений» особо отмечается необходимость активного воздействия на формирование разумных потребностей населения. Работникам торговли и промышленности надо найти формы и средства такого воздействия, усилить работу в этом направлении. Это может намного сократить затраты на увеличение производства отдельных товаров, наладить выпуск их в объемах, соответствующих рациональным потребностям.

Нередко при неудовлетворении спроса населения — дефиците некоторых товаров на рынке, отрасли промышленности (министерства), выпускающие их, выполняют и перевыполняют планы производства, выводят хорошие экономические показатели, по которым положительно оценивается их деятельность. Такое положение вряд ли можно считать нормальным.

При разработке планов производства товаров, особенно массового спроса, необходимо исходить именно из потребностей населения, а не только спроса. В этой связи нужно, на наш взгляд, при оценке деятельности отдельных отраслей народного хозяйства, министерств учитывать не столько выполнение планов производства, темпы его роста, сколько удовлетворение потребностей населения, являющееся целью социалистического производства. Это необходимо еще и потому, что оценка работы по процентам выполнения планов порождает стремление добиваться принятия заниженных планов, скрывать имеющиеся резервы.

В проекте «Основных направлений» указывается на необходимость все более полного удовлетворения потребностей населения в товарах народного потребления как основной задачи экономического и социального развития страны.

Как известно, объем и структура потребностей в тех или иных товарах должны найти свое отражение в заявках торговли, предоставляемых промышленности. Эти заявки, по существу, носят формальный характер, так как сами по себе они не влекут за собой какой-либо ответственности сторон: торговли — за их экономическую обоснованность и обеспечение сбыта, промышленности — за их удовлетворение. Важным средством повышения ответственности сторон должны служить рекомендованные к внедрению в практику постановлением ЦК КПСС и Совета Министров СССР «Об улучшении планирования и усилении воздействия хозяйственного механизма на повышение эффективности производства и качества работы» пятилетние соглашения между главными управлениями Министерства торговли СССР (оптовыми конторами минторгов союзных республик) и объединениями промышленных министерств, в которых должны предусматриваться объемы подлежащих поставке товаров на пятилетие с распределением по годам. Следует ускорить внедрение этих мер, для чего необходимо определить структуру указанных соглашений (конкретный перечень организаций, между которыми они будут заключаться), установить перечень товаров в групповом ассортименте, по которым они будут заключаться и т. д. Конечно, повышение ответственности министерств и ведомств (особенно головных) не только за выполнение планов производства товаров народного потребления, их поставки в соответствии с заключенными договорами, но и за удовлетворение спроса населения в соответствии с заявками торгующих организаций потребует значительного улучшения методов изучения спроса, более быстрой перестройки производства.

Необходимость повышения ответственности промышленности и торговли, а также плановых органов за удовлетворение спроса населения диктуется и следующими обстоятельствами. Казалось бы, насыщение рынка товарами, увеличение их запасов в торговле в размерах, превышающих нормативы, должно было бы побуждать промышленность к улучшению ассортимента и качества товаров, выпуску новых их разновидностей с новыми потребительскими свойствами, способствующими ускорению реализации. Торговля тоже должна содействовать этому, усилив рекламу, расширив торговую сеть и т. д. Между тем это не всегда так. Расширение ассортимента, выпуск новых товаров требуют дополнительных затрат, что связано с известным риском для производства, так как эти затраты могут не окупиться или оказаться неэффективными. Поэтому промышленность в ряде случаев не заинтересована в проведении указанных мероприятий.

Порой и торговля не заинтересована в увеличении объема производства, поскольку это требует целенаправленного формирования спроса и вслед за этим увеличения размера продажи, совершенствования ассортимента, роста запасов, развития розничной торговой сети, складского хозяйства, усиления рекламы и т. п. Все это требует дополнительных затрат. Изучение спроса населения, товароснабжение, образование запасов товаров, их хранение и, наконец, продажа намного сложнее в условиях широкого ассортимента товаров, их избытка. Кроме того, это связано с более высоким уровнем издержек обращения, большим риском уценки товаров, замедлением оборачиваемости оборотных средств, что может привести к ухудшению экономических показателей.

Таким образом, промышленность и торговля оказываются экономически не заинтересованными в создании на рынке «давления предложения», когда, по образному выражению К. Маркса, «предложение силой берет спрос». Их интересы порой смыкаются и сводятся к предложениям по сокращению планов производства, так как при этом предприятиям промышленности, как правило, корректируются все другие плановые показатели, включая финансовые, а для торговли сокращаются заботы.

Плановые органы порой не противодействуют в должной мере указанным тенденциям, и в результате предложения по снижению планов производства тех или иных товаров принимаются.

На ноябрьском (1979 г.) Пленуме ЦК КПСС указывалось, что «Госплан СССР не противостоит должным образом натиску ведомственности и местничества, которые ослабляют силу плана, мешают пропорциональному росту экономики», что необходимо «проявлять большую твердость, отстаивая общегосударственные интересы». Эти положения в полной мере относятся и к практике планирования товаров народного потребления.

Сокращение темпов роста производства, основывающееся только на текущем спросе, без перспектив его развития, ведет в ряде случаев к внезапному появлению, на наш взгляд, искусственного дефицита некоторых товаров, которые в течение ряда лет были в избытке. Так в свое время произошло со швейными машинами, велосипедами, в последние годы — с лыжами, стегаными одеялами, стиральными машинами, электролампами и некоторыми другими товарами. При этом не следует преувеличивать значение недостаточного изучения спроса населения, несвоевременного завоза товара, слабого воздействия торговли на производство и т. д. Во многих случаях дело значительно сложнее. Так, в последние годы отмечаются перебои в снабжении населения хлопчатобумажными тканями и изделиями из хлопчатобумажной пряжи. Это представляется особенно непостижимым при систематическом росте сбора хлопка-сырца и рекордных урожаях его в некоторые годы. Нередки попытки объяснить это нерациональным использованием хлопчатобумажных тканей, снижением производства льняных тканей. Однако основная причина дефицита кроется в недостаточном росте производства хлопчатобумажных тканей. За 1971—1979 гг. среднегодовой темп прироста их производства составил 1,4%. Таким же низким был рост выпуска хлопчатобумажной пряжи, что обусловило низкие темпы роста производства трикотажных изделий, чулок, носков, колготок и пр. Между тем прирост закупок хлопка-сырца был более чем вдвое выше — 3,3%, а производства хлопка-волокна — 1,8%. Образовался разрыв между сырьевыми ресурсами и возможностями производства тканей и изделий из хлопчатобумажной пряжи, обусловленный прежде всего отставанием ввода мощностей в хлопчатобумажной промышленности, особенно прядильной и хлопкоочистительной. Имеются и другие немаловажные причины: повышение в ряде случаев влажности, засоренности и промасленности хлопка-сырца, ухудшение производства хлопка-волокна по ассортименту (в частности, сокращение доли тонковолокнистого хлопка), понижение его качества — сокращение доли первых сортов и увеличение удельного веса низших сортов, особенно шестого, практически малопригодного для производства хлопчатобумажных тканей, и т. п.

Ежегодному приросту производства хлопчатобумажных тканей противостоял более значительный рост спроса населения, обусловленный увеличением средней заработной платы рабочих и служащих (3,3%), оплаты труда колхозников (4,8%), фонда заработной платы (5,6%) и другими факторами. При этом следует отметить, что в 1979 г. план производства хлопчатобумажных тканей был недовыполнен более чем на 300 млн. кв. м, а в целом за десятую пятилетку недодано хлопчатобумажных тканей более 1 млрд. кв. м.

Усиленное развитие производства — главное направление в обеспечении населения хлопчатобумажными тканями, в ликвидации дефицита. Ссылки же на недостатки в распределении тканей по направлениям их использования (хотя недостатки и в этом имеются) вуалируют истинное положение дел, не содействуют правильному выбору главного направления ликвидации дефицита.

Порой высказываются предложения по увеличению рыночных фондов тканей за счет сокращения их расхода на другие нужды, с чем нельзя, на наш взгляд, согласиться в полной мере. Рыночный фонд хлопчатобумажных тканей (по стоимости), а также их промышленная переработка (пошив одежды, белья и других швейных изделий) увеличивался в 1971—1979 гг. в среднем на 2,3% в год. Объективно росло также и внерыночное потребление. Среднегодовой темп прироста фонда спецодежды за эти годы составил 4,8%, фонда госбюджетных учреждений (ткани для больниц, санаториев, детских учреждений и др.) — 2,4%. Целесообразен преимущественный рост количества тканей, направляемых на промышленную переработку по сравнению с их розничной продажей. Это освобождает население от необходимости излишних затрат времени на пошив одежды, белья, обеспечивает лучшее, более экономное использование тканей, высокое качество швейных изделий. За 1970—1979 гг. доля хлопчатобумажных тканей, направляемых на промышленную переработку, увеличилась с 57,7 до 65,5% их общего объема в денежном выражении. При анализе динамики структуры расходования хлопчатобумажных тканей эти два направления их использования должны рассматриваться в совокупности, с учстом необходимости систематического увеличения удельного веса тканей, направляемых на промышленную переработку.

Правомерен и опережающий темп роста количества тканей, направляемых на производство спецодежды. Обусловлено это процессом усложнения производства, повышением его культуры, требованиями гигиены и т. п. Закономерен и опережающий темп расхода тканей на нужды госбюджетных организаций, что обусловлено социальными достижениями нашего общества, опережающими по сравнению с товарооборотом темпами роста общественных фондов потребления и некоторыми другими факторами.

За 1971 — 1979 гг. объем хлопчатобумажных тканей, направляемых на промышленное потребление, возрос незначительно — на 6,5%, в том числе направляемых на производство товаров народного потребления (обуви, мебели, кожгалантереи, клеенки, спорттоваров и многих других) — на 8,7%, на нужды, частично связанные с производством товаров народного потребления (на фильтрацию молока, производство шлифовальной шкурки и др.) — на 4,9%, а на производственно-эксплуатационные нужды даже сократился на 12,8%.

Сказанное не исключает, конечно, необходимости замены хлопчатобумажных тканей другими материалами — пленкой, синтетическими тканями, неткаными материалами и т. п. Необходимо, указывается в проекте «Основных направлений», максимально заменять натуральные волокна для технических целей химическими, а ткани — неткаными материалами. Для ускорения этого процесса целесообразно предусмотреть соответствующие экономические стимулы. В частности, соотношение цен на хлопчатобумажные ткани промышленного потребления и на материалы, их заменяющие, должно стимулировать преимущественное использование последних.

Анализ состояния производства и торговли хлопчатобумажными тканями показывает, что для ликвидации дефицита товаров из хлопчатобумажных тканей необходимо в первую очередь увеличить их выпуск. Это касается не только данных товаров. Требуется дальнейший значительный рост производства товаров народного потребления, подъем уровня управления экономикой в самом широком плане, известные изменения в ее структуре.

Необходимо усиление внимания к развитию группы «Б» промышленности, известной переориентации в практике планирования. О недостатках в планировании производства и выпуска продукции отраслями промышленности группы «Б» говорилось на XXV съезде КПСС. Было обращено внимание плановых и хозяйственных органов, партийных, советских, профсоюзных организаций на необходимость серьезного изменения подхода к производству потребительских товаров. Отмечая, что ответственность за недостаточную заботу о легкой и пищевой промышленности и сфере обслуживания несут многие, в том числе центральные плановые и хозяйственные органы, был сделан вывод: «Продолжая увеличивать капиталовложения в отрасли группы «Б» и обслуживающие их производства, в торговлю и сферу услуг, необходимо повышать требования к тем, кто планирует развитие этого участка экономики и руководит им».

Развитие нашей экономики характеризуется систематическим ростом производства предметов потребления. В 1979 г. оно было в 10,5 раза выше уровня 1940 г. и в 2,4 раза — уровня 1965 г. Однако потребности растут намного быстрее, и в ряде случаев спрос населения на отдельные товары остается неудовлетворенным, что вызывает необходимость более ускоренного развития их производства.

Следует отметить, что в ряде случаев планы производства по группе «Б» не выполняются. Порой в годовых планах показатели развития группы «Б» промышленности принимаются более низкими по сравнению с предусмотренными в пятилетних планах. За период после 1950 г. фактический коэффициент опережения прироста группы «А» над группой «Б» почти по всем пятилетиям был выше, чем предусматривалось в годовых планах, а в последних прирост этот нередко устанавливался выше, чем это вытекало из пятилетних планов. И даже в девятой пятилетке, когда Директивами XXIV съезда КПСС был определен опережающий темп роста группы «Б» и коэффициент соотношения среднегодовых темпов прироста группы «А» и «Б» составлял 0,94, осуществить это в силу ряда причин не удалось: по годовым планам коэффициент этот составил за пятилетие 1,03, а фактически — 1,21.

В десятой пятилетке отмечается сближение темпов роста групп «А» и «Б». Если в 1975 г. фактический коэффициент опережения прироста группы «А» над «Б» составлял 1,22, то в 1979 г.— 1,06, а на 1980 г. планом экономического и социального развития СССР были предусмотрены равные темпы их прироста — по 4,5%. На 1981 г. уже предусмотрены опережающие темпы роста группы «Б» над «А»: 4,2% против 4,1%.

Необходимо обеспечить оптимальное соотношение между I и II подразделениями общественного производства и прежде всего между группами «А» и «Б» промышленности. Критерий этой оптимальности должен исходить, на наш взгляд, из цели социалистического производства — все более полного удовлетворения потребностей населения. В условиях развитого социализма это делает необходимым сближение темпов роста указанных групп. Способствуют этому и изменения в структуре стоимости продукции. Овеществленный труд стал абсолютно и относительно преобладающим, и научно-технический прогресс направлен не только на сокращение живого, а прежде всего овеществленного труда — снижение затрат основных фондов, удельных затрат топлива, сырья и материалов, что обусловливает сближение темпов роста I и II подразделений общественного производства, отраслей промышленности групп «А» и «Б».

Задача сводится к такому опережению группы «А» и соответственно I подразделения общественного производства, которое в наибольшей степени обеспечит расширение размеров народного потребления, границ II подразделения. Следует иметь в виду, что «в конечном счете, производительное потребление (потребление средств производства) всегда связано с личным потреблением, всегда зависимо от него»[1]. Не исключена и необходимость предусматривать в течение определенных периодов опережающие темпы роста группы «Б», в частности при наличии дефицита по ряду товаров.

Сказанное не противоречит действующему в социалистическом обществе закону преимущественного роста I подразделения общественного производства, закону опережающих темпов роста производства средств производства над развитием производства предметов потребления, являющемуся одним из основных положений марксистско-ленинской теории воспроизводства. В то же время действие этого закона не означает необходимости постоянного и систематического — каждую пятилетку, каждый год — превышения темпов роста группы «А» над группой «Б». Речь идет о закономерности в целом, в течение какого-то длительного периода или в перспективе, в пределах которых на отдельных этапах (годы и даже пятилетия) возможны и опережения темпов роста группы «Б» над группой «А».

Следует отметить, что такие периоды у нас были. В планах II и

[1] В. И. Ленин, Полное собрание сочинений, т. 4, стр. 48.

IX пятилеток были предусмотрены опережающие темпы роста группы «Б». То же самое было предусмотрено в годовых планах на 1968—1972 и 1979, 1981 гг., а в 1953 и 1968—1970 гг. фактические показатели прироста группы «Б» опережали показатели группы «А».

Проектом «Основных направлений» предусмотрены более высокие темпы роста продукции отраслей группы «Б» промышленности по сравнению с темпами роста продукции отраслей группы «А» промышленности: 27—29% против 26—28%. Соотношение это вытекает из необходимости все более полного удовлетворения потребностей населения в товарах народного потребления, обеспечения в сложившихся условиях сбалансированности спроса и предложения. Оно требует коренных изменений в практике планирования (капиталовложений, сырья и материалов, фонда заработной платы и других показателей) не только по отраслям, выпускающим и реализующим эти товары, соответствующей инфраструктуры, но и по косвенно связанным с ними отраслям.

Для повышения доли производства предметов потребления в общем объеме промышленной продукции необходимы сдвиги и в структуре производства средств производства, направляемых в I и II подразделения общественного производства. Нужно преимущественно обеспечить средствами производства соответствующие отрасли II подразделения общественного производства — легкую, пищевую промышленность и др. Между тем за 1971—1979 гг. продукция средств производства для I подразделения увеличилась на 79%, а II — на 70%. Это говорит о том, что в ближайшие годы вряд ли следует ожидать каких-либо значительных структурных изменений в соотношении продукции отраслей промышленности групп «А» и «Б», если не будут предприняты серьезные меры в этом направлении.

Л. И. Брежнев на октябрьском (1980 г.) Пленуме ЦК КПСС указывал на необходимость большего привлечения отраслей машиностроения, в том числе и оборонных, в помощь гражданскому машиностроению и, в частности, легкой и пищевой промышленности, а также сельскому хозяйству.

Рассматривая соотношение групп «А» и «Б» промышленности, необходимо учитывать особенности развития современной экономики. Важнейшая сторона взаимоотношений производства и уровня благосостояния населения заключается в том, что, как отмечалось на XXIV и XXV съездах КПСС и на последующих Пленумах ЦК КПСС, наиболее полное удовлетворение материальных и культурных потребностей людей является не только высшей целью общественного производства при социализме, целью экономической политики партии, но и настоятельной потребностью самого хозяйственного развития, одной из важных экономических предпосылок дальнейшего развития производства, повышения его эффективности, роста производительности труда. Современное производство предъявляет все более высокие требования прежде всего к самим работникам. Специальные знания, высокая профессиональная подготовка, общая культура трудящихся превращаются в обязательное условие успешного труда. А это все в значительной мере зависит от уровня жизни, от того, насколько полно могут быть удовлетворены материальные и духовные потребности.

Это значит, что повышение жизненного уровня народа обеспечивает планируемое развитие производства, рост производительности труда. Только при определенном уровне удовлетворения потребностей, соответствующем характеру и содержанию труда, можно создать необходимые условия для повышения производительности труда, дальнейшего развития производства.

В. Майср

НАРОДНОЕ БЛАГОСОСТОЯНИЕ И ПОТРЕБИТЕЛЬСКИЙ СПРОС

Проект ЦК КПСС «Основные направления экономического и социального развития СССР на 1981—1985 годы и на период до 1990 года», опубликованный для всенародного обсуждения, обобщает практику коммунистического строительства в СССР, воплощает стратегию и тактику КПСС по важнейшим вопросам экономического и социального развития страны применительно к конкретным условиям 80-х годов.

Важное место в проекте ЦК КПСС занимают вопросы социального развития и повышения народного благосостояния. Реальные доходы в расчете на душу населения в 1981—1985 гг. намечается повысить на 16—18%, заработную плату рабочих и служащих — на 13—16, доходы колхозников от общественного хозяйства колхозов — на 20—22, общественные фонды потребления увеличатся на 20%. Возрастет потребление материальных благ и услуг. За пять лет намечено построить жилые дома площадью 530—540 млн. кв. м. Намечаются меры по улучшению охраны здоровья и условий отдыха советских людей, роста их образовательного и культурного уровня. Многое предстоит сделать в развитии социалистической культуры и искусства, чтобы повысить их роль в более полном удовлетворении многообразных духовных потребностей населения.

«Считать важнейшей задачей,— подчеркивается в проекте «Основных направлений»,— более полное удовлетворение покупательского спроса населения на разнообразные товары и услуги». Этот тезис выдвинут на одно из первых мест среди конкретных установок по повышению материального благосостояния народа: он следует непосредственно вслед за показателем роста реальных доходов населения — основным показателем, характеризующим динамику жизненного уровня народа.

Большое внимание, уделяемое потребительскому спросу в «Основных направлениях», объясняется тем, что в настоящее время платежеспособный спрос населения на товары и на платные услуги не удовлетворяется ни по общему объему, ни в ассортименте. Об этом свидетельствуют данные о товарных запасах, динамике и структуре денежных сбережений населения. Большое внимание этой проблеме было уделено в речи Л. И. Брежнева на ноябрьском Пленуме ЦК КПСС 1979 г. Тогда он отмечал недостаток мяса, молочных продуктов, сужение ассортимента хлебобулочных и кондитерских изделий, перебои в торговле многими простейшими непродовольственными товарами. Об этом он говорил и в речи на октябрьском (1980 г.) Пленуме ЦК КПСС. Поднималась эта проблема и на четвертой сессии Верховного Совета СССР десятого созыва.

Неудовлетворенный спрос тормозит повышение материального благосостояния народа, вызывает избыточный рост денежных сбережений, ведет к внеплановому перераспределению доходов населения, неблагоприятно влияет на социалистический образ жизни. Возникающие вследствие неполного удовлетворения спроса затруднения с реализацией денежных доходов, получаемых населением за труд в общественном производстве, ослабляют стимулы к труду и тем самым препятствуют росту общественного производства и повышению его эффективности.

Трудности, с которыми мы сталкиваемся в области обеспечения платежеспособного спроса населения, являются результатом не только просчетов плановиков и хозяйственников, но, видимо, и недостаточной теоретической разработки ряда аспектов этой сложной проблемы.

Советские экономисты, исходя из основополагающих идей классиков марксизма-ленинизма, показали, что в условиях реального социализма, когда сохраняются товарно-денежные отношения, а процесс распределения предметов потребления обусловливается формированием и реализацией денежных доходов, основная масса потребностей населения выступает в виде платежеспособного спроса. Обеспечение спроса является необходимым условием удовлетворения потребностей, роста материального благосостояния и повышения культурного уровня народа. Своевременное и полное обеспечение возрастающего спроса населения является конкретной формой реализации высшей цели социалистического производства, требований основного экономического закона социализма. Вместе с тем до сих пор нет четкого ответа на вопрос об условиях сбалансированности платежеспособного спроса населения и его товарного покрытия. Нет достаточной ясности и в вопросе о роли спроса в реализации присущих социализму принципов распределения.

Советская экономическая наука, опираясь на труды классиков марксизма-ленинизма, разработала теорию распределения в условиях социалистического производства. Существенными ее чертами являются положения о способах распределения, действующих на стадии социализма, о распределении по количеству и качеству труда, об обратном воздействии форм распределения на производство, порождающем стимулы к труду, о преимущественном росте общественных фондов потребления как важной тенденции периода развитого социализма.

В трудах советских ученых дана развернутая трактовка содержания закона распределения по количеству и качеству труда, основательно изучены формы его проявления. Разработана концепция практической реализации принципа распределения по труду через систему организации заработной платы рабочих и служащих государственного сектора экономики и через систему оплаты труда в колхозном производстве.

В практике организации заработной платы рабочих и служащих и оплаты труда колхозников еще немало недостатков. Вместе с тем в общем ясны (хотя тут есть и дискуссионные вопросы и нет полного единства во взглядах) основные направления и пути решения задач в области дальнейшего совершенствования системы распределения по труду, нацеленные на повышение благосостояния тружеников социалистического производства и на усиление их заинтересованности в результатах труда.

Когда речь идет о совершенствовании системы распределения по труду, то все дело обычно сводится к требованиям улучшения планирования и организации заработной платы и оплаты труда колхозников. При этом из поля зрения экономистов выпал очень важный аспект практической реализации социалистического принципа распределения по количеству и качеству труда. Речь идет о том, что же является объектом распределения по труду — денежные доходы или непосредственно потребительские блага, удовлетворяющие личные потребности работников социалистического производства и членов их семей?

Изучение работ по проблемам распределения дает основание предполагать, что их авторы исходят из адекватности процессов распределения денежных доходов и материальных благ. С точки зрения авторов этих работ, представляется само собой разумеющимся, если правильно построена система ставок и окладов заработной платы, если нормы пенсий, пособий, стипендий увязаны между собой и привязаны к размерам заработной платы, если планирование доходов на всех уровнях управления осуществляется успешно, если достаточно четко работает механизм, связывающий рост оплаты по труду с повышением эффективности производства, то система распределения работает нормально, обеспечивая в должной мере как удовлетворение потребностей соответствующих групп населения, так и стимулирование производства.

Однако при этом упускается из виду тот немаловажный факт, что процесс распределения материальных благ формированием и распределением денежных доходов лишь начинается. Это видно, если рассматривать весь процесс воспроизводства в целом, не ограничиваясь отдельными его фазами. В самом деле, завершение фазы собственно производства (создания) общественного продукта и национального дохода сопровождается формированием и первичным распределением доходов, что одновременно является началом фазы распределения и перераспределения общественного продукта и национального дохода. На этой фазе процесса воспроизводства, которая переплетается с фазой обмена, происходит перераспределение доходов населения, которое заканчивается реализацией денежных и образованием конечных доходов населения. Результатом этого процесса является поступление в распоряжение населения соответствующих материальных благ и платных услуг, которые будут использованы для удовлетворения потребностей людей в завершающей стадии процесса воспроизводства — потреблении.

Таким образом, процесс распределения можно считать законченным только тогда, когда соответствующие потребительские блага дойдут до потребителей. В принципе так освещается этот вопрос К. Марксом в «Критике Готской программы», где впервые сформулировано положение о распределении по труду при социализме: «Он (работник.— *В. М.*) получает от общества квитанцию в том, что им доставлено такое-то количество труда (за вычетом его труда в пользу общественных фондов), и по этой квитанции он получает из общественных запасов такое количество предметов потребления, на которое затрачено столько же труда» [1].

В социалистической экономике применяются не трудовые квитанции, а деньги. Однако это обстоятельство не может влиять решающим образом на сущность способа распределения, которая состоит в том, чтобы обеспечить работнику в соответствии с его трудовым вкладом соответствующую массу реальных потребительских благ, способных удовлетворять его потребности. Производитель в обмен на деньги должен получить от общества такую массу предметов потребления, которая соответствовала бы его трудовому вкладу. Только тогда можно говорить о действительной и последовательной реализации социалистического принципа распределения по труду. Поэтому в условиях социализма при существовании товарно-денежных отношений, когда процесс распределения потребительских благ опосредован формированием, распределением и перераспределением денежных доходов, последовательное проведение в жизнь социалистического принципа распределения по труду требует осуществления ряда дополнительных условий. Главное из них — полное удовлетворение платежеспособного спроса населения на потребительские блага, реализуемые как товары.

Спрос, как известно, представляет собой исторически обусловленную форму проявления потребностей. Различие между спросом и потребностями не может не иметь места при распределении по труду, осуществляемом не только с помощью денег, но и с помощью трудовых

---

[1] К. Маркс и Ф. Энгельс, Соч., т. 19 стр. 18.

квитанций. Поэтому порядок распределения, предсказанный Марксом, по своей внутренней природе исходит из существования расхождения между объемом и структурой общественной потребности и спросом населения, а стало быть, во-первых, предусматривает формирование общественного запаса потребительских благ в объеме, который соответствовал бы объему рабочего времени, зафиксированному в трудовых квитанциях, выданных в течение данного года; во-вторых, предполагает, что структура этого запаса должна быть «угадана» с таким расчетом, чтобы общественный запас не «затоваривался», а члены общества в то же время не уходили бы из общественных складов с пустыми руками. Таким образом, явление спроса возникает независимо от товарно-денежных отношений, но при наличии последних оно усложняется и трансформируется в явление платежеспособного спроса.

Из изложенного следует, что последовательное осуществление социалистических принципов распределения (распределение по количеству и качеству труда, распределение денежного фонда для нетрудоспособных) возможно лишь при полном удовлетворении платежеспособного спроса населения на потребительские товары и оплачиваемые услуги. Пренебрежение этим условием, несоблюдение его неизбежно ведут к подрыву социалистических принципов распределения.

Если говорить об экономических и организационных условиях сбалансированности платежеспособного спроса населения и его товарного покрытия, то следует отметить, что в стихийно функционирующем товарном хозяйстве сбалансированность спроса и предложения товаров по объему и структуре обеспечивается, как показал Маркс в «Капитале», с помощью конкуренции. При этом существенную роль играет механизм цен.

В условиях социалистической экономики потребительские продукты производятся и реализуются по преимуществу как товары. Однако при этом в отличие от мелкого товарного и капиталистического хозяйства отношения спроса и предложения опосредуются государственным планированием. Сфера производства и реализации материально-вещественных благ, формирующая их конечное предложение на рынке потребительских товаров, представляет собой весьма сложный организм, включающий предприятия и организации сельского хозяйства, промышленности, заготовок, оптовой и розничной торговли. При этом бумажные деньги не имеют собственной стоимости, а их покупательная способность определяется массой товаров, выпускаемых в оборот по устойчивым государственным ценам, устанавливаемым в плановом порядке.

В такой обстановке соотношение платежеспособного спроса и предложения, их сбалансированность будут определяться, во-первых, объемом и структурой производства потребительских благ; во-вторых, уровнем и массой денежных доходов населения; в-третьих, уровнем и структурой государственных розничных цен и тарифов на услуги и, наконец, дееспособностью системы реализации и доведения до потребителя предметов потребления. В условиях общественной собственности и планового ведения хозяйства все эти факторы сбалансированности спроса и предложения управляемы. Надо лишь правильно ориентировать процесс управления ими и наиболее эффективно его осуществлять.

Первым среди этих факторов является производство. Это обусловлено, во-первых, тем, что производство является определяющей фазой процесса воспроизводства, а во-вторых, тем, что социалистическому обществу нужна не просто сбалансированность спроса и предложения, а такая сбалансированность, которая, основываясь на непрерывном росте экономики, отражает и обеспечивает неуклонный подъем материального благосостояния народа.

Основная причина образования разрыва между спросом и его покрытием состоит в том, что на протяжении длительного времени производство потребительских благ существенно отставало от общих темпов развития экономики, от количественного и качественного роста потребностей людей. Быстрый экономический рост (в частности, увеличение производства средств производства) объективно приводил к высоким темпам прироста доходов населения, которые не всегда подкреплялись соответствующим приростом предметов потребления. Производство традиционных потребительских товаров, представляющих до сих пор основную массу товарооборота — продуктов питания, одежды, обуви, росло недостаточно быстро и, главное, вместо расширения номенклатуры изделий, ассортимента и повышения качества продукции, чего требовал рост доходов населения, в ряде случаев было допущено снижение качества, сужение ассортимента выпускаемой продукции. Недостаточно выпускалось новых товаров, особенно сопутствующих.

Производство товаров народного потребления должно полностью удовлетворять растущий на них спрос и соответствовать его изменениям. В то же время производство не должно слепо следовать за спросом. Развивая производство, надо исходить из того, что динамика и структура производства предметов потребления должны ориентироваться на достижение в перспективе показателей рационального потребления (рационального потребительского бюджета). Нормативный подход к формированию в перспективных планах структуры потребления и товарооборота потребует, на наш взгляд, использования экономических мер (например, регулярных изменений цен на отдельные товары и услуги) для рационализации структуры спроса.

Главное в решении проблем спроса состоит в увеличении производства, повышении качества, расширении и своевременном обновлении в необходимых масштабах ассортимента потребительских благ.

Ресурсы ряда товаров народного потребления, прежде всего продуктов питания, можно существенно увеличить уже в самые ближайшие годы за счет улучшения хранения производимой сельскохозяйственной продукции и ликвидации узких мест в пищевой и легкой промышленности. На это ориентирует и проект «Основных направлений», предусматривающий сделать упор на обеспечение сохранности сельскохозяйственной продукции, доведение ее в лучшем товарном виде до потребителя.

В годы одиннадцатой пятилетки производство сельскохозяйственной продукции намечается увеличить в среднегодовом исчислении на 12—14%, в том числе среднегодовое производство мяса довести до 17—17,5 млн. т (в убойном весе), молока—до 97—99 млн. т, яиц— не менее чем до 72 млрд. штук. Производство товаров народного потребления в промышленности будет развиваться опережающими темпами и увеличится за пять лет на 27—29%, в том числе в пищевой промышленности — на 23—26%, в легкой—на 18—20%. Выпуск товаров культурно-бытового назначения и хозяйственного обихода возрастет не менее чем в 1,4 раза. «Основные направления» устанавливают задания по росту выпуска этих товаров отраслям тяжелой промышленности: радиопромышленности, например,— в 1,7—1,9 раза, электронной — в 1,8—1,9 раза, химической — в 1,4—1,6 раза и т. д.

В перспективе потребуются коренная реконструкция и перевод на новую техническую базу легкой, пищевой, мебельной, полиграфической и других отраслей промышленности, производящих предметы потребления. Для повышения технического уровня производства, а значит, и качества продукции целесообразно сосредоточить выпуск подавляющей массы предметов культурно-бытового назначения и хозяйственного обихода на специализированных предприятиях. При этом предстоит обеспечить улучшение качества сырья, полуфабрикатов и материалов для промышленности, производящей предметы народного потребления,— овощей, фруктов, хлопка, льна, кож, шерсти, красителей, фурнитуры, полностью удовлетворить потребности этих отраслей в материалах для упаковки (белой жести, бумаге, картоне, пластмассах), таре, специфических видах сырья (агар-агаре, хмеле и т. п.). Ускоренными темпами должно быть обеспечено развитие материальной базы торговли и других отраслей, обслуживающих население.

Для достижения сбалансированности спроса и предложения в ближайшем и последовательной рационализации потребления в более отдаленном будущем необходимо уже сейчас начать формировать новые крупные каналы расходов населения. По мере роста доходов населения структуру его расходов необходимо обогащать, вносить в нее новые элементы, как это вытекает из закона возвышения потребностей.

Новые каналы расходов уже предусмотрены развернутыми разработками рационального потребительского бюджета населения. К ним относится дальнейшее увеличение продажи населению легковых автомобилей и товаров, связанных с их содержанием. Представляется возможным и целесообразным значительно увеличить выпуск и продажу населению предметов культурно-бытового назначения и хозяйственного обихода новых типов, мебели, изделий бытовой химии, печатной продукции. Население имеет полную возможность вкладывать большие средства в строительство кооперативного и индивидуального жилья, кооперативных гаражей и стоянок для транспортных средств. Огромны перспективы развития садовых товариществ рабочих и служащих, экскурсионного туризма и путешествий; в будущем эти статьи могут занять большое место в расходах населения. На основе заключения долгосрочных соглашений с развивающимися странами возможно намного расширить импорт потребительских товаров, которые в нашей стране не производятся или не могут производиться в достаточных количествах (чай, кофе, какао-бобы, цитрусовые, бананы), но потребление которых вошло в привычку у основной массы населения.

Важнейшим фактором обеспечения спроса является совершенствование организации, планирования и управления производством и реализацией потребительских благ. В настоящее время в масштабах страны и в союзных республиках фактически отсутствует единое управление производством потребительских товаров и услуг для населения. Из-за отсутствия должной координации ассортимент вырабатываемых изделий складывается, по существу, случайно. Не способствуют решению проблемы спроса существующие формы связи между торговлей и промышленностью. Даже в тех случаях, когда планирование производства осуществляется по заказам торгующих организаций (например, в легкой промышленности), этот порядок практически не соблюдается. Промышленность, по существу, не несет никакой ответственности за реализацию своей продукции. Промышленные предприятия и объединения зачастую навязывают торговле выгодный для себя ассортимент, но даже и в этих условиях договоры на поставку систематически нарушаются. Работники торговли предпочитают выполнять планы товарооборота за счет дорогостоящих и малотрудоемких товаров и всячески избегают торговать дешевыми и трудоемкими для продажи товарами, такими, как зелень, соль, безалкогольные напитки. Спрос населения изучается еще недостаточно, а прогнозы спроса слабо используются в работе торговли и промышленности, фактически не учитываются они и в планировании.

Для сбалансированности спроса и предложения необходимо обеспечить комплексность в разработке планов производства предметов потребления, развития отраслей сферы обслуживания населения и планов реализации потребительских благ в Госплане СССР и госпланах союзных республик. Головные министерства, на которые возложена ответственность за организацию выпуска, техническую политику и удовлетворение спроса населения на отдельные товары, должны лучше знать рынок и влиять на процесс их производства. Следует также коренным образом улучшить планирование структуры и ассортимента производства потребительских благ и товарооборота государственной и кооперативной торговли. В народнохозяйственном плане, в планах торгующих организаций и предприятий торговли назрела необходимость утверждать задания по структуре товарооборота и объемам продаж важнейших товаров в натуральном выражении, а также ввести в практику планирования в качестве расчетных показателей оценки (прогнозы) спроса населения. Это позволит последовательно реализовать требования «Основных направлений» относительно совершенствования работы по изучению покупательского спроса, более полного учета специфики спроса различных групп населения и районов страны.

Удовлетворению спроса на продукты питания призвана способствовать разрабатываемая по решению ЦК КПСС продовольственная программа, которая войдет органической составной частью в одиннадцатый пятилетний план и даст возможность обеспечить единое планирование, пропорциональное и сбалансированное развитие всех отраслей агропромышленного комплекса.

«Основные направления» предусматривают совершенствование экономических связей между промышленными, сельскохозяйственными и торговыми организациями, повышение роли хозяйственного договора в разработке планов производства и реализации товаров народного потребления. В связи с этим, как нам представляется, порядок формирования планов производства на основе заказов торгующих организаций должен быть распространен на все отрасли и предприятия, производящие предметы потребления. При этом выполнение планов реализации продукции производственными предприятиями следует поставить в зависимость от результатов продажи товаров населению. Назрела потребность расширения стандартизации товаров народного потребления при полной увязке стандартов на сырье и материалы со стандартами на готовую продукцию. Целесообразно также, чтобы реализация торгующим организациям товаров народного потребления, произведенных с отступлениями от требований стандартов и технических условий, и продажа их населению осуществлялись только по сниженным оптовым и розничным ценам.

При формировании на предприятиях розничной торговли ассортимента товаров, соответствующего спросу населения, не обойтись без повышения роли оптовой торговли, создания мощного оптового звена, включая опт союзного значения. «Основные направления» намечают осуществить меры, направленные на концентрацию товарных запасов преимущественно в системе оптовой торговли, повысить ответственность оптовых баз за бесперебойное снабжение магазинов товарами в необходимом ассортименте, а магазинов — за постоянное наличие в продаже товаров установленного ассортимента.

Постепенное насыщение спроса потребует нового подхода и к уценке товаров. Возникает необходимость уценки неходовых товаров в розничной торговле проводить систематически и в значительно более широких масштабах, чем в настоящее время. Следует установить жесткие нормативы времени нахождения товаров в розничной торговой сети, после истечения которых товар уценивается как за счет торгующих организаций, так и за счет промышленности.

Требуется существенным образом изменить практику распределения материальных ресурсов, используемых как для нужд общественного производства, так и для продажи населению. Дело в том, что при формировании народнохозяйственных планов заявки торговли на строительные материалы, товары производственного назначения, топливо систематически не удовлетворяются. Более того, как правило, не выполняются явно заниженные планы поставок данных продуктов. Это происходит в условиях, когда на нужды населения расходуется крайне незначительная доля их общих ресурсов — подчас 1—2%. При разработке материальных балансов и планов распределения таких продуктов, как топливо, строительные материалы, металлоизделия, доля населения в потреблении которых составляет небольшую величину, надо в первую очередь выделять ресурсы для продажи населению в размерах, полностью удовлетворяющих его спрос. Необходимо также установить порядок, согласно которому промышленные предприятия при выполнении планов поставки и хозяйственных договоров в первую очередь отгружают продукцию, направляемую в рыночные фонды.

Рост производства, совершенствование планирования производства и реализации потребительских благ — это факторы, лежащие на стороне предложения. Однако решая проблему сбалансированности спроса и предложения, необходимо в полной мере учитывать и факторы, лежащие непосредственно на стороне спроса. Первыми из них являются доходы населения.

Соотношение спроса и предложения существенно зависит от объема и динамики денежных доходов населения. Рост массы доходов увеличивает объем спроса. Повышение среднего уровня доходов влечет за собой изменение структуры спроса и потребления. Одна из причин необеспеченности спроса кроется в недооценке этого обстоятельства. При реализации все более широких социальных программ в форме прямого повышения денежных доходов часто в должной мере не учитывалась необходимость реального обеспечения прироста доходов приростом товарных ресурсов и соответствующего изменения структуры товарной массы. В результате денежные доходы трудящихся систематически обгоняли увеличение объема товарооборота и платных услуг. Хотя несколько более быстрый рост доходов и нормальное явление, однако конкретная мера этой пропорции складывалась у нас не совсем правильно, все более нарастала доля избыточных сбережений, а это обстоятельство не учитывалось в планировании.

Для обеспечения сбалансированности спроса и предложения в ближайшем и более отдаленном будущем необходимо строго соразмерять рост денежных доходов населения с возможностями увеличения ресурсов материальных благ и услуг. Видимо, было бы целесообразно дополнить проект «Основных направлений» положением о более быстром росте товарной массы по сравнению с денежными доходами.

В связи с этим представляется необходимым и еще одно дополнение: осуществлять централизованные мероприятия по повышению денежных выплат населению из общественных фондов потребления при том же условии, как и повышение ставок и окладов заработной платы, то есть «по мере создания условий и накопления ресурсов».

Потребуется принять некоторые меры и к улучшению практики планирования доходов. Так, при составлении плановых балансов денежных доходов и расходов населения уже нельзя не учитывать наличие избыточных сбережений, порожденных неудовлетворенным спросом. Надо поднять и роль территориальных балансов денежных доходов и расходов населения. Товарные ресурсы до сих пор распределяются без должного учета территориальной структуры доходов, в то время как критерием их распределения должна быть сбалансированность этих ресурсов с массой доходов населения при соответствии структуры предложения структуре спроса в рамках каждого региона, начиная с административного района и кончая республикой. Для упорядочения денежного обращения, упрочения сбалансированности денежных доходов и их покрытия целесообразно, на наш взгляд, осуществить в ближайшее время и ряд мероприятий по усилению перераспределительных процессов.

Изменение структуры потребления и спроса по мере роста доходов — объективный процесс, в котором проявляется закон возвышения потребностей. Общие тенденции в этой области состоят в более быстром росте спроса на непродовольственные товары и услуги по сравнению с продуктами питания; в опережающем увеличении спроса на наиболее ценные в питательном отношении продукты — мясо, яйца, молоко, фрукты — по сравнению с другими продуктами питания; в быстром возрастании спроса на предметы длительного пользования, особенно новые товары. Об этом, в частности, свидетельствуют данные об изменении структуры товарооборота государственной и кооперативной торговли: с 1950 г. по 1978 г. рост в 4,1 раза реальных доходов в расчете на душу населения сопровождался снижением удельного веса продаж продуктов питания с 43,7% до 34,2%. Удельный вес непродовольственных товаров повысился с 41,6 до 47,8%, при этом доля таких традиционных товаров, как ткани, одежда, белье, снизилась примерно в 1,4 раза (при увеличении объема продаж в 4,8 раза); доля культтоваров повысилась в 1,9 раза, трикотажных изделий — в 2,3 раза, электротоваров — в 8,7 раза при увеличении объема их продажи почти в 58 раз.

Производство должно развиваться с учетом спроса. Но общество не всегда располагает достаточными для этого ресурсами. Спрос может развиваться и в нежелательном для общества направлении, вступая в противоречие с требованиями рационализации потребления. В обоих случаях полная сбалансированность спроса и предложения по структуре может достигаться только посредством изменения в соотношениях цен на отдельные товары и группы товаров.

Существует эмпирическая закономерность, состоящая в том, что если цена растет, то при прочих равных условиях спрос на соответствующий товар обычно падает и, наоборот, при снижении цены спрос растет. По этому поводу Маркс писал: «Если спрос и предложение определяют рыночную цену, то, с другой стороны, рыночная цена, а при дальнейшем анализе рыночная стоимость определяет спрос и предложение. По отношению к спросу это очевидно, так как он изменяется в направлении, противоположном ценам: повышается, когда цены падают, и наоборот. Но то же самое применимо и к предложению» [2].

Это свойство цены в условиях капитализма делает ее стихийным регулятором спроса и предложения, а при социализме — потенциальным инструментом планового управления спросом. Доход определяет структуру спроса, но с помощью дохода нельзя управлять спросом. Посредством же изменения цен можно планомерно воздействовать на структуру спроса, регулировать его и управлять им. Отсюда, в частности, вытекает, что цены на отдельные товары и группы товаров длительное время не могут оставаться стабильными, потому что они должны учитывать условия производства и реализации, соотношение спроса и предложения.

Из сказанного следует, что для обеспечения соответствия структур спроса и предложения необходимо активно использовать механизм розничных цен путем систематического изменения соотношений цен на отдельные товары (услуги) и группы товаров (услуг) для учета изменяющихся условий производства и поддержания постоянной сбалансированности структуры спроса и предложения. Маневрирование ценами целесообразно осуществлять на базе стабильного или снижающегося среднего уровня государственных розничных цен. Естественно, что в этом случае часть ресурсов потребления, обеспечивающих прямое по-

[2] К. Маркс и Ф. Энгельс, Соч., т. 25, ч. 1, стр. 209.

вышение денежных доходов, придется переключить на обеспечение снижения среднего уровня цен.

Как нам представляется, для того, чтобы успешно решать задачи по балансированию спроса и предложения, требуется провести единовременное упорядочение государственных розничных цен и тарифов на услуги, поскольку действующая система розничных цен сформировалась уже четверть века назад. За это время условия производства и реализации потребительских товаров коренным образом изменились. Соотношения в ценах по товарным группам и внутри их, зафиксированные в действующих прейскурантах, не отражают ни условий производства, ни современных условий реализации потребительских товаров. Необходимо приблизить уровень цен к общественно необходимым затратам, а также приводить структуру спроса в соответствие со структурой предложения, определяемой возможностями производства и импорта. В дальнейшем, на наш взгляд, надо изменить и порядок ценообразования на потребительские товары, сделать систему цен более гибкой, способной реагировать на изменения спроса. В связи с этим потребуется существенно улучшить методы исчисления индексов розничных цен и тарифов на платные услуги.

Указанные меры, проводимые в комплексе, позволят последовательно решать проблему полного удовлетворения платежеспособного спроса населения, будут способствовать усилению стимулов к труду и тем самым успешной реализации задач по дальнейшему развитию экономики и повышению народного благосостояния.

Член-корр. АН СССР Л. Гатовский

ЭКОНОМИЧЕСКИЕ СТИМУЛЫ НАУЧНО-ТЕХНИЧЕСКОГО ПРОГРЕССА

В реализации проекта ЦК КПСС к XXVI съезду партии «Основные направления экономического и социального развития СССР на 1981—1985 годы и на период до 1990 года» значительная роль принадлежит действенному использованию комплекса экономических стимулов, ориентированных на ускорение научно-технического прогресса и рост его эффективности. Коренная проблема состоит здесь в том, чтобы повышение — с учетом мирового развития — требований со стороны общества к производству и науке в отношении темпов и эффективности НТП (через экономическую и научно-техническую политику, планы, программы, нормативы) органически сочеталось с усилением заинтересованности и инициативы предприятий, их коллективов, объединений, региональных органов, министерств, научных институтов в реализации этих быстро растущих народнохозяйственных требований.

Экономические стимулы выступают как необходимое средство результативной реализации планов развития общественного производства, включая научно-технический прогресс. В то же время план, его выполнение, оценка этого выполнения выступают как важнейший экономический рычаг, оказывающий ориентирующее и тем самым мощное стимулирующее воздействие на всю хозяйственную деятельность. Здесь рассматриваются вопросы комплексного решения ряда назревших задач стимулирования НТП в одиннадцатой пятилетке исходя из постановления ЦК КПСС и Совета Министров СССР «Об улучшении планирования и усилении воздействия хозяйственного механизма на повышение эффективности производства и качества работы» от 12 июля 1979 г. с учетом принятых на его основе нормативных актов.

Ориентация промышленности на расширение и эффективность реализации достижений науки и техники

Обязательное условие действенности экономических стимулов НТП — это придание им ориентации на то, чтобы широко распространенная еще до сих пор временная хозрасчетная невыгодность освоения новой высокоэффективной для народного хозяйства техники уступила место преимуществам, получаемым предприятиями и объединениями, осваивающими такую технику. Хотя в данном направлении много сделано, но еще недостаточно для решения этой крупной народнохозяйственной задачи. Предпосылкой ее решения, по нашему мнению, является последовательный учет в хозяйственном механизме закономерности динамики экономического эффекта новой техники: обычно он проявляется не сразу, а в преобладающей своей части после ее освоения. В результате в период освоения новой техники временно ухудшаются хозяйственные показатели, по которым оценивается работа и стимулируются предприятия и объединения, ее выпускающие и применяющие. Это происходит несмотря на заложенный в новой технике народнохозяйственный эффект, который рассчитан на весь срок ее выпуска и эксплуатации.

Сейчас покрытие затрат освоения главным образом проводится по работам, связанным с изготовлением и освоением образцов. Намечено покрывать стоимость этих работ и обеспечивать их нормативную рентабельность. Иное дело — серийный выпуск осваиваемой новой техники. Промышленные предприятия и объединения в среднем получают лишь малую долю необходимых средств на покрытие повышенных затрат, связанных с освоением серийного производства новой техники. Поэтому в значительном большинстве случаев освоение серийного выпуска новой техники снижает прибыль или приносит убыток. Наибольшую рентабельность зачастую имеет давно освоенная техника (по машиностроению в ряде случаев — это изделия 10-го и более старых годов выпуска). Особенно сильно временное ухудшение показателей проявляется при освоении принципиально новой техники и других технических изделий высокого качественного уровня. Поскольку эта закономерность сейчас еще недостаточно учитывается в планово-хозяйственном механизме, у предприятий и объединений, а также у министерств зачастую порождается стремление воздерживаться от постановки на производство или от применения высокоэффективной для народного хозяйства новой техники, которая в ряде случаев подменяется незначительными, малоэффективными изменениями давно освоенной техники (в статье речь не идет о специальных производствах).

Поэтому важная исходная проблема использования экономических стимулов НТП — полностью нейтрализовать в период освоения влияние факторов, ослабляющих заинтересованность предприятий и объединений в выпуске и эксплуатации новой высокоэффективной техники. Такой механизм пока еще не налажен. Речь идет о преодолении отрицательного воздействия таких факторов: возрастание себестоимости, трудоемкости, фондоемкости и материалоемкости продукции, превышение фонда заработной платы; падение темпов роста (или абсолютное снижение) объемов продукции, производительности труда; уменьшение массы прибыли (рентабельности) или появление убытков; сокращение размеров фондов стимулирования. Для этого, по нашему мнению, предстоит решить следующие задачи: а) обеспечивать полную компенсацию предприятиям и объединениям (изготовителям и потребителям), осваивающим новую технику, общественно необходимого временного повышения производственных затрат; б) устанавливать на этот период плановые задания и нормативы на уровнях, соответствующих как требованиям к качеству работы, так и к реальным возможностям периода освоения; в) полностью возмещать возникающее не по вине предприятий и объединений сокращение фондов стимулирования.

Реализовать данные задачи можно при условии, если источники для этого будут получены за счет самого научно-технического прогресса, то есть тех дополнительных средств, которые приносят повышение его эффективности, вызываемый им качественный и количественный рост производства. В счет будущего повышения эффективности техники, которая в данное время лишь осваивается, предприятия и объединения должны получать (в рамках отрасли) в период ее освоения как бы авансируемые средства из централизованного в министерстве хозрасчетного единого фонда развития науки и техники на полную компенсацию необходимых повышенных затрат и потерь от временного ухудшения показателей. Когда же новая техника становится техникой освоенной, предприятия (объединения), ее выпускающие и применяющие, отчислениями (из возросшей к тому времени прибыли) в единый фонд фактически в основном вернут полученные в прошлом средства, которые пойдут уже на компенсацию повышенных затрат и потерь периода освоения техники, являющейся теперь новой. Это — в определенной мере кредитный принцип использования отчислений из прибыли. По нашему мнению, следует все больше включать в этот процесс также и гарантированные министерством банковские ссуды.

Для того чтобы *полностью* обеспечивать за счет единого фонда (с учетом развития банковского кредита и, в особых случаях, использования бюджетного источника) компенсацию общественно *необходимого* повышения затрат и потерь периода освоения новой техники, требуется, как мы полагаем: во-первых, существенно увеличить общие размеры единого фонда развития науки и техники путем повышенных отчислений от прибылей, полученных от ранее освоенной техники (что вполне окупится последующей реализацией эффекта, заложенного в новой технике); во-вторых, намного повысить долю единого фонда, направляемую министерствами на освоение новой техники; в-третьих, изменить механизм формирования единого фонда: отчисления предприятий (объединений) из прибыли в период освоения новой техники должны быть значительно пониженными (дифференцированно по годам), а после освоения — повышенными, с нарастанием их годовых размеров.

Такова суть механизма перераспределения прибылей от производств, ранее освоенных, в пользу новых осваиваемых производств. В результате этого будет устранено нынешнее крайне невыгодное для предприятий и объединений, осваивающих новую технику, соотношение прибылей, тормозящее технический прогресс. Переход к хозяйственному механизму, полностью компенсирующему общественно необходимое повышение затрат в период освоения, позволит обеспечить предприятиям (объединениям), осваивающим серийный выпуск новой техники, достижение нормативной рентабельности этого выпуска.

Весьма важным условием обеспечения полной компенсации затрат освоения является введение (в связи с временным увеличением трудоемкости продукции) следующего порядка возмещения повышенных в этот период затрат по *заработной плате*: устанавливать нормативы зарплаты по годам освоения на каждое новое изделие, учитывающие необходимую временно повышенную трудоемкость в период освоения (о допущении которой в определенных случаях говорится в постановлении от 12 июля 1979 г.), а разницу между нормативом, заложенным в цену, и нормативами периода освоения компенсировать за счет единого фонда развития науки и техники. Только такой путь открывает реальные возможности компенсации необходимых повышенных затрат на оплату труда и использования нормативного планирования заработной платы в целях стимулирования НТП. Источником такой компенсации (как и по всем другим повышенным затратам освоения) явятся отчисления в единый фонд из возросших после освоения техники прибылей.

Для нейтрализации в период освоения новой техники отрицательного влияния сокращения *объемов продукции* на заинтересованность предприятий в ее выпуске и применении целесообразно устанавливать (по годам освоения) по этому показателю плановые задания, учитывающие специфику процессов освоения данного вида продукции. Неправильно, когда задается нереальный план выпуска продукции на период освоения, и предприятие, осваивающее новую технику, как бы «наказывается» за невыполнение завышенного плана производства. Такая «перспектива» тормозит выпуск новой эффективной техники.

В постановлении от 12 июля 1979 г. допускаются в отдельных случаях изменения утвержденных планов для стадии освоения. В развитие этого положения следовало бы, по нашему мнению, на основе различных нормативов перейти к дифференциации самих годовых планов выпуска и применения техники для разных стадий ее серийного производства: а) периода освоения, б) при распространении техники после периода освоения. Результативность данного подхода полностью подтверждена и зарубежным опытом. Эту дифференциацию заданий целесообразно проводить (по соответствующим нормативам) и по прибыли, производительности труда, трудоемкости, фондоемкости, материалоемкости. После освоения эффективной техники временное снижение показателей и нормативов будет значительно перекрыто их ростом. Связанное с понижением в период освоения новой техники объемов продукции (и отсюда и массы прибыли) уменьшение фондов экономического стимулирования следует полностью возмещать из централизованных в министерствах фонда материального поощрения и единого фонда развития науки и техники.

Для реального обеспечения указанных мер необходима разработка дифференцированных по каждому виду техники (технологических процессов) нормативов величины затрат и сроков освоения (по годам), времени достижения запроектированных технико-экономических показателей, динамики серийности продукции, формирования и использования фондов стимулирования. Нормативы исключат возможности использования средств компенсации освоения на покрытие ущерба от недостатков в работе, бесхозяйственности. Отсутствие в настоящее время таких нормативов затрудняет компенсацию повышенных затрат освоения из-за невозможности должного обоснования действительно требуемого размера этой компенсации. Осложняется при этом планирование объемов реализации и величины прибыли на период освоения и установление обоснованных требований к использованию ресурсов на этот период. При выполнении и перевыполнении нормативов освоения целесообразно увеличивать суммы поощрения, а при недовыполнении— снижать их.

Кроме того, целью таких нормативов явится необходимое сокращение в соответствии с задачей, поставленной в проекте «Основных направлений», существующих ныне чрезмерно высоких затрат и сроков освоения. Установление нормативов должно обязательно сопровождаться мерами по удешевлению и ускорению процессов освоения, включая упорядочение планирования, финансирования и ресурсного обеспечения своевременной подготовки производства, широкое развитие унификации узлов, деталей, технологических процессов, ее стимулирование (уменьшение или снятие премий конструкторам при необоснованном создании «оригинальных» компонентов конструкций).

Однако только лишь нейтрализация отрицательного влияния процессов освоения техники на хозяйственные показатели недостаточна для действенного стимулирования НТП. Необходимо учитывать и другие связанные с процессами освоения трудности, тормозящие переход к новой эффективной технике. К ним относятся: недостаток резервных мощностей (их необходимо заблаговременно обеспечивать, включая в план); налаживание технологической дисциплины при создании новых производств; дополнительные сложности с материально-техническим снабжением и установлением новых хозяйственно-производственных связей с заказчиками и поставщиками; появление производственного риска; организационные препоны (так, при разработке обычной типовой конструкции бытового холодильника требуются согласования в более чем 50 организациях и сбор до 150 подписей[1]) и т. д. Многое в этих трудностях

[1] См. Н. Глушков, О дальнейшем совершенствовании планового ценообразования и его воздействии на повышение эффективности и качества работы («Плановое хозяйство» № 6, 1980 г., стр. 4).

может и должно быть преодолено, например, путем первоочередного снабжения ресурсами в период освоения. Но в большой мере дополнительные трудности для процессов освоения неизбежны. Их необходимо перекрыть созданием для предприятий и объединений, осваивающих новую технику, преимуществ прежде всего в двух видах: а) более высокой рентабельности (дополнительной прибыли) и б) усиления материального поощрения.

Источником образования дополнительной прибыли является рост прибавочного продукта за счет НТП. Для этой дополнительной прибыли изготовителя новой техники особое значение имеет рост надбавок к цене, устанавливаемых за высокое качество техники. Сейчас в среднем по промышленности лишь небольшая часть (около $^1/_5$) новых технических изделий соответствует требованиям высшей категории качества и получает надбавку, причем размеры надбавки (которые зависят от эффекта) незначительны из-за невысокого уровня эффективности многих выпускаемых новых технических изделий. Таким образом, решение вопроса о дополнительной прибыли сдерживается недостаточным уровнем качества и эффективности преобладающей массы новой техники.

В условиях, когда повышенные затраты и потери периода освоения новой техники компенсируются незначительно, надбавка к ее цене обычно не может восполнить отсутствие требуемой компенсации и тем более принести дополнительную прибыль. Сохраняется слабая заинтересованность в выпуске высококачественной новой техники, которая дала бы возможность получения надбавки. Так из-за недостатков в хозяйственном механизме искусственно суживается поле применения надбавок как фактора ускорения научно-технического прогресса. Существующее ныне значительное преобладание суммы надбавок, приходящихся на ранее освоенную технику, по сравнению с относительно малой суммой надбавок по новой технике снижает заинтересованность предприятий и объединений в техническом прогрессе. Поскольку будет решен вопрос с нейтрализацией отрицательного влияния процессов освоения на хозяйственные показатели, то значительно возрастут стимулы — при соответствующей ориентации планов — к постановке на производство высокоэффективной техники и соответственно к получению надбавки на ее цену. Тогда существенно увеличится в общей массе выпускаемой новой техники удельный вес изделий высшей категории качества, приносящих надбавку.

В то же время наряду с предложенными выше мерами по стимулированию повышения качества и эффективности новой техники (что приведет и к росту получаемых по ней надбавок), по нашему мнению, следует постепенно перейти к такому порядку, когда, как правило, новой может считаться лишь та отбираемая для постановки на производство техника, которая соответствует уровню высшей категории качества (включая высокую эффективность) при ужесточении этих требований (о чем сказано ниже). Тогда еще больше повысится стимулирующая НТП роль надбавки за качество и решится вопрос о получении предприятиями и объединениями, осваивающими новую эффективную технику, значительной дополнительной прибыли.

В этих же целях следовало бы также установить, чтобы высокоэффективная новая техника имела некоторый приоритет по сравнению с ранее освоенной в отношении получения Знака качества, надбавки и ее размеров. Сейчас установлено, что надбавка к цене может предоставляться на 4—5 лет (на 1—2 года до присвоения Знака качества и на 3—4 года после его присвоения). Это означает, что надбавку в том же размере получает и новая техника и техника, которая уже ряд лет не является новой. Далее, допускается продление надбавки в том же размере еще на 1—3 года, а в некоторых случаях — на 5 лет при условии улучшения технико-экономических параметров. Если технико-экономические показатели при этом не улучшаются, то Знак качества все же присваивается, но размер надбавки сокращается вдвое [2].

Такие сроки действия надбавки, тем более в том же размере, как мы считаем, являются чрезмерно длительными. Снижение ее размеров следовало бы проводить раньше — вскоре после того, как новая техника освоена. Это сделает более выгодным ее освоение и ускорит темпы роста объемов выпуска (с тем, чтобы использовать более краткие сроки высокой надбавки). При продлении срока надбавки целесообразно оставлять прежние ее размеры лишь при значительной модернизации технического изделия, приносящей рост эффективности на 25—30% и более. При меньшем повышении эффективности размеры надбавки следует снижать по соответствующей шкале вплоть до $^1/_2$ и $^1/_3$. Если же улучшение технико-экономических показателей отсутствует или является незначительным (менее 10% роста эффективности), то нецелесообразно ни присвоение Знака качества, ни предоставление какой-либо надбавки. Такое повышение требований к срокам действия и размерам надбавки стимулировало бы ускорение эффективного технического обновления производства.

Другим моментом в создании преимуществ для предприятий и объединений, осваивающих новую эффективную технику, явится также проведение в дополнение к постановлению от 12 июля 1979 г. комплекса мер по повышению личной материальной заинтересованности работников предприятий, объединений, министерств и ведомств в выполнении планов ускорения экономически эффективного технического прогресса. Эти меры должны проводиться только за счет эффекта от НТП.

Разработчикам и другим инженерно-техническим работникам, непосредственно занятым созданием, освоением и применением новой эффективной техники, следует гарантировать получение значительно более высокой доли предназначенных за эти работы премий. За новую технику они нередко получают намного меньшие премии, чем те из работников, которые вообще не связаны с техническим прогрессом. Что же касается премий за общие результаты хозяйственной деятельности, то работникам, занятым непосредственно осуществлением технического прогресса, целесообразно повышать их из фонда материального поощрения (примерно на 20—25%), установив зависимость повышения премий от эффекта разработок, степени участия и ответственности за выполнение работ по новой технике.

Те из руководящих работников объединений и предприятий, которые отвечают за выполнение задач по техническому прогрессу, сейчас могут получать крупные премии независимо от состояния дел в этой области на предприятиях. Предельные размеры премий именно за эффективную новую технику этим работникам уменьшились. Видимо, целесообразно восстановить руководящим работникам предприятий и объединений, отвечающим за ход технического прогресса, прежние максимальные пределы премий (шестимесячные оклады в год) при условии достижения высоких результатов в техническом прогрессе. В то же время выполнение плановых заданий по техническому прогрессу должно стать для них обязательным условием получения премии за результаты хозяйственной деятельности. Рабочим, занятым пионерным освоением сложной новой техники (при ее изготовлении и применении), целесообразно устанавливать на этот период дополнительную оплату в виде надбавок к тарифным ставкам (примерно от 10 до 25%). Следовало бы ввести премирование работников министерств и ведомств, орга-

[2] См. «Новое в установлении поощрительных надбавок» («Экономическая газета» № 48, 1980 г., стр. 8).

низующих выполнение заданий по научно-техническому прогрессу или непосредственно участвующих в таких разработках. Поощрение этих работников можно проводить из имеющихся в министерствах (ведомствах) централизованных фондов премирования за новую технику.

Повышение действенности экономических стимулов НТП должно привести к постепенному преодолению довольно распространенного в хозяйственной практике «двойственного» подхода к планированию: планы производства выполняются и перевыполняются за счет выпуска ранее освоенной продукции, эти планы совершенно обязательны к выполнению и приносят рентабельность; планы по освоению новой техники являются как бы «неосновными», их выполнение часто «невыгодно» и не столь уж обязательно. В ряде случаев при общем выполнении плана по производству планы по новой технике (зачастую сильно урезанные в отношении ее качества) не выполняются.

Для повышения действенности стимулирования НТП необходимо, чтобы планы по новой технике не завершались созданием образцов или первых промышленных серий, а охватывали весь период освоения этой техники (как объект специального планирования) вплоть до достижения запроектированных показателей, став органической и наиболее важной частью производственного плана, приносящей предприятиям и объединениям экономические преимущества. Важно также, чтобы задания по научно-техническому прогрессу в целевых программах и заказах-нарядах включали массовую реализацию конечных результатов предприятиями и объединениями, не ограничивались первыми промышленными сериями (как это часто бывает сейчас), а охватывали бы показатели всех стадий распространения создаваемой (по этим заданиям) техники и ее использования по сферам применения. В программах и заказах-нарядах следует также предусматривать первоочередное ресурсное обеспечение освоения и распространения новой техники на всех стадиях. В перспективных планах технического развития и целевых научно-технических программах важно обязательно предусматривать создание резервных ресурсов (включая резервные мощности), которые к моменту их образования могут использоваться для вновь возникающих потребностей научно-технического прогресса.

В планировании научно-технического прогресса следует четко фиксировать сроки выпуска каждой модели новой техники и сроки ее службы. Усиление контроля (в том числе со стороны ГКНТ СССР и Госстандарта СССР) за соблюдением этих сроков явится важным рычагом своевременного обновления производства и производственных фондов. По нашему мнению, для продления выпуска модели после установленного срока ее замены требуется разрешение ГКНТ и Госстандарта на основе рассмотрения ими обоснованного предложения министерств о таком продлении. Затем Госкомитет СССР по ценам переутверждает цену на модель. Это, в частности, имеет особое значение для недопущения выпуска устаревших технических изделий, которые относятся ко второй категории качества продукции, а также для контроля за установлением скидок с цены на технику, отнесенную к данной категории. Такой же порядок следует установить и по продлению срока службы моделей в составе парка оборудования.

Стимулирующая НТП роль планирования существенно возрастет при условии, что планы и программы технического развития отраслей станут неотъемлемыми и ведущими разделами отраслевых производственных планов. Целесообразно, как мы считаем, осуществить постепенный переход к единым скоординированным планам технического развития отраслей и требуемых для этого капитальных вложений. Одна из коренных задач научно-технического прогресса состоит в том, чтобы при усилении использования экономических стимулов привести машиностроение в соответствие с потребностями технического перевооружения отраслей. Здесь главное не в увеличении темпов капитальных вложений в машиностроение, а в существенных изменениях в направлениях и структуре капитальных вложений в соответствии с реальными нуждами коренного технического преобразования отраслей на основе все большей концентрации капиталовложений в производство оборудования, основанного на новых технологических принципах или на коренном совершенствовании традиционных принципов. Целесообразно перейти к созданию совместных программ, в которых определяется согласованное развитие машиностроительных производств и потребителей их продукции по сферам ее применения с использованием заказов-нарядов. Важнейшим элементом планов (программ) комплексного технического перевооружения отраслей должно стать планирование и стимулирование создания высокоэффективных отраслевых, а также функциональных межотраслевых систем машин.

О необходимости значительного повышения требований к машиностроению и усиления экономических стимулов его развития свидетельствуют, в частности, такие факты, как снижение по многим предприятиям удельного веса впервые выпущенных в СССР машин и оборудования, сокращение в общей массе продукции доли машиностроительных изделий в возрасте первых 3 лет серийного выпуска при возрастании доли машин в возрасте 10 лет и старше. Среднегодовая доля выбытия (вследствие износа) машин и оборудования сильно отстает, составив в 1979 г. (в % ко всему парку) в среднем по промышленности всего лишь 2,4%. Еще ниже доля выбытия машин и оборудования в машиностроении, химической и нефтехимической отраслях и особенно в металлургии. По расчетам ИЭ АН СССР, необходимо постепенное повышение (с учетом увеличения парка оборудования за счет ввода в действие новых машин) процента выбытия в 2—2,5 раза (а по металлургии, машиностроению и химической промышленности — еще более). В планах по развитию машиностроения важно определить, используя экономические стимулы, достижение существенного перелома в динамике всех этих показателей. Увеличение процента выбытия устаревших машин должно быть основано на планировании замены их новыми высококачественными в результате совершенствования структуры машиностроения при все большем сокращении удельного веса капитального ремонта (зачастую представляющего двукратное воспроизводство устаревшей техники) и его использования для технического обновления и модернизации оборудования.

Для повышения заинтересованности коллективов и работников предприятий, объединений и министерств в выпуске и применении новой высокоэффективной техники, по нашему мнению, следует планируемый теперь показатель экономического эффекта от реализации в производстве научно-технических мероприятий включить в число показателей, на основе которых образуются хозрасчетные фонды стимулирования. Результативность планирования и стимулирования НТП во многом зависит от того, насколько точно предприятие, объединение, министерство знают, какой экономический эффект, выраженный в хозрасчетных показателях, фактически получен за счет создания и применения новой техники. Отражение ее эффекта в таких показателях составляет одно из существенных условий органического соединения управления НТП с общехозяйственным управлением. Сейчас требуется упорядочение и существенное улучшение всей системы определения полученного экономического эффекта новой техники (с учетом социальных результатов). В настоящее время фактический эффект определяется, по существу, расчетно, и он не базируется в необходимой степени на первичном учете. Недостаточность сведений о полученном от НТП эффекте снижает качество проектирования и отбора новой техники, действенность планирования и финансирования НТП, лишает его стимулирование достаточно точной базы.

Необходимы меры по совершенствованию первичного учета фактического эффекта новой техники с соответствующим использованием карт и субсчетов по отдельным техническим изделиям.

Ориентация науки и технических разработок на высокий уровень качества и эффективности новой техники

Создание преимуществ для предприятий, объединений и министерств, осваивающих новую высококачественную технику, и существенное возрастание их заинтересованности в ее выпуске, освоении и применении делают возможным и необходимым значительное повышение требований к техническим разработкам — к качественному уровню проектируемой новой техники. В то же время такая ориентация технических разработок может быть обеспечена лишь крупными изменениями в направленности развития отраслевой науки. Существенный недостаток многих отраслевых институтов — значительное преобладание малоэффективных для народного хозяйства тем. Работы, основанные на изобретениях (и притом большей частью мелких), составляют в среднем по отраслевым институтам промышленности менее $^1/_3$. Существующий порядок установления тематики благоприятствует именно таким работам. Оценка деятельности институтов проводится часто с позиции «объема работ», а не эффекта и качества конечного продукта, создается бо̀льшая «выгодность» для тем малоэффективных для народного хозяйства. Темы же, нацеленные на новую высокоэффективную для народного хозяйства технику, обычно требующие более длительного времени исследований, разработок и освоения, бо́льших на это время затрат, значительных дополнительных усилий для решения сложных задач и т. д., зачастую являются для институтов относительно «невыгодными».

Целесообразно постепенно перейти — по решению и под контролем ГКНТ СССР — к такой системе установления тематики о т р а с л е в ы х и н с т и т у т о в, основой которой преимущественно были бы и з о б р е т е н и я, д а ю щ и е в ы с о к и й н а р о д н о х о з я й с т в е н н ы й э ф ф е к т. Источниками формирования и реализации тематики при этом стали бы: во-первых, использование результатов фундаментальных исследований, дающих открытия и крупные изобретения; во-вторых, применение других высокоэффективных изобретений; в-третьих, отбор таких тем, конечным результатом которых намечается изобретение, приносящее существенный эффект. Для этого на основе соответствующих директивных решений в методических указаниях необходимо определить порядок составления планов отраслевых институтов с обязательным условием: вначале следует детально рассматривать указанные источники использования и создания изобретений и лишь после этого ставить вопрос об иных источниках формирования и реализации той или иной темы. Утверждение темы, не базирующейся на эффективном изобретении, должно быть обосновано институтом с соответствующей аргументацией.

Это потребует поставить оценку и стимулирование деятельности института (нормативы образования и использования хозрасчетных фондов, размеры премирования соответствующих работников) в решающую зависимость от места эффективных изобретений в его работах. Назрела потребность обеспечить в материальном поощрении безусловную приоритетность высокорезультативных работ, основанных на эффективных изобретениях, в то время как малоэффективные работы должны стать значительно менее «выгодными» для института. Целесообразно принять решение о соответствующих изменениях в материальном поощрении коллективов и отдельных работников НИИ. Критерием для оценки работы должен быть экономический эффект с учетом решения социальных задач, а также в добавление к этому — значимость работы для народного хозяйства, качественный уровень достигаемых новых технических параметров, сложность исследований, их перспективность.

На такой основе по балльной системе результаты работ получат высокие или пониженные оценки для материального поощрения. При премировании работ, приносящих крупный эффект и получивших высокие балльные оценки, необходима выплата авансов, величину которых требуется поставить в зависимость от балльной оценки. По малоэффективным работам при любых сроках их реализации авансирование вообще не должно применяться.

Для повышения эффективности работы отраслевых институтов следует постепенно распространить новые формы оплаты труда, направленные на устранение существующих элементов уравниловки и значительное усиление дифференцированного подхода к оплате путем расширения диапазона должностей и установления существенных различий («вилок») в оплате по каждой должности в зависимости от качества, результативности работы каждого научного сотрудника. Целесообразно издание ГКНТ СССР соответствующего постановления о постепенном распространении на институты такого порядка оплаты труда с последующим учетом специфики каждого института [3]. Новые формы оплаты в НИИ следует сочетать со значительным усилением действенности аттестации научных работников в целях повышения уровня исследований и разработок, выдвижения новых, плодотворно работающих научных кадров.

Эти изменения в системе оплаты будут содействовать и решению (на основе соответствующего постановления) другой задачи — придать бо́льшую гибкость и маневренность структуре управления в отраслевых институтах путем значительного увеличения удельного веса проблемно-тематических подразделений, рассчитанных на выполнение определенной темы. Изменения в оплате труда позволят обеспечить материальную заинтересованность в формировании таких подвижных подразделений, что создаст условия для своевременного переключения исследований и разработок на новую актуальную тематику, в том числе ранее не предусмотренную. В соответствии с положением проекта «Основных направлений» о развитии хозрасчетных отношений в НИИ целесообразно, по нашему мнению, наделить отраслевые научные институты оборотными средствами, что должно повысить их оперативность и ответственность за эффективность работы.

Направленность отраслевой науки на создание высокоэффективной техники должна быть реализована и продолжена в такой же ориентации *технических разработок и системы отбора новой техники*. Сейчас лишь значительно меньшая часть технических разработок (проектируемая новая техника) создает технику, соответствующую уровню высшей категории качества. Целесообразно установить поэтапное повышение требований к качественному уровню отбираемой для постановки на производство новой техники в соответствии с задачей, выдвинутой в проекте «Основных направлений», ужесточить требования к эффективности новой техники. В перспективе, по нашему мнению, следовало бы ставить на производство, как правило, либо

[3] В дальнейшем, по нашему мнению, следовало бы рассмотреть вопрос о более широком использовании такой дифференцированной оплаты труда в сферах академической науки, технических разработок, в промышленности.

принципиально новую технику, не имеющую аналогов, либо другую новую технику, значительно превосходящую по эффективности и качеству существующие лучшие отечественные и мировые аналоги (всякая принципиально новая техника превосходит качественный уровень существующей лучшей техники данного назначения, воплощающей предшествующий традиционный технологический принцип).

Однако, учитывая фактическое положение с качественным уровнем техники, вначале целесообразно, как говорилось, осуществить на основе большой подготовки постепенный переход к следующему принципу: каждое впервые созданное техническое изделие, как правило, может быть признано новым, если оно отвечает требованиям высшей категории качества и как минимум соответствует по эффективности лучшим аналогам. Но уже в ближайшее время следовало бы, по нашему мнению, установить различия в оценках между видами новой техники — превосходящими существующий уровень качества лучших отечественных аналогов и соответствующими им. При этом в первой группе целесообразно будет в дальнейшем выделить модели: превосходящие мировой уровень; соответствующие ему; отстающие от него. Между превосходством или соответствием лучшим образцам существует принципиальная и существенная в практическом отношении разница, так как главный смысл отбора техники как новой и состоит в том, что она обладает технологическими и социально-экономическими преимуществами по сравнению с уже существующей. Необходимы методические положения об учете соотношений этих групп высококачественной техники, установление между ними различий в поощрении, в величине надбавок за качество.

Одновременно следовало бы, по нашему мнению, внести изменения в условия присвоения Знака качества. Главное в том, что пока еще явно недостаточна связь между ним и экономическим эффектом, который должен стать решающим фактором присвоения Знака качества. В то же время требуется намного больше увязать присвоение Знака качества с техническим прогрессом, с новизной техники. Сейчас новая техника занимает незначительную долю в массе продукции (в том числе производственно-технического назначения), которой присвоен Знак качества, причем ее удельный вес в этой продукции сокращается. Качество и новизна техники, социально-экономические результаты ее применения по самой своей природе составляют единство. Обществу нужна не просто новизна техники, а высококачественные параметры этой новизны и притом органически сочетаемые с высокими социально-экономическими результатами. Техника потому может оцениваться социалистическим обществом как новая, что она обладает высоким качеством в технологическом, экономическом, социальном аспектах.

Присвоение Знака качества нужно больше увязывать с социальными показателями. Важно не присваивать его изделиям, в том числе новой технике, если они не отвечают социальным нормативам улучшения условий труда, охраны природной среды. В качестве обязательной предпосылки присвоения Знака качества техническому изделию должно быть соответствие параметров новой техники конкретным требованиям сфер ее применения (включая улучшение условий эксплуатации техники). Целесообразно, чтобы присвоение Знака качества было дифференцировано по конкретным специализированным модификациям (разновидностям) модели новой техники, предназначенным для определенных сфер потребления: он должен присваиваться тем из разновидностей модели, которые приспособлены к нуждам данной сферы потребления и приносят в ней высокий эффект. Важно также реально учитывать, какова конкурентоспособность техники на мировом рынке.

Для повышения уровня прикладных исследований и технических разработок следует ускорить введение в практику перспективных, «опережающих» стандартов на продукцию производственно-технического назначения с тем, чтобы эти стандарты были тесно увязаны с прикладными исследованиями и техническими разработками и использовались как нормативы по мере перехода к новым моделям и видам техники.

Существенной предпосылкой ориентации технических разработок на создание высококачественной техники и реализации повышенных требований к ее отбору явилось бы введение в промышленности вневедомственной аттестации (экспертизы) технических разработок. Цель ее — максимально содействовать повышению уровня технических разработок, постепенной реализации принципа: каждая разработка, как правило, должна быть ориентирована на создание техники высшей категории качества. Такая аттестация послужит действенным средством контроля за отбором высокоэффективной техники, проверки обоснованности выбора аналога, с которым она сравнивается. Отнесение запроектированной в технических разработках новой техники к высшей категории качества должно быть (как и при аттестации готовой продукции) функцией Госстандарта и сопровождаться повышенным материальным поощрением разработчиков.

Аттестация технических разработок окажется действенной при условии, если она проводится своевременно, то есть начинается (в качестве первого ее этапа) с вневедомственной экспертизы технических заданий на проектирование (ее целесообразно ввести не только по важнейшим, но в основном по всем видам новой техники). Следует в техническое задание обязательно включать уточняемую в дальнейшем лимитную цену на новую технику, что явится барьером против завышения цен на новую технику, будет содействовать снижению цены на единицу полезного результата, ликвидации и предотвращению фактов, когда цена на новую технику обгоняет ее производительность. Вторым этапом аттестации технических разработок явится оценка их результата на завершающей стадии создания рабочего проекта, опытного образца, их тщательной проверки. На этой стадии будут сопоставляться полученные результаты с тем, что было намечено в начале проектирования, решится вопрос о постановке техники на производство и о ее оценке по категориям качества.

Видимо, было бы целесообразно издать с учетом изложенных выше предложений: а) постановление ГКНТ СССР о совершенствовании работы отраслевых институтов, б) постановление Госстандарта СССР и ГКНТ СССР о большей увязке аттестации качества продукции с научно-техническим прогрессом и его эффективностью и о проведении аттестации (экспертизы) технических разработок по критерию высшей категории качества.

Действенное, высокоэффективное использование экономических стимулов развития двух взаимосвязанных встречных процессов — ориентации промышленности на производственную реализацию новейших достижений науки и техники, а исследований и разработок на всестороннее и глубокое техническое обновление производства — послужит в восьмидесятых годах существенным фактором возрастания темпов экономического роста страны и завершения перевода экономики на рельсы интенсивного развития.

П. Игнатовский

ТЕНДЕНЦИИ ЭКОНОМИЧЕСКОГО РАЗВИТИЯ В 80-е ГОДЫ

(Анализ практического опыта)

Перспектива развития советской экономики в 80-х годах характеризуется действием тенденций, обнаружившихся в 70-е годы, обусловленных ростом общественных потребностей, развитием научно-технического прогресса, усилением обобществления производства, изменением условий производства в добывающих отраслях, а также демографической и экологической ситуациями. Воздействие этих факторов прежде всего сказывается на развитии производительных сил зрелого социалистического общества, а также производственных связей, организации производства и результатах общественного труда. Это воздействие отнюдь не прямолинейное, не одностороннее, оно отличается диалектичностью, присущей ей противоречивостью, которая выражается и в том, что наряду с позитивными зачастую дают о себе знать негативные явления, которые в известной мере объективно связаны с уровнем развития производительных сил, и потому от них не просто избавиться. Ведь люди, как подчеркивал К. Маркс, «не свободны в выборе *своих производительных сил,* которые образуют основу всей их истории, потому что всякая производительная сила есть приобретенная сила, продукт предшествующей деятельности» [1]. Вследствие этой преемственности уровень развития производительных сил, достигнутый в 70-е годы, предопределяет перспективы экономического роста страны в 80-е годы. Следовательно, особенности развития советской экономики, о которых шла речь на октябрьском (1980 г.) Пленуме ЦК КПСС, не привнесены извне, они производны от процессов развития производительных сил, направленности всего производства на удовлетворение непрерывно возвышающихся общественных потребностей.

Главная особенность наступившего периода развития советской экономики, состоит в том, что Советский Союз, как подчеркивается в проекте ЦК КПСС к XXVI съезду партии «Основные направления экономического и социального развития СССР на 1981—1985 годы и на период до 1990 года», вступает в восьмидесятые годы, располагая мощным экономическим и научно-техническим потенциалом, высококвалифицированными кадрами. Достигнутые рубежи в области экономического и социального развития позволяют решать еще более масштабные задачи. В речи на октябрьском (1980 г.) Пленуме ЦК КПСС Л. И. Брежнев вновь подчеркнул важность сосредоточения усилий Советского государства на основной цели социалистического производства—удовлетворении потребностей человека. В условиях созданного социалистическим обществом огромного научно-производственного потенциала это означает, что вся система организации общественного производства в возрастающей мере должна строиться с учетом обеспечения этой цели. «Надо развивать,— сказал Л. И. Брежнев на Пленуме,— производство

[1] К. Маркс и Ф. Энгельс, Соч., т. 27, стр. 402.

товаров народного потребления на основе хорошо продуманной долговременной программы, способной объединить усилия всех отраслей, от которых это зависит». Удовлетворение потребностей членов социалистического общества должно главенствовать, определять производительное потребление, то есть внутриотраслевое и межотраслевое потребление материальных и трудовых ресурсов. Именно оно в предстоящий период будет в особенности определять и народнохозяйственные пропорции и структуру капитальных вложений, причем объективно, с присущими экономике тенденциями. И эта объективная необходимость в условиях 80-х годов не может не стать определяющей в практике планирования и хозяйствования.

Основная объективная тенденция развития советской экономики 80-х годов заключается в необходимости значительно более активной и последовательной интенсификации всего общественного производства. Ее реализация зависит от направленности развития производительных сил. Как известно, определяющим звеном в развитии производительных сил, их структуре выступают орудия труда, главным образом машины. Это самый подвижной и революционизирующий их элемент. Но революционизирующее воздействие на производство этой части производительных сил зависит от интенсивности использования всей их совокупности, от структуры капитальных вложений. Оно проявляется в тесной взаимосвязи с другими элементами структуры вещественных производительных сил, в частности с предметами труда, особенно сырьевыми и топливными ресурсами, их пропорциональностью с орудиями труда.

Интенсификация вызывает необходимость изменений в структуре производительных сил с тем, чтобы она лучше способствовала экономическому росту, использованию накопленного производственного потенциала. Такое использование предполагает качественное совершенствование самого потенциала, улучшение его структуры, особенно пропорций между орудиями и предметами труда, между всеми средствами производства и рабочей силой. Поэтому интенсификация производства определяет и необходимость совершенствования структуры капитальных вложений. В экономической политике это означает изменение подхода к их распределению. Хозяйственная ситуация данного момента требует ужесточения контрольной функции центральных государственных органов в размещении капитальных вложений, создании производственных мощностей.

Подход к вопросам размещения капитальных вложений, сформировавшийся на практике в результате применения экстенсивных методов хозяйствования, когда главным в обеспечении прироста продукции было «заполучение» средств на расширение производства или строительство нового предприятия, уже недостаточен. Решение соответствующих вопросов требует учета сырьевых, трудовых ресурсов и производственных мощностей как на действующих предприятиях, так и на строительстве новых объектов, в частности в восточных районах. Названные условия диктуют такую последовательность проведения экономических мер по усилению интенсификации производства, при которой прежде всего наличие материальных и трудовых ресурсов, их применение с учетом характера личных и общественных потребностей определяют усилия общества по развитию и использованию производительных сил. Поэтому результативность экономической политики зависит от того, в какой мере учитываются назревшие изменения в структуре производительных сил. Но политика, ее принципы и хозяйственная практика не тождественны. Не всегда задачи экономической политики государства с достаточной полнотой воспроизводятся хозяйственной практикой. Как отмечается в проекте ЦК КПСС к XXVI съезду партии «Основные направления экономического и социального развития СССР на 1981—1985 годы и на период до 1990 года» в связи с итогами десятой пятилетки, «механизм управления и планирования, методы хозяйствования, уровень трудовой и исполнительской дисциплины отставали от современных требований. Это затрудняло перевод народного хозяйства на путь интенсивного развития».

Оценивая влияние практики на структуру производительных сил, надо иметь в виду, что материальные и трудовые ресурсы в данный момент в большей степени определяют возможности экономического роста, а следовательно, потребности страны, ибо если тому или иному предприятию или отрасли не хватает материалов, сырья, топлива, рабочей силы, то и при наличии самых современных орудий будут иметь место простои и не достигнуты желаемые результаты. Между тем в развитии производительных сил в отдельных отраслях нередко преобладает наращивание основных производственных фондов без должного анализа и обеспечения полноты их использования — как действующих, так и вновь создаваемых. Следствием этого явились известные случаи простоев вновь построенных предприятий ввиду того, что они не были обеспечены сырьем и кадрами. Такое использование факторов производства противоречит экономическим законам социализма и не отвечает основной цели социалистического производства.

Итак, на современном этапе усиление интенсификации общественного производства требует такого развития производительных сил, которое сопряжено с необходимостью более строгого учета в планировании материально-ресурсных проблем. При этом центральной проблемой становится решение задачи обеспечения качества состава производственного потенциала, определяемого техническим уровнем накопленных производственных фондов и применяемых технологий, внутриотраслевыми и межотраслевыми пропорциями. Ликвидация элементов диспропорций в развитии отдельных отраслей, а также между производственными фондами и материальными, сырьевыми, трудовыми ресурсами требует более обоснованных экономических решений о направлениях капитальных вложений на цели, связанные с совершенствованием действующих производств и созданием новых мощностей, обеспечением народного хозяйства топливно-энергетическими и сырьевыми ресурсами.

При этом обращает на себя внимание тот факт, что преобладание тенденции к строительству новых предприятий при недостаточной концентрации капитальных вложений и большом объеме незавершенного строительства, стоимость которого достигает почти $^1/_4$ годового объема национального дохода, значительно «отягощает» структуру экономики, задерживает процессы интенсификации производства, сказывается на экономическом росте, на удовлетворении потребностей всего общества. Потребности населения и народного хозяйства растут, а возможности их удовлетворения искусственно ограничиваются «замораживанием» значительной массы материальных средств. При этом сужаются возможности социалистического расширенного воспроизводства, а следовательно, накопления и увеличения капитальных вложений. Получается, что такая практика в области капитальных вложений «бьет» по их собственным источникам, грозит сокращением накопления. Замедлить сегодня распыление капитальных вложений, ускорить завершение пусковых объектов — значит расширить завтра возможности их роста.

Это тем более важно, что тенденция роста незавершенного строительства сопровождается другой тенденцией: замораживание на длительный срок столь значительной доли национального дохода в незавершенном строительстве усиливает старение действующих основных производственных фондов, особенно рабочих машин, в частности в таких отраслях, непосредственно работающих на удовлетворение потребностей человека, как легкая, пищевая, бумажная промышленность, а также в базовых отраслях промышленности (черная металлургия, машиностроение и металлообработка, транспорт). Наряду с этим заметно сокращается в названных отраслях ввод в действие производственных мощностей за счет добавочных вложений как в новое строительство, так и в реконструкцию действующих предприятий. Так, в среднем за год сейчас устанавливается на предприятиях текстильной промышленности ткацких станков и прядильных веретен втрое меньше, чем в годы восьмой пятилетки. То же самое можно сказать о мощностях по производству верхнего и бельевого трикотажа, картона, кровельных материалов, сырья, проката черных металлов, чугуна и других видов продукции.

* * *

На современном этапе существенным фактором повышения качества действующего производственного аппарата является возрастание доли капитальных вложений в техническое перевооружение и реконструкцию отраслей народного хозяйства и отдельных предприятий. Техническое перевооружение и реконструкция, как это вытекает из проекта «Основных направлений», становятся важным носителем научно-технического прогресса, его закономерным условием, существенным фактором интенсификации народного хозяйства. Чем активнее движутся процессы интенсификации, тем с большим размахом должны осуществляться реконструкция и техническое перевооружение той или иной отрасли. И поэтому не случайно именно в период возросшего технического совершенства общественного производства нашей страны масштабы модернизации и реконструкции расширяются.

Особенность реконструкции заключается в ее влиянии на интенсификацию производства как на предприятии — поставщике средств производства, то есть в «точке» обновления производственных фондов, так и у потребителя. Происходит интенсификация не только действующего производства, но и процесса технического перевооружения производства как результата использования в отраслях — потребителях выпускаемых машин. При этом очень важно обеспечить непрерывность реконструкции путем последовательного планирования соответствующих мероприятий в пределах отрасли на всех действующих предприятиях. К сожалению, такое планирование не стало еще в отдельных отраслях обязательной предпосылкой технического совершенствования производства, а последовательная реконструкция подчас подменяется эпизодичной, проводимой в качестве одного из мероприятий предприятия, министерства.

Конечно, масштабы и сроки реконструкции в каждой отрасли и в каждом районе различны и зависят от уровня механизации и автоматизации производственных процессов, а также физического и морального износа машин и оборудования. Но государственное планирование реконструкции и перевооружения предприятий, ресурсного обеспечения этих процессов должно способствовать их осуществлению в расчетные оптимальные сроки, предусмотренные планом. Из этого следует, что реконструкция и перевооружение должны носить обязательный характер, а оценка деятельности коллективов предприятий, организаторов производства должна определяться с учетом осуществления плановых объемов реконструкции предприятий, обеспечивающей рост эффективности производства, повышение качества продукции, улучшение ее потребительских характеристик.

Большую роль в ускорении технического прогресса, «открытии» новых реальных предпосылок экономического роста, повышения производительности труда и решения социальных проблем играет соотношение капитальных вложений на реконструкцию и новое строительство. Этот вопрос ставился и на ноябрьском (1979 г.) Пленуме ЦК КПСС. Речь идет о проблеме, «пронизанной» противоречиями, порождаемыми и объективными условиями и субъективной позицией отдельных ведомств и некоторых руководителей предприятий. Нужно изменить подход к реконструкции со стороны министерств и плановых органов. Ведь не случайно пока еще больше усилий прилагается для получения капитальных вложений на новое строительство: оно лучше обеспечивается фондами, трудовыми ресурсами, а ввод новых объектов расширяет производственный потенциал отрасли. Сказываются и объективные причины, которые особенно характерны для предприятий с моноструктурным производством, например, для тракторных заводов. Осуществлять перестройку производства, не приостанавливая выпуск прежней модели машины,— дело сложное, требующее огромного напряжения сил, четкого материального снабжения, поставок нового оборудования, быстрого ввода в строй дополнительной площади, что, к сожалению, не всегда удается обеспечить, сочетать интересы текущего производства с потребностями своевременного осуществления реконструкции. Всякого рода сбои в организации реконструкции, особенно затягивание периода осуществления, сказываются на ее экономических результатах и на деятельности предприятий, формируют отношение к этой стороне технического совершенствования производства. Огромную роль здесь играет организация соответствующих процессов. Только при четкой постановке реконструкция как фактор интенсификации производства, а именно в этом ее основная экономическая функция, способствует устранению «узких мест», а следовательно, поддержанию сбалансированности производства внутри данного предприятия или объединения. В этом смысле реконструкция, как свидетельствует опыт АвтоЗИЛа и других объединений, не имеет альтернативы. Ведь со строительством нового предприятия не устраняются «узкие места» на давно введенном в строй предприятии, которое не может не изменять структуру своего производства, не обновлять модели, не осваивать новые образцы изделий. Поэтому необходимо планирование реконструкции заблаговременно с учетом времени физического износа и морального старения оборудования.

Исходя из этого должна устанавливаться пропорция между новым строительством и реконструкцией, касающаяся как структуры капитальных вложений, так и распределения материальных ресурсов на расширенное воспроизводство основных производственных фондов. И для этого надо знать массу и долю капитальных вложений, направляемых именно на реконструкцию, а также на расширение производства, связанное с реконструкцией. Публикация «неочищенных» данных может только дезориентировать управление этими процессами.

В решении сложной проблемы регулирования соотношения капитальных вложений и распределения материальных и трудовых ресурсов на цели реконструкции производства и новое строительство основная роль принадлежит государству, его центральным органам. Здесь прежде всего может проявить себя принцип демократического централизма в экономике, его осуществление через государственный план. Но нельзя при этом забывать, что необходимы и талантливые организаторы, способные наряду с решением задач текущего производства осуществлять сложные задачи реконструкции. Недооценка реконструкции — это не только нежелание хозяйственного руководителя утруждать себя «дополнительными» заботами, это ограниченность экономической культуры, незнание связей факторов интенсивности производства и воспроизводственных процессов и, наконец, угроза заранее обречь производство на возникновение «узких мест», а следовательно, на несбалансированность и диспропорциональность.

И если обществу приходится испытывать трудности с удовлетворением потребностей, например, в профилированных изделиях из черных металлов, то в значительной мере это проистекает из того, что конкретные хозяйственные руководители, организаторы производства пренебрегли техническим прогрессом, его решающим направлением — реконструкцией, а министерства и ведомства вовремя не противопоставили этим явлениям общегосударственную позицию или не отстояли ее.

Направления реконструкции многогранные, но не равнозначные. Особое значение на современном этапе приобретает технология, прогрессивная в самом широком смысле этого понятия. Обновление технологии — это наиболее общее направление реконструкции, вызывающее и обновление некоторых средств производства, что особенно важно для металлургии и машиностроения. На ноябрьском (1979 г.) Пленуме ЦК КПСС отмечалось, что, несмотря на огромные масштабы производства металла, его по-прежнему не хватает. При этом указывались основные причины создавшегося положения, в частности медленное осуществление коренных качественных изменений в самой металлургии, где линия на технический прогресс, как отмечал Л. И. Брежнев, проводится вяло. Явно отстает внедрение мощных кислородных конверторов и электропечей, непрерывной разливки стали, недостаточно растет доля экономичных видов проката.

При достигнутом уровне производства металла главное направление дальнейшего развития черной металлургии — не столько количественный рост металлопродукции, сколько коренное улучшение ее качества и расширение сортамента. Качество металла влияет на качество и технический уровень машин, качество действующего оборудования сказывается на качестве продукции металлургии.

В этой отрасли определяющей причиной неудовлетворенности потребителей металла служит слабое обновление технологии, износ оборудования, то есть те факторы, которые в значительной мере обусловлены реконструкцией действующих предприятий. В машиностроении данные проблемы только путем обновления технологии решить нельзя. Необходимы новые технические решения, фундаментальные теоретические разработки и конструкторские проектировки. Именно эти факторы служат основными двигателями технического прогресса в машиностроении при условии обеспечения четко налаженной системы освоения новейших достижений науки. В годы восьмой пятилетки (1966—1970 гг.) создавалось образцов новых типов машин, оборудования и аппаратов в среднем за год 3112 единиц, в девятой (1971—1975 гг.) — 3038, в 1976—1979 гг. — 2813 единиц. И дело здесь не только в организации освоения новой техники, но и в содержании «портфеля новинок», то есть в том, в какой мере уровень научно-технических решений «давит» на производство. Это серьезная проблема. Она требует совершенствования экономических отношений в области науки и производства, организационных форм, способствующих укреплению их связей, а также консолидации научных сил, инженерно-конструкторских кадров на кардинально новых конструктивных решениях проблем не только машиностроения как отрасли, а народного хозяйства в целом.

При таком едином народнохозяйственном подходе машиностроение, например, для обеспечения более полного удовлетворения потребностей страны в продовольствии могло бы освоить и поставить потребителям системы машин (а не только агрегаты) для производства кукурузы в условиях засушливой степи, сои и других бобовых культур, оборудование свиноферм и комплексов и т. п. Однако эта проблема решалась разобщенно. В Херсоне, например, затянули освоение новой модели кукурузоуборочного комбайна, а на других предприятиях (производящих основной объем такого рода машин) в свое время не позаботились о создании сеялки точного высева. В результате основные процессы возделывания той же кукурузы считаются механизированными, металла расходуется много, а земледельцы лишены возможности применять современную технологию на всей площади посева данной культуры. В этом сказывается также и нехватка высококачественных гербицидов.

В результате применения гербицидов повышается культура возделывания посевов, обеспечивается резкое повышение урожайности, поскольку питательные вещества в почве сохраняются для культурных растений, а не сорняков, как это получается в хозяйствах, не успевающих своевременно провести прополку и обработку посевов. Да и необходимость в самой прополке — этом рутинном, очень трудоемком, требующем больших затрат ручного сезонного труда процессе по возделыванию пропашных культур, с применением гербицидов отпадает. Сокращается потребность в культиваторах, которых пока еще не хватает, хотя промышленность сельскохозяйственного машиностроения увеличила их выпуск в 1979 г. до 202 тыс., то есть на 14 тыс. больше, чем в 1975 г. (Отметим, однако, что достигнутый уровень ниже уровня 1965 г. на 4 тыс.)

Итак, новая технология, применяемая в отрасли — потребителе машин, вызывает изменения в структуре производства в отрасли-производителе. Но не всегда такого рода изменения носят достаточно оперативный последовательный характер. Действительно, поскольку, например, гербициды вносят столь существенный переворот в земледелие, экономически целесообразно перестроить производство средств труда для сельского хозяйства, может быть, даже переключить часть действующих предприятий минеральных удобрений на производство гербицидов, сократить производство культиваторов, использовав высвобождаемый металл, мощности и рабочую силу для выпуска других машин, например, машин для внесения в почву удобрений и средств защиты растений или прицепных тележек для транспортировки сельскохозяйственной продукции с полей.

Словом, изменения в технологии требуют безотлагательного реагирования промышленности, производящей машины для отраслей, непосредственно удовлетворяющих потребности населения, в частности для сельского хозяйства, но нередко производится то, что обеспечивают действующие производственные мощности, хотя потребности меняются, обусловливая необходимость приспособления к ним и мощностей.

На четвертой сессии Верховного Совета СССР десятого созыва ставился вопрос об увеличении выпуска энергонасыщенных тракторов. Проблема не новая, о ней применительно к Павлодарскому тракторному заводу говорилось еще на XXV съезде КПСС, но структура выпускаемых тракторов изменилась мало. Возникает и другой вопрос: в чем сейчас острее общественная потребность — в приросте производства жаток, позволяющих сократить время уборки хлебов в Казахстане и в других районах, или некоторых машин, включая легковые автомобили? Этот вопрос логически вытекает из следующего сопоставления: наращивая выпуск, например, тракторов, промышленность сдерживает производство рабочих сельскохозяйственных машин. В 1979 г. снизилось производство ряда прицепных сельскохозяйственных орудий, а выпуск сеялок, свеклоуборочных комбайнов, картофелесажалок и некоторых других очень нужных сельскому хозяйству машин оказался ниже уровня 1965 г. В результате наращивание выпуска тяговых машин (тракторов) не достигает цели — их мощности используются далеко не полностью. На октябрьском (1980 г.) Пленуме ЦК КПСС был поставлен вопрос о работе Министерства сельскохозяйственного машиностроения, о развитии этой отрасли.

Высокий прирост производства одних машин по сравнению с другими определяется техническим уровнем предприятий, наличием производственных мощностей. Но если при определении масштабов производства учитывать не только мощности, но и потребности, то встает вопрос о приоритете потребностей, который четко выражен на октябрьском (1980 г.) Пленуме ЦК КПСС, о продовольственной программе и условиях ее реализации, а также о промышленных отраслях группы «Б». Нуждается в улучшении структура производства в отраслях, смежных с группой «Б», особенно с учетом того, что народное хозяйство испытывает трудности в перевозке грузов, особенно продукции полей, садов и огородов, которая служит сырьем для предприятий группы «Б». Здесь напрашивается постановка вопроса о маневре производственными мощностями и материальными ресурсами, перспективной перестройке структуры производства и соответственно использования материальных ресурсов. Разумеется, проблема нуждается в углубленной проработке, и суть в том, что в дальнейшем следует при определении объемов производства той или иной продукции исходить не только из наличия производственных мощностей, но и из потребностей общества, их значимости и обеспечения их производственными мощностями, распределения материальных ресурсов, всей структуры общественного производства.

Маневрирование материальными ресурсами и созданными производственными мощностями в сочетании с последовательной реконструкцией отраслей промышленности и транспорта, позволяющей использовать самые прогрессивные мировые и отечественные достижения в области технологии, усиливает возможности решения экономических проблем, которые сегодня связаны с дефицитом капитальных вложений, материальных ресурсов и рабочей силы. Применительно к группе «Б» это означает не только расширение возможностей народного хозяйства в удовлетворении потребностей населения, но и усиление непосредственной интенсификации расширенного воспроизводства, повышение эффективности народного хозяйства.

Следовательно, речь идет об одной из магистральных тенденций, вытекающей из особенностей экономики 80-х годов и системы потребностей социалистического общества, оказывающей свое определяющее воздействие на использование накопленного производственного потенциала. Именно потребность человека как цель общественного производства, обусловленная основным экономическим законом социализма, предопределяет структуру общественного производства. С учетом такой закономерности государство на каждом отрезке планового периода определяет объем ресурсов, необходимых для той или иной потребности, в зависимости от ее общественного значения и реальных возможностей.

Это связано с тем, что объективные преимущества социализма — простор, предоставляемый развитию общественного производства характером производственных отношений,— в реальной действительности реализуются с учетом наличия в каждый данный исторический период материальных и трудовых ресурсов. Именно материально-трудовой ресурсный фактор, а не только наличие производственных мощностей определяет возможность и необходимость предпочтительности в системе общественных потребностей и их удовлетворения. Подчеркивая эту особенность, Л. И. Брежнев в речи на октябрьском (1980 г.) Пленуме ЦК КПСС, характеризуя хозяйственную обстановку заканчивающейся пятилетки, отметил, что нам приходилось и приходится преодолевать немалые трудности. «Свои сложности вызвало исчерпание многих старых, в том числе крупных, месторождений полезных ископаемых, перемещение основных центров добывающей промышленности на Восток и Север». И тем не менее далеко не везде министерства и ведомства смогли преодолеть силу инерции, ресурсы направляются еще не на первоочередные цели. В результате, располагая ресурсами, о которых еще 20—30 лет назад трудно было предполагать и которыми не располагает ни одна страна в мире, мы не избежали дефицита и народнохозяйственных диспропорций.

В 1950 г. в СССР выплавили 27,3 млн. т. стали, а в 1979 г.— 149,1 млн. т., добыли нефти (включая газовый конденсат) соответственно 37,9 и 585, 6 млн. т газа — 5,8 и 406,6 млрд. $м^3$, угля — 261,1 и 718,7 млн. т, произвели электроэнергии 91,2 и 1238,2 млрд. квтч, минеральных удобрений — 1,2 и 22,1 млн. т. Страна вышла на первое место в мире по добыче многих видов топлива и сырья, по производству чугуна, стали, цемента, минеральных удобрений, по целому ряду других показателей. Непрерывно наращиваются производственные фонды, вовлекаются новые и новые трудовые ресурсы. «А вот конечный результат,— говорил Л. И. Брежнев,— мы получаем меньший, чем должны были бы, чем позволяют наши возможности. Отсюда — диспропорции, дефициты, недостаточные резервы». В этих условиях наша хозяйственная практика не может ориентироваться на увеличение добычи сырья и производства его в сельском хозяйстве, не заботясь о способах использования и сохранения сырья, сокращения, а затем и полного устранения его потерь.

Трудности материального и прежде всего сырьевого снабжения способны задержать экономический рост ряда отраслей. И потому рост производства нельзя уже обеспечить только сложившимися методами наращивания традиционных источников сырья. Заметно «надвигается» необходимость стабилизации темпов добычи некоторых видов сырья и топлива и перенесения упора на улучшение использования добытого и произведенного сырья и материалов. В 1978 г. каждая третья тонна стали получена из лома и отходов черных металлов, 20% серной кислоты — из отходов газов на металлургических и нефтехимических заводах. Но в то же время более 100 млн. т отходов предприятий химии содержат важные компоненты, но они слабо используются. В проекте «Основных направлений» этим проблемам придается особое значение. Содержание предусмотренных мер учитывает, что более полное, рациональное использование ресурсов — эта перспективная тенденция экономики 80-х годов — будет усиливаться на базе новых безотходных и малоотходных технологий в промышленности, использования вторичных ресурсов, изменения технологии транспортировки и хранения сельскохозяйственной продукции. Она составлчет самостоятельную линию интенсификации общественного производства. Ее экономическое значение определяется также снижением природных качеств некоторых видов ископаемого сырья, особенно железных руд, требующих обогащения. В 1950 г. обогащалось 37% добываемой железной руды, а в 1980 г.— 86,6%. Осуществление этих технологических мероприятий сопровождается почти удвоением капитальных вложений на тонну используемой руды. Причем данная проблема не только экономическая, но и экологическая.

В этой связи с еще большей остротой выдвигается проблема экономии металла, которая будет решаться на путях изменения соотношения проката и отливок, перестройки структуры металлургической промышленности с таким расчетом, чтобы полнее загрузить прокатные станы. При том объеме металла, который производит наша страна, промышленность испытывает его нехватку из-за нерациональной технологии, высокой доли потребления отливок, при которой требуется в 1,5 раза больше металла, чем с применением проката. И тут важна четкая линия технической политики в области металлургии — переориентировка с недостаточно экономически обоснованного наращивания новых мощностей на фронтальную реконструкцию действующего металлургического хозяйства, его основательное перевооружение. Для этого нужно, чтобы действительно интенсивные методы хозяйствования, интенсивные технологии пришли на смену экстенсивным. И не только в самой металлургии, но и в отраслях — потребителях металла, особенно на предприятиях металлообработки и машиностроения.

Эти отрасли — самый крупный потребитель и в то же время самый крупный расточитель металла, хотя в истекшей пятилетке в машиностроении достигнуты существенные результаты по его экономии: сэкономлена почти каждая седьмая тонна потребленного металла. Но при этом из каждой израсходованной тонны чугуна и стали 266 кг идет в отходы. Только в стружку ушло 6,8 млн. т, из которых часть теряется безвозвратно. Эти данные еще в большей мере подтверждают необходимость изменений в технологии металлообработки. Они достаточно полно описаны в экономических и специальных публикациях. В проекте «Основных направлений» предусмотрены меры, рассчитанные на снижение в машиностроении и металлообработке удельного расхода проката черных металлов в среднем на 18—20%.

* * *

Экономика — не только материальные ресурсы и труд, отношения людей в производстве материальных благ, но и организация в самом широком смысле, включая формы функционирования производства, систему производственных связей, регулирование этих связей и всей деятельности по использованию производственного аппарата и ресурсов.

Экономика 70-х и начала 80-х годов характеризуется существенными сдвигами в организации производства, совершенствуются его формы, создаются производственные и научно-производственные объединения. Но пока еще не все они раскрыли свои возможности, оказывают должное влияние на эффективность общественного производства, рост производительности труда, особенно в промышленности и строительстве. Сказывается недостаточная экономическая обоснованность размеров производственных объединений, концентрации производства и разделения труда в них.

Нередко в производственные объединения включают только предприятия, их филиалы и конструкторские бюро, которые между собой были связаны и до объединения. В производственной структуре такого рода объединений, где реальное обобществление производства подменяется формальным переименованием сложившегося блока производств (завод, его филиал и КБ), мало что изменилось. Когда уровень концентрации и специализации производства, техническая оснащенность предприятия, расстановка рабочей силы остаются без изменений, сдвиги в результатах экономической деятельности малоощутимы. Недостатки же в деятельности ряда Всесоюзных промышленных объединений зачастую связаны с тем, что это — преобразованные главки, сохраняющие свои прежние связи и методы управления производством. Естественно, все это не могло не сказаться на уровне управления производством. Поэтому, как подчеркивает Л. И. Брежнев, «нужны не всякие объединения, а те, которые действительно поднимают на новую ступень социалистическое обобществление производства и труда, базируются на новейших достижениях науки, техники и технологии, обеспечивают наивысшую производительность и дают максимум дешевой продукции».

В настоящее время, когда процесс формирования производственных и особенно научно-производственных объединений нарастает, организация в современной экономике выдвигается на первый план. Организация как управленческая деятельность — это тот субъективный фактор, который партия может противопоставить негативному воздействию на экономику таких объективных факторов, как неблагоприятные погодные условия, исчерпание многих старых месторождений полезных ископаемых, перемещение основных центров добывающей промышленности на Восток и Север, о которых говорилось на октябрьском (1980 г.) Пленуме ЦК КПСС. Эти вопросы впервые столь широко нашли отражение в проекте «Основных направлений».

Главным стержнем организации экономики является структура производств, а также «состыковка» деятельности органов управления различных эшелонов. Тут возможен один путь: разгрузка верхних эшелонов с предоставлением права производственным звеньям, особенно в сфере производства предметов потребления, решать вопросы, касающиеся номенклатуры, ассортимента изделий. Вместе с тем производственные объединения должны быть достаточно мощными, чтобы брать на себя известный риск по внедрению новой техники для стабилизации удовлетворения общественных потребностей в конкретных продуктах соответствующего качества. Концентрация производства в объединениях не должна сопровождаться негативными последствиями престижного положения отдельных производств в экономике.

Предстоит улучшить организационную структуру ВПО. Мотивы организации тех или иных производственных структур должны быть обстоятельно рассмотрены широкой общественностью, особенно производственными коллективами с участием представителей научных учреждений, с тем, чтобы внести необходимые коррективы в структуру производственных объединений, их размеры, специализацию. Осуществить, как это предусмотрено проектом «Основных направлений», меры, направленные на преодоление ведомственной разобщенности, уточнить генеральные схемы управления отраслями применительно к задачам XI пятилетки. Эту работу важно соединить с анализом экономического опыта работы производственных объединений, выяснением причин недостаточно существенных изменений эффективности производства с тем, чтобы практически можно было реализовать наиболее рациональные меры.

Для совершенствования организации производства важное значение имеет вопрос о связи управленческой практики с экономической политикой. При этом повышается роль государственных органов. Когда одно предприятие обновляет производство, его технологию, а другое, даже располагая для этого возможностями, не реализует их, или когда допускаются потери сырья, продукции сельского хозяйства, в таких случаях требуются не только меры по совершенствованию стимулирования и показателей хозяйствования. «...Нужно,— писал В. И. Ленин,— все силы употребить на то, чтобы безусловно добиться своего, добиться полного подчинения аппарата политике. Политика есть отношение между классами — это решает судьбу республики. Аппарат, как подсобное средство, чем тверже, тем он лучше и пригоднее для маневров. А если он не в состоянии этого выполнить, он ни на что не годен» [2]. Значение этого ленинского вывода в современных условиях возрастает в связи с тем, что сегодня в распоряжении государства находятся несравненно большие материальные богатства. А это многократно умножает ответственность государственного управленческого аппарата за их использование, за проведение в жизнь экономической политики партии.

Отсюда вытекает проблема экономической и технической активности хозяйственных руководителей, их компетенции, умения ориентироваться в усложняющейся хозяйственной обстановке, своевременного делового реагирования на сдвиги, назревающие в экономике, прежде всего в технологии производства, поступлении сырья и материалов, изменении спроса, а следовательно, в структуре производимой продукции.

Проблема активности и компетентности в управлении хозяйственными процессами связана с умением оценивать возможность, неизбеж-

---

[2] В. И. Ленин, Полное собрание сочинений, т. 43, стр. 72—73.

ность и исключение риска в принятии экономического решения. Она предполагает самостоятельность и правоспособность хозяйственного руководителя в распоряжении материальными ресурсами, достаточную для беспрепятственного решения вопросов в интересах успеха производства.

Система управления столь масштабной экономикой, какой является современная экономика нашей страны, должна способствовать развитию хозяйственной инициативы и противодействовать разбуханию управленческого аппарата. Необходимо ограничить «склонность» высококонцентрированных хозяйственных структур к обрастанию вспомогательными, внепроизводственными службами, структурно отягощающими управленческую систему, затрудняющими решение хозяйственных вопросов излишними согласованиями. Некоторые всесоюзные и республиканские объединения отвлекли в свои штаты часть работников управления с объединяемых предприятий. В результате произошел экономически не оправданный вывод части специалистов из сферы производства, непосредственного управления им и перемещение их в более дорогостоящую, но менее продуктивную службу управления. Такая централизация управления, сопровождаемая относительным уменьшением числа специалистов на производстве, внешне связывается с его концентрацией, но в действительности концентрация происходит не везде.

От решения всех этих проблем зависит результативность любых управленческих мер. Поэтому проблемам управления, его эффективности столь пристальное внимание уделил октябрьский (1980 г.) Пленум ЦК КПСС.

Экономические тенденции 80-х годов, повышая требования к людям, к механизму хозяйствования, вместе с тем усиливают приспособление экономики к изменяющимся природным и социально-экономическим условиям развития и тем самым расширяют возможности страны, ее производственного аппарата. Наша страна вступает в 80-е годы, располагая мощным экономическим и научно-техническим потенциалом, высококвалифицированными кадрами. Достигнутые рубежи в области экономического и социального развития позволяют решать еще более масштабные задачи.

В. Красовский

ЭКОНОМИЧЕСКИЙ ПОТЕНЦИАЛ: РЕЗЕРВЫ И ОТДАЧА

Наша страна вступает в 80-е годы, располагая мощным экономическим и научно-техническим потенциалом. Достигнутые рубежи в области экономического и социального развития позволяют решать еще более масштабные задачи. На долю основных фондов приходится 64% национального богатства. На начало 1980 г. они равнялись 1,6 трлн. руб., то есть по сравнению с 1965 г. увеличились на 1 трлн. руб. Этот прирост почти вдвое превысил стоимость основных фондов, созданных за первые полвека социалистического строительства. Из общего объема основных фондов производственные основные фонды составили 1,1 трлн. руб. За последние 10 лет они возросли в 2 раза. Постоянное обновление действующих основных производственных фондов — одно из важнейших направлений инвестиционной политики.

Наибольший объем производственных основных фондов сосредоточен в промышленности. На начало 1980 г. они превысили 500 млрд. руб. (почти 48% всех производственных основных фондов страны). За четыре года десятой пятилетки основные фонды промышленности обновлены почти на $^1/_3$. Основные производственные фонды сельского хозяйства равнялись 223 млрд. руб. (21% их общей величины). За 1976—1979 гг. они обновлены более чем на 39%. Основные фонды транспорта и связи составили 223 млрд. руб. За этот период введены в действие 22,9 тыс. км магистральных газопроводов и отводов от них, 11,9 тыс. км магистральных нефтепроводов и нефтепродуктопроводов, 68,5 тыс. км автомобильных дорог с твердым покрытием.

Значительно увеличились основные производственные фонды строительства и других отраслей материального производства [1].

Стоимость непроизводственных основных фондов превысила к началу 1980 г. 562 млрд. руб. и составила более $^1/_3$ основных фондов страны. С ростом масштабов производства увеличились и материальные оборотные средства — предметы труда, сырье, материалы, полуфабрикаты, топливо. В настоящее время их доля в национальном богатстве достигла 18 %.

В проекте ЦК КПСС XXVI съезду «Основные направления экономического и социального развития СССР на 1981—1985 годы и на период до 1990 года» предусмотрено более рационально использовать производственные мощности, шире внедрять высокопроизводительную технику, совершенствовать структуру и своевременно обновлять действующие основные фонды. Намечено осуществить мероприятия по повышению фондоотдачи в отраслях народного хозяйства, объединениях, предприятиях.

---

[1] Л. Володарский, Национальное богатство СССР («Экономическая газета» № 50, 1980 г.).

Потенциал основных фондов и их роль в социалистическом воспроизводстве

Интенсивное использование и обновление основных производственных фондов обеспечивает экономический рост, способствует реализации достижений научно-технического прогресса, повышению производительности труда и улучшению условий производства. Основные производственные фонды сосредоточены на 17 516 промышленных предприятиях, в 47 тыс. совхозов и колхозов, на транспорте.

Основные производственные фонды являются материально-технической базой развития новых отраслей промышленности. Создана отрасль атомного машиностроения. Строительство атомных электростанций, особенно в европейской части страны, позволит повысить долю атомной энергетики в общем объеме производства электроэнергии и обеспечит удовлетворение потребностей в энергии в районах, не имеющих собственных топливно-энергетических ресурсов. Быстрыми темпами возрастают фонды химической промышленности, способной ныне поставлять сельскому хозяйству около 100 млн. т удобрений и средств защиты растений, а также кормовых добавок.

В марксовых схемах воспроизводства I подразделению, то есть средствам производства, всегда отводилось ведущее место. В рамках I подразделения особое значение уделялось отраслям, производящим средства труда, которые В. И. Ленин выделял в наиболее важную для темпов развития народного хозяйства группу. В ленинских таблицах воспроизводства приведены сопоставления динамики постоянного капитала и общественного продукта [2]. В полемике с П. Прудоном К. Маркс рассматривал долговременную динамику экономических показателей Великобритании за 70 лет (с 1770 по 1840 г.) с учетом увеличения мощности технических усовершенствований и роста производительной части населения страны. В результате сопоставления показано огромное значение возрастания мощности производственного аппарата, которое во много раз превышает рост трудовых ресурсов. Если в исходный период производительность технических усовершенствований относилась к производительности ручного труда как 4:1, то в конце периода, то есть в 1840 г., это отношение составило уже 108:1 [3].

В исследованиях советских экономистов в последние годы все чаще используются трудовые измерения основных фондов, которые в какой-то мере продолжают направление анализа их сравнительной мощности, приведенной, как и у К. Маркса, к единой размерности. Подобные измерения применялись в работах акад. С. Струмлина, Я. Кваши, И. Дорошина, Л. Ночевкиной и др. Однако в этих исследованиях трудовые измерения ограничивались учетом затрат труда на создание техники, но не определяли возросшую мощность новых средств труда.

В экономической литературе имеются работы и другого направления. Так, иногда при оценке вклада основных производственных фондов в результаты общественного воспроизводства им придают как бы «нулевую» оценку, считая, что поскольку они уже созданы и не требуют дополнительных затрат, то и их вклад в производство может быть приравнен к нулю. В других исследованиях вклад фондов оценивается по доле амортизации в совокупных издержках производства. В этом случае долевое участие фондов не превышает 5—6%, и, разумеется, не отражает той роли, которую играют средства труда в формировании общественного продукта в его натуральной форме. Предлагались также соотношения 1 : 2,5, 1 : 2,8, 1 : 2,8, где 1 : 2,8 — удельная величина вклада основных производственных фондов, а 1 : 2,5 характеризует удельное участие трудовых

---

[2] Ленинский сборник XXXVIII. М., Политиздат, 1975, стр. 90.

[3] См. К. Маркс и Ф. Энгельс, Соч., т. 4, стр. 124—125.

ресурсов. В теоретическом плане речь идет об учете не только потребленных средств труда, что улавливается показателями амортизации, но и, главное, в учете примененных основных фондов, которые, как отмечено Марксом, действуют в течение продолжительного периода всей своей массой и всей своей мощностью. Эта масса примененных фондов не отражается показателями амортизации. В действительности же страна располагает мощностью не $^1/_{20}$ всей массы фондов, а ежегодно использует мощность фондов в их полном объеме, именно на все 100%.

Поставленная проблема имеет прямое отношение к предложенному Марксом различению роли средств труда в формировании потребительной стоимости продукта и его стоимости, который писал, «что известный фактор процесса труда, известное средство производства, целиком принимает участие в процессе труда, но лишь частью — в процессе образования стоимости. Различие между процессом труда и процессом образования стоимости отражается здесь на их материальных факторах таким образом, что одно и то же средство производства как элемент процесса труда целиком входит в данный процесс производства, а как элемент образования стоимости входит частями» [4]. Итак, истинное экономическое значение потенциала производственных фондов несравненно больше, чем это учитывается долями его амортизации. Возможности этого потенциала весьма велики, и их надлежит исследовать и определять в полной мере.

Экономический рост и интенсификация использования фондов

Интенсификация общественного производства предопределяет всестороннее использование имеющихся основных производственных фондов, и прежде всего действующих производственных фондов.

В программе КПСС отмечается, что «на всех участках народного хозяйства необходимо совершенствовать и строго соблюдать научно обоснованные прогрессивные нормативы использования средств производства. Партия придает первостепенное значение повышению эффективности капитальных вложений, выбору наиболее выгодных и экономичных направлений капитальных работ, обеспечению наибольшего прироста продукции на каждый затраченный рубль капитальных вложений, сокращению сроков окупаемости этих вложений» [5].

При формировании прогрессивных нормативов фондоотдачи следует исходить из положений марксистской теории о том, что «с прогрессом науки и техники,— то место старых машин, инструментов, аппаратов и т. д. заступают новые, более эффективные и сравнительно с размерами своей работы более дешевые» [6].

Многие экономисты считают показатель фондоотдачи теоретически необоснованным. В ряде случаев отмечается, что неизбежно снижение фондоотдачи в ходе технического прогресса и исчерпания лучших природных ресурсов. Выдвигается даже гипотеза циклического движения показателя фондоотдачи, который якобы закономерно падает в периоды структурных сдвигов и повышения темпов развития и, наоборот, возрастает при стабилизации темпов и интенсификации производства.

В этой связи необходимо отметить, что в 30-е годы в журнале «Пути индустриализации» (его ответственным редактором в то время был В. В. Куйбышев) был поставлен вопрос о неправомерности концепции М. Смит, которая обосновывала модифицированный «закон» неизбежности снижения эффективности, в частности, фондоотдачи, в связи с ро-

---

[4] К. Маркс и Ф. Энгельс, Соч., т. 23, стр. 215—216.

[5] «Программа Коммунистической партии Советского Союза». Издательство политической литературы, 1962 г.

[6] К. Маркс и Ф. Энгельс, Соч., т. 23, стр. 619.

стом органического состава фондов [7]. Объяснялось это преимущественным ростом I подразделения общественного производства: по аналогии с приведенной в «Капитале» тенденцией нормы прибыли к понижению М. Смит пыталась сформулировать «социалистический закон» падения объема произведенной продукции по отношению к применяемым фондам.

Подобные представления, связанные с исследованием сравнительной динамики продукции и основных фондов, встречаются и в настоящее время. Ряд экономистов не разделяет требований о повышении фондоотдачи основных производственных фондов и отдачи капитальных вложений и трактует такие требования как немарксистские и не соответствующие основным законам политической экономии социализма. Однако считая, что показатели фондоотдачи якобы заимствованы из теории производительности факторов производства, они забывают об их трудовой основе. Между тем существует реальная трудовая основа показателя фондоотдачи.

Разъясняя значение экономии овеществленного труда, например, в прядильном производстве, К. Маркс подчеркивал, что «рабочее время, заключающееся в материале труда и средствах труда, мы можем рассматривать совершенно таким же образом, как если бы оно было затрачено просто на более ранней стадии процесса прядения до того труда, который был присоединен в конце, в форме прядения» [8]. Анализируя процесс повышения производительности труда, он формулирует понятие производительности совокупного, то есть живого и овеществленного труда, и в качестве примера приводит угольную промышленность. «Предположим,— писал он,— что при той же выработке углекопов затраты прошлого труда увеличились. В этом случае «труд углекопов не сделался менее производительным, но совокупный труд, затраченный на угледобычу (труд углекопов плюс прошлый труд), стал менее производительным» [9].

В современных условиях задачи повышения эффективности овеществленного труда, лучшего использования накопленного экономического потенциала приобретают все большую значимость. Показатели фондоотдачи должны рассматриваться прежде всего с позиций производительности труда в фондосоздающих отраслях. От работников этих отраслей требуется, чтобы они производили продукцию с меньшими затратами труда на единицу полезного эффекта, единицу мощности машин, агрегатов, технологических линий и пр. Одновременно работники строительной индустрии должны добиваться экономии затрат на производство элементов зданий и сооружений, обеспечивая снижение их сметной стоимости, так как прогрессивные и экономичные средства труда способствуют повышению производительности труда и эффективности производства во всех связанных с обновлением фондов отраслях народного хозяйства.

Технический прогресс и резервы повышения фондоотдачи

В ретроспективе в экономике СССР отмечалось благоприятное соотношение показателей фондов и продукции. В 1978 г. по сравнению с 1913 г. валовой общественный продукт увеличился в 65 раз, национальный доход — в 71 раз, а производственные основные фонды всех отраслей народного хозяйства — в 37 раз. За 60 лет валовой общественный продукт увеличился в 57 раз, национальный доход — в 68 раз, а производственные основные фонды — в 34 раза. Вместе с тем с 1940 по 1978 г. и в конце 70-х годов динамика фондов существенно превысила движение про-

[7] См. «Проблемы экономики» № 2, 1930, стр. 11—13.
[8] К. Маркс и Ф. Энгельс, Соч., т. 23, стр. 199.
[9] К. Маркс и Ф. Энгельс, Соч., т. 26, ч. I, стр. 177.

дукции. К 1978 г. по сравнению с 1970 г. общественный продукт увеличился на 56%, национальный доход — на 53%, а производственные основные фонды — на 89%, то есть снизилась фондоотдача на 17,5%.

Резервы повышения фондоотдачи связаны как с процессами воспроизводства основных фондов, так и с характером нагрузки, интенсивным использованием и планомерным обновлением уже действующих фондов и мощностей. В процессе воспроизводства фондов возникает необходимость правильно организовать огромные инвестиционные программы, вызванные к жизни изменением географического размещения материального производства, созданием новых центров добывающей промышленности, включая топливно-энергетический комплекс и металлургическую промышленность. Большинство таких программ осуществляется на востоке и севере страны, что объясняется наличием там сырьевых и топливных ресурсов.

Однако этот огромный и, казалось бы, весьма капиталоемкий сектор воспроизводства фондов имеет значительные резервы повышения отдачи и достижения высоких показателей эффективности. Необходимо преодолевать представление о Сибири, как о регионе, отличающемся большим удорожанием фондов и мощностей, строительных работ, транспорта и других элементов экономического потенциала. По многим направлениям предприятия восточных районов имеют возможность достигнуть передовых показателей фондоотдачи и эффективности. Гидроэлектростанции, построенные на быстрых и многоводных реках, в узких скальных каньонах, характеризуются наиболее дешевой электроэнергией и наименьшими потерями от затоплений. На угольных разрезах используются преимущества открытых карьерных разработок, применяются механизмы, которые невозможно использовать для подземных горных работ. Предприятия цветной металлургии базируются на месторождениях с высоким содержанием полезных компонентов, что делает их более рентабельными, чем их западные аналоги.

Концентрация природных богатств позволяет сооружать на востоке страны крупнейшие предприятия с агрегатами уникальной мощности и применять самую современную технику. Так, на Канско-Ачинском угольном бассейне Красноярского края создается Березовский разрез мощностью 55 млн. т. Здесь будут работать электростанции огромной мощности — в 6,4 мгв т, с единичной мощностью турбин в 800 тыс. квт и с самой дешевой электроэнергией. Крупнейшие мощности вводятся также на лесопромышленных комплексах, горно-обогатительных комбинатах, на алюминиевых заводах и т. п.

О высокой эффективности капитальных вложений в Сибири свидетельствуют данные акад. А. Аганбегяна [10]. Так, в Западно-Сибирском нефтегазовом комплексе из недр добыто в десятой пятилетке 1,7 млрд. т углеводородного сырья (в пересчете на нефть). Учитывая только эффективность использования углеводородов в промышленности, совокупный эффект для народного хозяйства от освоения нефтегазовых ресурсов Западной Сибири будет намного выше произведенных затрат. Известно, что добыча угля Кузбасса отличается более низкими удельными капитальными вложениями и себестоимостью, чем коксующихся углей Донбасса и других бассейнов, и что их потребление экономически выгодно даже в центральных районах страны. На Тобольском нефтехимическом комплексе единичная мощность агрегатов будет в 2—3 раза выше, чем на самом крупном нефтехимическом Нижне-Камском комбинате, более высокая производительность труда и низкая себестоимость продукции. Производственный потенциал Норильского горно-металлургического комбината и высокое содержание полезных ископаемых в добы-

[10] А. Аганбегян, Экономические проблемы развития Сибири («Экономика и математические методы» № 5, 1979 г., стр. 844—845).

ваемых рудах дает возможность этому предприятию, несмотря на тяжелые природные условия Заполярья и отсутствие связи с базами материально-технического снабжения, в течение 8 зимних месяцев обеспечивать высокие технико-экономические показатели.

Освоение пионерных районов Сибири и Дальнего Востока обусловливает необходимость поиска новых решений в области технологии производства, транспорта, инфраструктуры и др. Попытки механически использовать обычные методы, принятые в западных районах страны, часто приводят к большим потерям.

Передовой опыт свидетельствует, что ряд новаторских предложений, практически осуществляемых в Сибири, требует дальнейшего распространения. Известно, что в ближайшие 10 лет основной прирост добычи нефти и газа и производимого из них химического сырья будет получен на месторождениях Сибири. В связи с этим предстоит в 2—3 раза увеличить объемы всех работ. В Тюменской области необходимо пробурить тысячи скважин, пройти 21 млн. м горных пород, то есть почти столько же, сколько во всех остальных нефтедобывающих районах. К каждой сибирской буровой надо прокладывать дороги, что чрезвычайно сложно в условиях болотной топи Западно-Сибирской низменности. Транспортные издержки в этом районе примерно в 4 раза выше, чем в европейской части страны. В ближайшие годы, когда начнут осваивать месторождения более разрозненные, чем сейчас, и с меньшими запасами, проблема транспорта и хороших дорог станет еще острее. Между тем дорожно-строительные организации Тюменской области могут прокладывать только 100—120 км дорог в год, что явно недостаточно, учитывая темпы освоения.

В этой связи перспективно использование платформ на воздушной подушке. Платформы грузоподъемностью до 60 т работали во все времена года при температурах от плюс 25 до минус 45 градусов, они «парили» над бездорожьем, преодолевали водные преграды, кустарниковые заросли, обрывистые берега с уступами до одного метра, а также канавы, валы, кочки и даже реки во время ледохода. Перевозка ими комплектного оборудования и материалов позволила на 4—6 месяцев сократить сроки строительства буровых. Однако изготовляет эти платформы только Тюменский судостроительный завод, да и то в ограниченном количестве. К сожалению, научные и проектные организации, разрабатывающие этот вид транспорта, действуют разобщенно и не имеют связи с промышленными предприятиями.

Другими направлениями рационализации и удешевления процесса создания новых фондов на Востоке страны является организация изготовления в Тюмени комплектно-блочных устройств, а в Красноярске — поточного производства промышленных зданий из сборных элементов и легких конструкций. Объединение «Сибкомплектмонтаж» создает блочно-комплектные устройства, предназначенные для поставки газоперекачивающих и нефтеперекачивающих станций на промыслы с целью промышленного обустройства нефтяных и газовых месторождений. Габариты этих устройств рассчитаны на размеры вагонов и судов, которые будут перевозить их к месту установки. По весу они соответствуют мощностям подъемных устройств, имеющихся в пунктах загрузки и выгрузки. К сожалению, тюменский опыт еще мало перенимается в других районах нового освоения Восточной Сибири и на Дальнем Востоке.

Однако есть и многие нерешенные проблемы, а также вопросы, которые решены неправильно. Так, в Западно-Сибирском нефтегазовом комплексе основным строительным материалом является железобетон, хотя именно в Тюменской области, отличающейся бездорожьем, болотистыми территориями и слабыми грунтовыми основаниями, возникают огромные трудности в применении и доставке тяжелых железобетонных конструкций. Традиционные же для Сибири лесоматериалы используются недостаточно.

Нагрузка и обновление действующих фондов

Нагрузка и полное использование производственных фондов — важнейшее условие повышения фондоотдачи. Наиболее интенсивной нагрузкой характеризуются сейчас отрасли транспорта и электроэнергетики, работающие непрерывно и максимально эксплуатирующие железнодорожные магистрали, нефтепроводы, газопроводы, линии электропередач и мощности электростанций. Далее по степени нагрузки идут производства с непрерывным процессом и многосменной работой в металлургической и химической промышленности, некоторых отраслях легкой промышленности и др. Хуже используются производственные мощности в отраслях инвестиционного комплекса, отличающихся односменной работой, да и эта смена часто загружена не полностью. Наиболее же низкой нагрузкой характеризуются отрасли агропромышленного комплекса, где в связи с сезонной неравномерностью невозможно использовать в зимнее время большую часть техники. К последней группе можно отнести и некоторые отрасли промышленности и транспорта, в частности торфоразработки, лесоразработки, речной транспорт и др.

Разнообразие видов и типов продукции, а также методик, принятых в разных отраслях для расчета производственной мощности, затрудняют применение однотипных показателей, способных дать интегральную оценку использования потенциала основных производственных фондов в единых измерителях.

В экономических исследованиях были предложены сквозные энергетические показатели, основанные на учете показаний счетчиков времени работы электромоторов, обслуживающих разнообразную технику. Наиболее содержательное обоснование такой методики содержалось в книге Я. Кваши «Резервные мощности» [10]. Им был предложен так называемый фондомощностной коэффициент, выражающий отношение производственных основных фондов (Φ) к мощности двигателей в квт (H), исчисленное затем для многих отраслей промышленности, с существенной дифференциацией коэффициентов. Например, если в химической промышленности число часов работы электромоторов выражалось показателем в 4230, то в силу особенностей технологии машиностроения возможное время использования машин, естественно, было бы меньше, чем в химической промышленности, и составляло 1260—1500%.

Подобные расчеты были проведены и на Московском заводе имени Владимира Ильича. Среднее время использования электродвигателей, выпущенных заводом и обслуживающих производственные фонды, составляет около 1450 часов, хотя есть возможность поднять это время до 4 тыс. часов, то есть в 2,7 раза. Такие глобальные расчеты требуют тщательной проверки по отраслям, однако масштаб возможных резервов увеличения мощности фондов они все же показывают.

В отдельных отраслях материального производства имеются свои специфические резервы повышения отдачи фондов. Так, в добывающих отраслях при суммарной добыче полезных ископаемых более 6,5 млрд. т величина потерь составляет около 2,5 млрд. т, в том числе вполне устранимых 500 млн. т на сумму 5—7 млрд. руб. Новые методы добычи, например, бактериальное выщелачивание, дают возможность с большей эффективностью вовлекать в разработку глубокие или отработанные месторождения, отвалы, резко сократить площади, занимаемые горнодобывающими предприятиями. При этом отпадает необходимость в создании

[10] См. Я. Кваша. Резервные мощности. Издательство «Наука», 1971 г., стр. 106.

шахт. Становятся излишними также такие трудоемкие операции, как транспортировка, дробление и плавка руды.

На Новокриворожском горно-обогатительном комбинате действует промышленная установка самоизмельчения железных руд в струе воды. Каждый час агрегат превращает в мелкую гальку и порошок около 100 т руды. При измельчении кусков руды в струе воды не требуется дорогостоящая сталь на шары и стержни, нет необходимости в громоздких и энергоемких установках для среднего и мелкого дробления. Процесс полностью автоматизирован.

Большие резервы увеличения производства продукции связаны с лучшим использованием орошаемых и осушенных земель. Основные производственные фонды мелиоративного назначения оцениваются примерно в 75 млрд. руб. Однако в плановых показателях отражаются преимущественно данные по вводу мощностей, но не результаты эксплуатации мелиоративных земель. Между тем они часто выходят из строя из-за того, что не ведутся работы по поддержанию дренирующей способности осушительных каналов или по борьбе с засорением, зарастанием кустарниками и пр. Поэтому основной резерв повышения экономической отдачи водных ресурсов — ежегодное планирование использования мелиоративных земель.

В промышленности важнейшим резервом увеличения фондоотдачи является своевременное и регулярное обновление производственного аппарата.

В проекте Основных направлений предложено «улучшить использование производственных мощностей и фондов... С учетом особенностей отдельных отраслей и производств применять прогрессивные системы организации ремонта машин и оборудования, обеспечивающие увеличение межремонтного периода их работы».

Накопление в отраслях устаревших и изношенных фондов препятствует улучшению экономических показателей, связывает большие трудовые ресурсы, требует огромных затрат на ремонт, проводимый на низкой технической базе. На протяжении многих лет ежегодно обновляется лишь 1—2% действующих основных фондов. На возмещение выбывающих орудий труда направляется не более 20% поставляемого промышленности нового оборудования. Между тем техническое перевооружение действующих предприятий и обновление применяемой технологии дает быстрые и эффективные результаты. В промышленности строительных материалов внедрение прогрессивного способа термообработки полированного стекла обеспечило повышение производительности труда в 4 раза, снижение себестоимости в 2 раза, рост фондоотдачи — на 46%. Штамповка взрывом повышает производительность труда в 6—7 раз и обеспечивает высокое качество изделий. Созданная в СССР установка «Патонцис»/700 для электронно-лучевой сварки изделий автомобильной промышленности в 3 раза увеличивает производительность труда и в 2 раза сокращает потребность в капиталовложениях [12].

Проблемы возмещения и обновления фондов

Длительное время планирование и финансирование капитальных вложений, а также использование амортизационных фондов в отраслях народного хозяйства и на предприятиях отличались регулярным отвлечением значительных амортизационных сумм, в том числе и части средств капитального ремонта, на нужды нового строительства и крупной реконструкции. Порой такая практика стала восприниматься как

[12] См Г. Данилин, Специфические особенности немеханических видов технологии («Вопросы экономики» № 8, 1979 г.).

некая закономерность, свойственная не только ранним этапам экономического развития, но и зрелой социалистической экономике. Исходя из таких представлений, ряд экономистов считают целесообразным исключать амортизационные суммы из издержек производства, полагая, что их использование для создания новых предприятий принесет там дополнительный эффект. Предлагалось также дисконтировать амортизацию, рассчитывая на будущие доходы от ее производительного использования.

В этом же направлении развивались материально-техническое снабжение, выпуск машиностроительной продукции и мощности строительных организаций, которые ориентировались в первую очередь на обеспечение новых крупных инвестиционных программ и объектов. В результате создавались неблагоприятные условия для регулярного обновления основных фондов на современной технической основе. Размеры выбытия, не превышающие 1,5—2% в год, примерно в 2 раза меньше необходимых, исходя из возраста и технического состояния основных фондов. Но даже такие явно недостаточные размеры выбытия фондов на практике оказываются невыполненными, поэтому основным способом поддержания производственного аппарата становится капитальный ремонт и, следовательно, консервация имеющихся фондов на прежнем техническом уровне.

Главной причиной, препятствующей своевременному обновлению и модернизации фондов, является нерегулярное и ненадежное материально-техническое снабжение этих работ. Отметим также недостаточную надежность в оценках старых и новых фондов, особенно в связи с тем, что первые учитываются в статистических материалах обычно по заниженной стоимости со скидкой на моральный износ, в то время как новое оборудование — по повышенным ценам, иногда непропорционально по сравнению с ростом мощности и технических характеристик вновь устанавливаемых машин. В ряде случаев приобретение таких машин становится для предприятий невыгодным и сдерживает спрос на новую технику.

В течение длительного периода реинвестиционный процесс осуществлялся преимущественно за счет повторных восстановительных ремонтов и в меньшей мере путем замены на новое оборудование. Нередко более производительное оборудование направлялось на новые предприятия, а оборудование для действующих заводов во многих случаях не отличалось от замещаемого по производительности и нормам обслуживания рабочими. Такой характер реинвестиционного процесса способствовал загромождению парков машин устаревшими экземплярами, что усиливало напряженность в балансе трудовых ресурсов, приводило к снижению сменности работы машин.

В экономической литературе уже высказывались пожелания постепенно проводить изъятие морально изношенных машин, переводя более производительные машины — технологические дублеры на 3-сменную работу с тем, чтобы обойтись без дополнительного набора рабочих. Разумеется, при этом следует изменять не только эксплуатационный режим действующих предприятий, но и непрерывно увеличивать выпуск более производительного оборудования, особенно автоматического.

Выдвигались также предложения полностью перейти за счет амортизационных отчислений на капитальный ремонт на закупку нового оборудования взамен устаревшего, однако для этого предварительно требуется надлежащая перестройка всего машиностроения, в связи с необходимостью обеспечивать возросшую потребность в техническом перевооружении действующих основных фондов.

Видимо, только по мере перестройки инвестиционного машиностроения должно проводиться последовательное сокращение капитального ремонта и выравнивание соотношений между затратами на восстановление первоначальных свойств изношенного оборудования и затратами на производство новых машин с прогрессивными техническими параметрами. Постепенное сокращение капитальных ремонтов необходимо, но оно осуществимо лишь при условии, что в балансах оборудования будет предусмотрено увеличение его доли в поставках на замену устаревших и изношенных средств труда.

Неоднозначным является решение задачи возмещения и модернизации в материальной сфере и непроизводственных отраслях. Без учета их специфики невозможны рациональные рекомендации по наиболее эффективным путям обновления фондов.

В отраслях аппаратурного типа, где используются мощные агрегаты (в черной и цветной металлургии, химической, нефтехимической и цементной промышленности, целлюлозно-бумажной отрасли и в других аналогичных производствах), хорошие результаты достигаются при совмещении двух или трех типов воспроизводства, например, реконструкции и капитального ремонта или модернизации и капитального ремонта, когда одновременно объединяются средства и мощности строительных и ремонтных организаций.

В последние годы с целью получения прироста стали на многих металлургических предприятиях осуществлена перестройка мартеновских печей на двухванные. Особенно богатый опыт таких работ был накоплен на Магнитогорском комбинате, где все 560-тонные мартеновские печи были переустроены в двухванные. Но вся эта реконструкция осуществлялась за счет фонда на капитальный ремонт. Она оказалась эффективной, хотя и уступает по своим возможностям совершенно новым сталеплавильным агрегатам. В других отраслях реконструкция предприятий также совмещается с капитальным ремонтом и модернизацией крупных агрегатов и аппаратов (например, в химической и нефтехимической промышленности, производстве строительных материалов). В цементной промышленности за последние 10 лет было модернизировано около 100 печей для обжига клинкера. Увеличен их диаметр, заменены холодильники, улучшены и введены в действие более совершенные теплообменные устройства. Производительность печей повысилась на 20—25%. В результате ремонта и модернизации печей и мельниц, а также интенсификации технологических процессов, производственные мощности возросли в целом на 8 млн. т, что равно мощности четырех крупных заводов. Удельные капитальные вложения на модернизацию, ремонт и перевооружение производства составили 29 руб./т цемента, а при новом строительстве они были бы равны 38—42 руб./т.

Для нефтехимической и нефтеперерабатывающей промышленности характерны предприятия с крупнотоннажными, укрупненными и комбинированными технологическими установками. Раздельная остановка их на ремонт или модернизацию неэкономична, ибо требует единовременной концентрации большого монтажного и ремонтного персонала и соответствующей техники. Кроме того, остановки крупных блоков связаны с потерей больших объемов продукции. В связи с этим здесь, как правило, модернизация и капитальный ремонт совмещаются во времени. Выборочный анализ результатов 415 капитальных ремонтов технологических устройств нефтеперерабатывающих заводов показал, что в 222 случаях (53%) ремонт совмещался с модернизацией.

Следует иметь в виду, что строительные работы, связанные с капитальным ремонтом, совпадают с модернизацией и техническим перевооружением в аппаратурных отраслях не только по времени, но и по характеру и условиям работ, организации материально-технического снабжения.

Иная реинвестиционная ситуация сложилась в строительстве и сельском хозяйстве. При всем различии в технологии и организации производства они имеют известную схожесть в парке сравнительно однотипных машин и механизмов, трудных условиях эксплуатации, необходимости учитывать сезонность и климатические условия, сравнительно быстром износе техники, которая часто не достигает нормативных сроков использования, наконец, в чрезмерном развитии собственной, далеко не всегда эффективной ремонтной службы.

Для ремонта сельскохозяйственной техники в стране действует более 300 ремонтных заводов и около 2000 специализированных мастерских. При этом уровень концентрации на заводах «Госкомсельхозтехники» в 15 раз, а в мастерских по ремонту тракторов в 200 раз ниже, чем уровень концентрации на моторостроительных и тракторных заводах Минсельхозмаша. В результате низкой загрузки оборудования съем продукции с 1 кв. м производственных площадей в специализированных предприятиях «Сельхозтехники» в 4 раза меньше, чем на тракторных заводах Минсельхозмаша, и в 2 раза меньше, чем на агрегатных заводах этого же министерства.

Фондоотдача в специализированных ремонтных мастерских «Сельхозтехники» на 30% ниже, а производительность труда в 1,5 раза меньше, чем на тракторных заводах. Коэффициент сменности оборудования на ремонтных предприятиях «Сельхозтехники» равен 1,1—1,2, а коэффициент внутрисменного использования оборудования — 0,4—0,5, в то время как на заводах Минсельхозмаша они составляют соответственно 1,6—1,8 и 0,88—0,9.

По расчетам ученых Отделения механизации и электрификации ВАСХНИЛ, экономически целесообразно вместо существующих 2000 специализированных ремонтных заводов и мастерских системы «Союзсельхозтехника» иметь в народном хозяйстве всего 150—200 предприятий, выполняющих ремонты на базе крупносерийного промышленного производства. В дальнейшем сеть крупных ремонтных предприятий может слиться с сетью заводов, изготовляющих новые машины. Тогда ремонтировать и реставрировать потребуется только базисные детали и, возможно, лишь некоторые дорогостоящие элементы конструкций. В целом же будет осуществлен переход на так называемый «фирменный» ремонт сельхозмашиностроения.

* * *

В проекте «Основных направлений» предусматривается осуществить меры, направленные на повышение фондоотдачи в народном хозяйстве, в отраслях, объединениях, на предприятиях. Большие резервы повышения отдачи фондов должны быть мобилизованы за счет рационального использования производственных мощностей, широкого внедрения высокопроизводительной техники, совершенствования структуры и своевременного обновления оборудования. Особое внимание должно быть обращено на необходимость сокращения сроков освоения проектных мощностей вновь введенных предприятий и объектов, увеличения коэффициентов сменности работы, быстрой замены устаревшей техники, снижения удельных капитальных вложений.

В. Кунц
ГДР

ХОЗЯЙСТВЕННОЕ СОТРУДНИЧЕСТВО ГДР И СССР

Социалистическая экономическая интеграция как важный фактор интенсификации производства, достижения наивысшей производительности труда, реализации социально-экономической политики стран СЭВ с каждым годом набирает силу.

В социалистическом содружестве достигнут значительный прогресс в координации плановой деятельности, специализации и кооперации в науке и производстве, внешней торговле, в инвестиционной деятельности. Происходят структурные изменения во взаимном экспорте и импорте стран СЭВ, отражающие углубление и развитие международного разделения и кооперации труда.

ГДР как часть содружества социалистических государств активно и разносторонне участвует в процессе социалистической интернационализации. В Программе СЕПГ отмечается, что особое значение имеет дальнейшее углубление социалистической экономической интеграции стран — членов Совета Экономической Взаимопомощи. В этом — решающее условие стабильного экономического и социального развития Германской Демократической Республики.

Интегрирующим центром в связях с ГДР и другими странами СЭВ является СССР. «Чем дальше Советский Союз продвигается вперед по пути к коммунизму,— подчеркивалось на IX съезде СЕПГ,— тем ярче проявляется всеобщая значимость этого богатого опыта» [1]. В процессе развития социалистической экономической интеграции роль Советского Союза непрерывно усиливается. Всестороннее сотрудничество СССР с ГДР и в перспективе остается основным направлением социалистической экономической интеграции для ГДР. От социального, научно-технического и экономического развития Советского Союза в значительной мере зависят важнейшие мероприятия, а также эффективность дальнейшего углубления социалистической экономической интеграции, основные элементы структуры взаимного обмена.

Все успехи ГДР за прошедшие более чем 30 лет теснейшим образом связаны со всесторонним сотрудничеством с Советским Союзом и другими братскими социалистическими странами. Базу этого сотрудничества составляет стабильный рост производства

Рост производства отдельных видов продукции в ГДР

	1960 г.	1978 г.	1978 г. в % к 1960 г.
Бурый уголь (в млн. т)	226	253	112
Металлорежущие станки (в млн. марок)	396	1706	431
Грузовые вагоны (шт.)	2380	5527	232
Грузовые автомобили (шт.)	12 864	36 735	283
Автоматические телефонные станции (тыс. номеров)	151	327	217

Источник: «Statistisches Jahrbuch der DDR, 1979», S. 118, 119.

[1] «IX съезд Социалистической единой партии Германии». Политиздат, 1977 г., стр. 10.

в СССР и ГДР. За последние 18 лет производительность труда в промышленности обеих стран возрастала на 5—6% в год, большая часть инвестиций вкладывалась в развитие промышленности, продукция которой за эти годы значительно выросла.

Производительность труда в промышленности ГДР в 1977 г. возросла по сравнению с 1960 г. в 2,5 раза, в том числе в энергетике — в 2,4, в машиностроении — в 2,6, в химической промышленности — в 3,0, в текстильной — в 2,8 раза. В том же году в промышленность был направлен 51% капиталовложений, в сельское хозяйство — 11%.

На основе роста производства объем внешнеторгового оборота между нашими странами в 1978 г. увеличился в 24 раза по сравнению с 1950 г. ГДР уже в течение многих лет является одним из крупнейших торговых партнеров СССР. В результате углубляющегося разделения и кооперации труда взаимный товарооборот между СССР и ГДР только за прошлое пятилетие намечалось увеличить примерно на 40%. В 1979 г. он составил около 8 млрд. руб.

Всевозрастающее значение для ГДР приобретает импорт из СССР промышленного оборудования и новейшей технологии широкой номенклатуры. Более 30% общего импорта ГДР из СССР составляет продукция машиностроения (в 1960 г.— 5%). В результате международной специализации и кооперации производства эта доля возрастет еще больше. ГДР закупает в СССР металлорежущие станки, энергетическое и горнодобывающее оборудование, дизельные локомотивы, тракторы, оборудование для строительства дорог, грузовые и легковые автомобили[2], оборудование для самолетостроения, важные виды сырья и материалов (например, уголь, газ, нефть, руды, цветные металлы, древесину, хлопок, целлюлозу) и т. д.

Поставки из СССР в ГДР

	1976—1980 гг. (по плану)	Доля СССР в общем импорте ГДР (в %)
Нефть (в млн. т)	88,2	свыше 90
Природный газ (в млрд. куб. м)	21,6	100
Прокат (в млн. т)	15,9	42
Каменный уголь (в млн. т)	21	около 70
Хлопок (в тыс. т)	425	свыше 90

Источники: «Statistisches Jahrbuch der DDR, 1976»; «Внешняя торговля СССР: итоги 9-й пятилетки и перспективы». Издательство «Международные отношения», 1977 г., стр. 128.

Поставки промышленной продукции из ГДР (особенно машиностроения, электротехнической и электронной) в СССР за 1975—1977 гг. составили примерно 1/6 часть общего объема его импорта[3]. ГДР экспортирует в СССР 80% производимых ею железнодорожных вагонов, 70% оборудования для автоматических АТС, 60% передвижных холодильных установок, 50% судов. Подобные примеры можно привести и по цементной промышленности, металлургии и т. д. Эти факты убедительно подтверждают высокую степень взаимопереплетения и взаимозависимости народных хозяйств обеих стран.

Перерастая традиционные внешнеторговые отношения, все шире развиваются другие формы сотрудничества ГДР и СССР. Это в первую очередь специализация и кооперация, реализация крупных экономических проектов (например, участие СССР в строительстве тепловой электростанции в Боксберге, атомной электростанции около Грайфсвальда, участие ГДР в строительстве целлюлозно-бумажного комбината в

[2] Около 80% построенных в ГДР электростанций оснащены оборудованием, изготовленным в Советском Союзе. Кроме того, ГДР ввозит из СССР 83% общего импорта тракторов, 81% легковых машин и 18% грузовиков.

[3] Имеется в виду ввоз в СССР указанной продукции, включая импорт из других социалистических, а также из капиталистических стран.

Усть-Илимске и др.). Важными формами сотрудничества являются взаимодействие в рамках международных экономических организаций, совместные исследования и создание новых видов продукции, обмен опытом, а также рационализация и реконструкция аналогичных и сходных технологических процессов. Достигнутый уровень взаимодействия народных хозяйств СССР и ГДР на основе Комплексной программы приносит обеим странам большую экономическую выгоду.

Эффективность производства в ведущих отраслях промышленности ГДР, комбинатов и предприятий в значительной мере зависит не только от роста их научно-технического уровня и собственной материально-технической базы, но и от масштабов и серийности производства, что возможно лишь в условиях обеспеченного сбыта, например, в СССР. Это относится к станкостроению, судостроению, вагоностроению, частично к производству предметов потребления и т. д.

Решающее значение при осуществлении курса на интенсификацию имеет использование качественных факторов роста экономики, таких, как ускорение научно-технического прогресса, эффективное использование и модернизация имеющихся производственных мощностей, экономное и целенаправленное применение сырья и топлива, внедрение новых высокопроизводительных средств труда и технологических процессов.

Существует тесная взаимосвязь между интенсификацией воспроизводственного процесса народного хозяйства ГДР, повышением его эффективности и социалистической экономической интеграцией страны с другими странами СЭВ.

Исходя из тесной связи между интенсификацией производства и социалистической экономической интеграцией, IX съезд СЕПГ выдвинул три комплекса вопросов — обеспечение стабильного и долгосрочного снабжения народного хозяйства сырьем и топливом; всестороннее использование научно-технического прогресса для рационализации производства и повышения его эффективности на основе существенного углубления международной кооперации в области научных исследований и производства; планомерная концентрация производства на базе эффективной международной специализации и кооперации с другими странами СЭВ.

В ГДР проблемы обеспеченности топливно-сырьевыми ресурсами, а также более рационального использования имеющегося сырья и топлива всегда стояли остро. Для ГДР, располагающей только отдельными видами промышленного сырья, стабильность сырьевых и топливных поставок является решающей предпосылкой последовательного роста промышленного производства и достижения намеченных целей дальнейшего экономического развития.

Преимущества социалистической системы, интернационализм отношений братских государств наглядно проявляются, например, в том, что такая развитая промышленная держава, как СССР, в больших объемах экспортирует сырье и топливо в ГДР и другие братские страны, тогда как США и другие капиталистические промышленно развитые страны независимо от имеющихся у них ресурсов были и остаются нетто-импортерами сырья и топлива.

В теоретических исследованиях и в практических предложениях, касающихся обеспечения стран СЭВ сырьем, необходимо учитывать, что природные ресурсы не могут быть произвольно увеличены или воспроизведены. Страны СЭВ располагают немалыми запасами полезных ископаемых, которые могут быть освоены скоординированными усилиями. Эти ресурсы распределены по странам неравномерно, что объективно влияет на структуру производства каждой из них и соответственно внешней торговли.

Покрытие растущих потребностей в сырье и энергии требует эффективного использования собственной сырьевой и топливной базы, а в ряде случаев и совместного освоения природных запасов СССР. В истекшей пятилетке на многосторонней основе в рамках интеграционных мероприятий стран СЭВ велось 28 крупных строек в основном на территории СССР и при его решающем участии. Осуществление новых крупных проектов начнется в ближайшие годы.

Все большее значение в ГДР придается рациональному использованию имеющихся ресурсов, экономному их расходованию. Интенсивное воспроизводство предполагает более быстрый рост эффективности производства по сравнению с использованием ресурсов. Нужно находить такие решения, которые позволяли бы повышать национальный доход с наименьшими затратами, то есть из одной и той же массы материальных ресурсов производить больше конечной продукции.

ГДР предпринимает значительные усилия по всестороннему освоению имеющихся запасов сырья и топлива. Более 62% общего объема инвестиций вкладывается в сырьевые отрасли, включая химическую промышленность. Крупные средства направляются и в добычу бурого угля — важнейшего для ГДР энергоносителя. В рамках СЭВ ГДР вносит большой вклад в расширение материально-технической базы топливно-сырьевых отраслей. На долю ГДР в общем объеме взаимных поставок оборудования для горнодобывающей промышленности в рамках СЭВ приходится примерно 33%, металлургического оборудования — 32, химического — 29% [4]. Преобладающая часть этого оборудования направляется в СССР.

Одной из важнейших задач, решаемых сейчас в ГДР, является более полное использование вторичного сырья, лучшая защита окружающей среды. В настоящее время в ГДР используется 36% водных ресурсов, а в 1990 г. — 45—50%. Это потребует значительных расходов по очистке воды. Большие затраты предстоят и по очистке воздуха. Для снижения потерь сырья, уменьшения транспортных расходов и объема перевозок необходимо рационализировать размещение предприятий по его первичной обработке. В связи с этим заслуживает внимания в долгосрочном плане вопрос об увеличении импорта концентрата и продукции металлургической промышленности вторичной обработки из СССР в ГДР по сравнению с поставками сырой железной руды; переход от поставок части сырой нефти к поставкам продуктов нефтеперерабатывающей и нефтехимической промышленности.

Для лучшего и скоординированного обеспечения стран СЭВ сырьем, топливом и энергией имеются еще не до конца использованные резервы. Это совместная разведка сырьевых запасов, научно-техническое сотрудничество при разведке, освоении и переработке сырья, сокращение его затрат за счет внедрения материалоэкономной технологии, совместное финансирование мощностей по добыче сырья и его первичной обработке, взаимное расширение эффективной инфраструктуры (железных дорог, трубопроводов, контейнерного транспорта, портов, линий электропередач и т. д.), рациональное размещение производства с целью снижения материало- и энергоемкости продукции, а также транспортных расходов. Весьма важно обеспечить экономию материалов путем более полного использования отходов, субститутов, совершенствования структуры народного хозяйства, внедрения безотходных технологий производства. Общими задачами стран СЭВ являются более полное использование внутренних сырьевых запасов, увеличение добычи энергоносителей и сырья, их рациональное применение, координация действий на сырьевых рынках третьих стран, совместные капиталовложения в развивающиеся страны с целью обеспечения части потребностей стран СЭВ в сырье.

При современных мировых тенденциях развития производительных сил, достигнутом уровне мировой науки насущной потребностью становится концентрация имеющихся и создание новых научно-исследовательских мощностей на основе международного разделения труда, специализации и кооперации. Международный научно-технический обмен, объединение усилий ученых и практиков стран СЭВ в решении важных научно-технических проблем ускоряют НТП в странах-участницах, позволяют быстрее продвигаться в решении намеченных задач. Л. И. Брежнев в речи перед президентами академий наук социалистических стран указывал, что благодаря сотрудничеству социалистических стран их силы не просто складываются, а умножаются. «В полной мере,— говорил он,— это относится и к научным связям. Здесь особенно важно самое широкое, самое тесное сотрудничество, позволяющее рационально использовать огромные возможности науки, достижения научно-технической революции в интересах социалистического и коммунистического строительства».

Расширяющиеся возможности научно-технического сотрудничества становятся все более весомыми в исследовании космоса и ядерной энергетики, в химической промышленности, сельском хозяйстве и других областях. Имеется много примеров высоких результатов, достигнутых исследовательскими коллективами ГДР и СССР. К ним

[4] См. «Экономическое сотрудничество стран — членов СЭВ» № 1, 1979 г., стр. 19.

относятся: разработка и внедрение объединенными усилиями технологии производства плазменной стали, в том числе создание 15- и 30-тонных печей, совместные исследования в области полимеров («Полимир-50» и «Полимир-60»); реконструкция общими силами заводов железобетонных конструкций в Магдебурге и Пензе, соглашения по микроэлектронике, всестороннее сотрудничество в исследовании космоса [5].

Важное значение в сотрудничестве имел совместный международный полет летчиков-космонавтов В. Быковского (СССР) и З. Йена (ГДР).

Укрепляются связи между научно-техническим сотрудничеством и международной специализацией и кооперацией производства, включая согласование капиталовложений, координированное строительство и расширение производственных мощностей. При этом очевидной становится целесообразность планомерного включения в международное сотрудничество всего воспроизводственного процесса в тех областях НТП, где впервые предпринимаются научные исследования и разработки. Комплексный подход к международной специализации и кооперации в НИОКР и в производстве эффективен и с точки зрения стандартизации. Существенный прогресс в этой области может быть достигнут в первую очередь при производстве новых изделий.

Научно-техническое сотрудничество между ГДР и СССР необходимо рассматривать в тесной связи со структурной политикой обоих государств и других стран СЭВ. Результаты научно-технического сотрудничества измеряются по их вкладу в эффект концентрации, в применение научно-технических новшеств при создании и закреплении эффективной и стабильной структуры производства и экспорта.

В отчете Политбюро на X пленуме ЦК СЕПГ говорится: «Потребности и масштабы научно-технической работы комбинатов, их исследовательских подразделений будут впредь в значительной мере определяться по тому, насколько им удается при снижающихся затратах рабочего времени и материалов повышать экспорт, от прибыли за счет производства высококачественных продуктов. За счет концентрированного использования предусмотренных планом сил и средств необходимо быстрее достигать крупных научно-технических результатов и эффективно, с точки зрения народного хозяйства, их внедрять» [6].

На практике мы располагаем небольшим опытом в подсчетах экономически полезного эффекта от мероприятий в области международного научно-технического сотрудничества. Необходимо выяснить не только общеэкономический эффект, но и постоянную связь реализации целей (покрытие потребностей, более высокое качество, новые свойства товаров как потребительных стоимостей) с наименьшими затратами общественно необходимого труда.

Для углубляющейся интенсификации процесса общественного воспроизводства и концентрации производства в ГДР решающее значение имеет ее участие в международной специализации и кооперации с другими странами СЭВ, прежде всего с СССР. В перспективе специализация и кооперация производства на базе долгосрочных двух- и многосторонних соглашений будут иметь все большее значение для производства широкой номенклатуры продукции в рамках целых отраслей народного хозяйства. При решении этой задачи необходимо стабильное и более полное удовлетворение взаимных потребностей в современных высокоэффективных машинах и оборудовании, целенаправленное использование имеющихся резервов концентрации, специализации и кооперации, повышение удельного веса серийного производства.

Уже сейчас благодаря международной специализации и кооперации не только научно-технический, но и производственный потенциал ГДР в высокой степени связан с потенциалами Советского Союза и других братских стран СЭВ. Это относится к промышленным комплексам, например, к энергетике, химической промышленности и производству химического оборудования, важнейшим отраслям машиностроения, в первую очередь к станкостроению, электротехнике и электронике, особенно к микроэлектронике.

---

[5] В рамках программы «Интеркосмос» ГДР разработала ряд важных для космических исследований приборов, в том числе многозональную камеру МКФ-6.

[6] 10. Tagung des ZK der SED. Aus dem Bericht des Politbüros an das ZK der SED, Berichterstatter Genosse Werner Jarowinsky. «Dietz Verlag». Berlin, 1979, S. 14.

Производственные планы многих комбинатов и предприятий братских стран в значительной степени непосредственно взаимоувязаны. На основе координации планов развивается регулируемое соответствующими соглашениями сотрудничество в совместном решении важных задач в области исследований и производства. Половина общего объема экспорта продукции машиностроения из ГДР в Советский Союз реализуется в настоящее время на основе международной специализации производства. Прочной основой для дальнейшего взаимодополнения экономики наших стран служат более 100 соглашений, заключенных на уровне министерств между ГДР и СССР. Доля специализированной продукции в общем объеме экспорта из ГДР в СССР возросла с 1% в 1970 г. до 35% в 1980 г. В таких важных отраслях, как машиностроение, судостроение, вагоностроение, частично станкостроение, эта доля уже сейчас значительно выше.

В области международной специализации и кооперации предстоит решить ряд проблем. Очевидно, при дальнейшем углублении экономической интеграции усилия наших стран еще больше должны быть сконцентрированы в экономически наиболее динамичных отраслях, которые являются носителями научно-технического и экономического прогресса. Перед всеми странами СЭВ стоит задача улучшить структуру хозяйства, стимулировать экономическое развитие и прежде всего повышение эффективности народного хозяйства.

В каждой стране должен быть достигнут прогресс в концентрации производства. Это относится как к народному хозяйству в целом, так и к отдельным отраслям. Перспективное формирование структуры производства ГДР и других стран СЭВ зависит от долгосрочной стратегии интеграции и соответствующей структуры экспорта и импорта важнейшего экономического партнера — СССР.

Опыт свидетельствует, что для ГДР первостепенное значение имеет участие в специализации и кооперации в рамках СЭВ, прежде всего в обрабатывающей промышленности, в производстве машин и комплектного оборудования. Именно в этой области особенно возросло число соглашений по специализации и кооперации. Товарооборот между ГДР и СССР с 1975 по 1978 г. ежегодно увеличивался на 9,5% [7], а ввоз машин и оборудования из СССР в ГДР — на 11,3% в год [8]. В этом, конечно, сказываются разумная специализация и кооперация в производстве.

Важной проблемой является оптимальное соотношение международной специализации и кооперации в производстве конечной продукции (прежде всего машин и комплектного оборудования), узлов и деталей. Без сомнения, в расширении производственной специализации и кооперации на основе взаимной выгоды особое значение имеет производство конечной продукции, включая комплектное оборудование. Задача состоит в том, чтобы совместными усилиями лучше удовлетворять наши потребности, сокращать неоправданный импорт из капиталистических стран, повышать конкурентоспособность и соответственно объем собственного экспорта.

Страны СЭВ все чаще сталкиваются с возрастанием спроса, причем не только со стороны несоциалистических стран, но и в рамках СЭВ, на поставки высокопроизводительных комплектов оборудования. Именно на технико-технологическом и промышленном освоении производства такого оборудования должны, по нашему мнению, концентрировать свои усилия страны СЭВ.

Специализация производства по узлам и деталям, на наш взгляд, является лишь одним из направлений международной специализации, и нет оснований рассматривать его как самое эффективное. Здесь необходимо более четко определять, идет ли речь о международной специализации в производстве узлов и деталей по отраслевому принципу или в зависимости от конечного изделия. Это важно потому, что почти во всех странах СЭВ имеется целый ряд специализированных предприятий металлообрабатывающей промышленности, которые производят исключительно узлы и детали и объединены в соответствующие комбинаты или промышленные объединения. В ГДР, например, это относится к гидравлическим узлам, прокатному оборудованию, электромоторам, осветительным приборам, насосам и т. д. В производстве

[7] «Statistisches Jahrbuch der DDR 1979», S. 232—233.

[8] См. «Внешняя торговля СССР». Издательство «Статистика», 1975 г., стр. 141; «Внешняя торговля СССР». Издательство «Статистика», 1978 г., стр. 125.

этих видов продукции открываются возможности для тесной взаимосвязи между национальной и международной специализацией по узлам и деталям в определенных отраслях.

Иначе обстоит дело в производстве деталей и узлов, имеющих различное конечное назначение. Международное взаимодействие в этой области должно быть подчинено специализации в производстве соответствующего конечного продукта, как это имеет место, например, в кооперации по производству автомобиля «Жигули» или сельскохозяйственных машин. Международная специализация в производстве узлов и деталей этого вида в таких случаях может быть целесообразной и эффективной для участвующих сторон, хотя в этом случае крупная структурная перестройка в машиностроении или в народном хозяйстве стран едва ли экономически обоснована и возможна. По нашему мнению, решение может состоять прежде всего в развитии экономически эффективной для участвующих сторон международной специализации и кооперации в производстве комплексов изделий, то есть высококачественной конечной продукции, а также в дополнении ее специализацией в производстве деталей и узлов, в первую очередь для машиностроения и других отраслей.

Общий прогресс в сотрудничестве братских стран в решающей степени зависит от качества управления и планирования, от степени сотрудничества в области плановой деятельности. Путем такого сотрудничества социалистические государства как суверенные собственники всех естественных богатств и ресурсов своей страны реализуют свою хозяйственно-организаторскую функцию в сфере внешнеэкономических отношений и интеграционных процессов. Координация планов и достижение сбалансированности соответствующих пропорций, структур и мероприятий все в большей степени становятся для стран СЭВ основным условием социалистического расширенного воспроизводства, его стабильности и эффективности в масштабах социалистического содружества и каждой отдельной страны.

Большое значение для дальнейшего планомерного углубления социалистической экономической интеграции, в первую очередь для укрепления материально-технической базы социализма, имеет осуществление совместно подготовленных долгосрочных целевых программ (ДЦПС) в жизненно важных областях народного хозяйства, принятых на XXXII и XXXIII сессиях СЭВ. Эти программы определяют наиболее целесообразные и научно обоснованные методы и инструменты дальнейшего углубления социалистической экономической интеграции, интернационализации экономической жизни в соответствии с решениями коммунистических и рабочих партий.

Необходимо учитывать тесную взаимосвязь между ДЦПС и координацией планов стран СЭВ. Это означает, во-первых, что сформулированные в программах общие цели, задачи и ориентировочные показатели должны найти конкретное отражение в народнохозяйственных планах стран СЭВ (как в пятилетнем, так и в текущем плане); во-вторых, реализация содержащихся в программах научно-технических целей и мероприятий для определенного отрезка времени должна быть отражена в согласованном плане многосторонних интеграционных мероприятий в рамках СЭВ; и, наконец, в-третьих, соответствующие межгосударственные соглашения и другие договорно-регулирующие документы должны обязательно включать вытекающие из программ взаимные обязательства партнеров.

Особое значение для развития народного хозяйства ГДР имеет долгосрочная программа специализации и кооперации между ГДР и Советским Союзом на 1980—1990 гг., принятая во время визита советской партийно-правительственной делегации во главе с Л. И. Брежневым в октябре 1979 г. по случаю празднования 30-летия ГДР. В процессе ее реализации будет заключен ряд международных соглашений и договоров. В большем, чем теперь, объеме необходимо проведение работы по стандартизации, унификации и передаче лицензий. На основе этой программы совместными усилиями намечено достичь более высокого уровня качества продукции, сократить в отдельных отраслях неоправданный импорт из капиталистических стран, в первую очередь стратегически важных товаров.

Целевые программы сотрудничества стран СЭВ, программа специализации и кооперации между СССР и ГДР, аналогичные двусторонние программы, заключенные Советским Союзом с другими странами СЭВ, являются важными формами сотрудничества братских стран в согласовании их национальных интересов.

Дальнейшее совершенствование координации планов и возрастающий удельный вес совместной плановой деятельности в рамках СЭВ наряду с постоянным совершенствованием централизованного планирования в братских странах выдвигает более высокие требования к управлению и планированию мероприятий социалистической экономической интеграции на уровне предприятий, комбинатов и отраслей народного хозяйства. Для более полного и эффективного использования возможностей социалистической экономической интеграции необходимо установление целесообразных и рациональных связей между центральными государственными органами и хозяйственными организациями в подготовке и проведении интеграционных мероприятий, в разработке концепции плана и в других плановых работах, а также в реализации плана и контроля за его выполнением.

В ГДР крупными хозяйственными единицами, наделенными большой самостоятельностью и ответственностью, являются комбинаты. В начале 1980 г. в промышленности и строительстве действовало 129 комбинатов. В их деятельности отражаются возросшие масштабы производства и сбыта продукции, тесное взаимодействие НИОКР с производством. Комбинаты осуществляют важнейшие поставки, целенаправленную рационализацию, хорошо организованный сбыт продукции внутри страны и за рубежом. Можно привести много примеров успешного непосредственного участия комбинатов и крупных предприятий в международном плановом сотрудничестве с соответствующими партнерами в Советском Союзе. Особенно важным при этом является то, что они участвуют в подготовке плановых решений на этапе разработки концепций. Опыт крупных промышленных комбинатов ГДР — «Карл Цейс» (Йена), «Герберт Варнке» (Эрфурт) и др.— показывает, что долгосрочное международное сотрудничество в области плановой деятельности, которое отражается в народнохозяйственном планировании ГДР, представляет собой важную предпосылку направления планирования в соответствующих отраслях народного хозяйства на реализацию целей и задач социалистической экономической интеграции.

Дальнейшее совершенствование планомерной организации развития интернационализации производства, углубление сотрудничества в области плановой деятельности между ГДР и СССР с целью освоения резервов роста производительности труда и экономического развития обеих стран и на этой основе более полного удовлетворения потребностей трудящихся в конечном итоге ведут к дальнейшему сближению обоих государств. Трудящиеся братских стран становятся ближе друг к другу, в сознании людей все больше роднятся социалистический патриотизм и интернационализм, совместные интересы в усилении социалистического содружества становятся основой их деятельности. Это является важным условием дальнейшего укрепления социализма в мировом классовом противоборстве, в экономическом соревновании с капитализмом, в соревновании в науке, технике и производстве.

М. Тригубенко, К. Лигай

ВЬЕТНАМ В МЕЖДУНАРОДНОМ СОЦИАЛИСТИЧЕСКОМ РАЗДЕЛЕНИИ ТРУДА

Социалистическая Республика Вьетнам в сентябре 1980 г. отметила 35-ю годовщину со дня образования. Подведены итоги пройденного пути — периода героической борьбы вьетнамского народа против империалистических агрессоров и успешного продвижения по пути к социализму. На Севере страны были осуществлены коренные социально-экономические преобразования, положившие начало формированию новых отношений на социалистической основе. После освобождения Южного Вьетнама и объединения летом 1976 г. Севера и Юга в единое государство — Социалистическую Республику Вьетнам возникли условия для построения социалистического общества в масштабе всей страны.

Экономическая стратегия Коммунистической партии Вьетнама изложена в решениях IV съезда КПВ, состоявшегося в декабре 1976 г., подтверждена решениями пленумов ЦК КПВ, особенно VI Пленума (сентябрь 1979 г.). В партийных материалах подчеркивается, что наряду с социалистической индустриализацией как центральным звеном переходного периода необходимы концентрация усилий на решении проблем его начального этапа, в том числе ликвидация последствий длительной войны: безработицы, разрухи, голода, разорения, развитие всех укладов многоукладной экономики южных районов страны при сохранении ведущей роли социалистического сектора, создание системы управления народным хозяйством. На первом этапе будут создаваться предпосылки для решения одной из коренных задач социалистической революции — повышения жизненного и культурного уровня населения. Преодоление экономической отсталости страны включает формирование уже в этот период элементов материально-технической базы социализма, хотя еще и не стоит задача развернутой индустриализации. Сначала получают развитие традиционные отрасли экономики для создания необходимых накоплений, оживления экономики, повышения жизненного уровня населения, для строительства некоторых базовых отраслей индустрии, в том числе топливно-энергетических, сырьевых, а также производственной инфраструктуры, связанной с развитием транспорта, морского хозяйства. Одной из главных задач является усиление экспортной ориентации вьетнамской экономики, то есть создание крупных экспортных производств в основных отраслях.

Первым шагом в реализации экономической политики партии явился пятилетний план развития народного хозяйства СРВ на 1976—1980 гг., основные направления и задачи которого утвердил IV съезд КПВ. План предусматривал окончательную ликвидацию тяжелых последствий 30-летней войны и господства неоколониализма, начало коренной реорганизации вьетнамской экономики.

Выполнение пятилетнего плана проходило в сложных условиях. Начиная с 1976 г. на экономику СРВ оказывало негативное влияние резкое ухудшение вьетнамо-китайских отношений, приведшее в 1977—1978 гг. к военным действиям на юго-западных границах с Кампучией, где господствовал кровавый режим китайских ставленников — Пол Пота — Иенг Сари, а позднее и к развязыванию вооруженной агрессии Китая против Вьетнама в феврале — марте 1979 г. В условиях непрекращающихся вооруженных провокаций китайских властей против СРВ вьетнамские коммунисты вынуждены были внести определенные коррективы в планы развития — сочетать экономическое строительство с неуклонным укреплением обороноспособности страны.

СРВ столкнулась и с другими трудностями, которые первоначально нельзя было учесть. Небывалые наводнения и тайфуны нанесли в 1977—1978 и в 1980 гг. огромный ущерб народному хозяйству. Последствия стихийных бедствий особенно отразились на развитии сельскохозяйственного производства. В промышленности уже в начале пятилетки стала остро ощущаться нехватка электроэнергии, топлива, сырья, запасных частей, особенно на Юге, экономика которого в годы неоколониализма целиком зависела от импорта товаров из капиталистических стран. На развитие производства оказало влияние также отсутствие эффективного хозяйственного механизма, поскольку система управления была ориентирована в прежние годы на ведение хозяйства преимущественно в условиях войны и теперь нуждалась в коренном изменении. Несмотря на указанные трудности, в течение четырех лет пятилетки (1976—1979 гг.) экономика СРВ достигла определенных успехов. Промышленное производство в 1979 г. по сравнению с 1975 г. возросло на 24,7%, объем капитальных вложений — на 62,1%. В основной отрасли экономики — сельском хозяйстве — рост производства составил 12% при увеличении численности населения на 10,7%. Национальный доход возрос на 19,1%, но, учитывая высокий естественный прирост населения (2,6% в год), его величина в расчете на душу населения почти не изменилась. По основным показателям, характеризующим уровень экономической зрелости страны, таким, как национальный доход, промышленная и сельскохозяйственная продукция на душу населения, Вьетнам пока еще существенно отстает от других стран содружества [1].

Особенности современного этапа развития экономики СРВ обусловливают усиление ее участия в международном социалистическом разделении труда, в хозяйственном взаимодействии с другими странами социалистического содружества в различных формах. Генеральный секретарь ЦК КПВ Ле Зуан отмечал: «Для того чтобы создать крупное социалистическое производство за относительно короткий период времени, мы должны стараться расширять *внешнеэкономические отношения*, особенно с Советским Союзом и другими странами — членами СЭВ, считая это составной частью нашего стратегического экономического курса, чрезвычайно важной при создании новой народнохозяйственной структуры, эффективным средством быстрого строительства промышленности и мощного развития сельского хозяйства» [2]. В новой Конституции Вьетнама, принятой Национальным собранием СРВ в декабре 1980 г., подчеркнута необходимость укреплять отношения сотрудничества и взаимопомощи с братскими странами социалистического содружества в духе социалистического интернационализма.

Советский Союз, другие страны социализма, формируя свои отношения с Вьетнамом, прежде всего ставят интернациональную задачу оказания всесторонней помощи Вьетнаму в реализации экономического курса, выдвинутого IV съездом вьетнамских коммунистов: «Бороться за то, чтобы в течение примерно 20 лет был в основном завершен переход экономики нашей страны от мелкого производства к крупному социалистическому производству». Внешнеэкономическая стратегия стран СЭВ по отношению к Вьетнаму состоит в оказании ему экономической помощи по так называемым приоритетным направлениям. К ним можно отнести прежде всего: помощь в создании базовых отраслей вьетнамской индустрии, которые в первую очередь создают материально-производственные условия для ускоренного роста традиционных и более развитых в настоящее время — сельского, рыбного и лесного хозяйства, легкой и кустарной промышленности. Они могут дать необходимые накопления и повысить жизненный уровень населения. Другими направлениями являются помощь в формировании и развитии производственной инфраструктуры (электростанций, транспорта, материально-технического обеспечения, портов, складов и т. д.) и собственной строительной базы, в создании отечественной научно-технической базы для обеспечения быстрого развития производительных сил. Среди приоритетных направлений можно также назвать содействие в развитии экспортного сектора производства, в достижении полной занятости населения и повышении его квалификационного уровня, в формировании системы управления народным хозяйством, в создании собственного высококвалифицированного управленческого аппарата.

---

[1] В 1978 г. производство промышленной продукции на душу населения во Вьетнаме составляло к усредненному производству стран СЭВ по электроэнергии 2,4%, цементу — 3,2, стали — 0,3%.

[2] Ле Зуан, В борьбе за национальное и социальное освобождение («Коммунист» № 4, 1980 г., стр. 94).

Помощь, оказываемая Вьетнаму странами содружества, носит многогранный характер и учитывает перспективы развития страны. Однако решаются и задачи текущего момента: содействие в залечивании ран, нанесенных империалистической и китайской агрессией, в осуществлении перестройки экономики в целях укрепления обороноспособности страны, максимальном использовании имеющегося потенциала, удовлетворении насущных потребительских нужд населения.

Вступление СРВ в члены СЭВ летом 1978 г. расширило возможности участия страны в международном социалистическом разделении труда и оказания ей экономической помощи со стороны других стран — членов СЭВ не только на двусторонней, но и на многосторонней основе [3]. На XXXIII заседании сессии СЭВ (1979 г.) было принято решение распространить на СРВ принципиальные положения Комплексной программы социалистической экономической интеграции о специальных мерах по ускорению развития ее экономики, как это сделано в отношении МНР и Республики Куба, чтобы помочь вьетнамскому народу в социалистическом строительстве.

Сложность взаимодействия экономики СРВ с экономикой других социалистических стран в рамках мировой социалистической системы состоит в том, что эта страна решает сейчас задачи переходного периода к социализму, которые качественно отличаются от задач, реализуемых на современном этапе большинством стран социализма. Участие Вьетнама в международном социалистическом разделении труда в течение определенного исторического отрезка времени неизбежно будет проходить в условиях неразвитой экономики, ослабленной длительной войной, при отсутствии необходимой материально-технической базы. В этот период СРВ, с одной стороны, вынуждена решать сложный комплекс экономических проблем на Юге, связанных с переходом к социализму, минуя стадию капитализма, при адаптации и постепенной интеграции двух социально-экономических структур, сложившихся на Севере и Юге в годы длительного раскола Вьетнама. С другой стороны, СРВ, включившись в СЭВ, может использовать положительный опыт многостороннего сотрудничества, накопленный странами содружества, их значительный экономический и научно-технический потенциал. Активное участие СРВ в координации народнохозяйственных планов на 1981—1985 гг. позволит преодолеть одну из тенденций, наиболее характерных для прошлых лет, когда задача формирования отраслевой структуры экономики решалась при быстром развитии многих отраслей, но без подготовки собственных квалифицированных кадров, научно-технической базы, необходимой инфраструктуры и других условий.

Как показывает опыт стран с неразвитой в прошлом экономикой, одновременное быстрое развитие многих, как правило, весьма капиталоемких отраслей тяжелой промышленности препятствует росту сельского хозяйства, мелкой и кустарной промышленности, то есть тех отраслей, которые играли доминирующую роль в их экономике до победы революции. В СРВ доля таких отраслей также велика. Продукция сельского хозяйства составляет около 45% в совокупной продукции промышленности и сельского хозяйства, в отрасли занято до 70% самодеятельного населения. На долю местной, мелкой и кустарной промышленности приходится свыше 50% общего выпуска промышленной продукции, в том числе 60% продукции промышленности, производящей предметы потребления. В связи с этим немалое значение приобретает проблема стимулирования развития традиционных видов производства наряду с последовательным решением общей задачи создания крупного производства на путях индустриализации.

Определенное «несовпадение» этапов общественного развития Вьетнама и других стран — членов СЭВ не препятствует активному включению СРВ в сферу международного социалистического сотрудничества на основе равноправия и взаимной

[3] Техническое содействие СРВ в строительстве промышленных и иных объектов на многосторонней основе социалистические страны начали осуществлять еще до вступления Вьетнама в СЭВ, когда они согласились помочь ему в завершении строительства ряда важных объектов, начатого китайской стороной и внезапно прерванного по решению китайских властей. В их числе есть объекты двустороннего содействия. Так, строительство моста Тханлонг через реку Красную, узловой станции Ханой, железной дороги Ханой — Хайфон, расширение мощностей металлургического завода Тхайнгуен — объекты оказания помощи Вьетнаму со стороны СССР.

выгоды, повышению степени «отдачи» от использования экономических ресурсов СРВ в рамках содружества уже на нынешнем этапе ее развития. С принятием Вьетнама в СЭВ расширилась не только география, но и сфера взаимодействия экономики стран с различным уровнем развития социализма. Участие Вьетнама, Кубы и Монголии в СЭВ создает возможность более глубокого осмысливания места и роли менее развитых в экономическом и индустриальном отношении стран в международном социалистическом разделении труда. Опыт участия СРВ в СЭВ позволяет разработать научно обоснованную, рассчитанную на длительный период концепцию, в которой найдут отражение и согласованная позиция других стран — членов СЭВ в отношении таких экономически недостаточно развитых стран, как Вьетнам, и возможности рационального использования его экономических ресурсов в условиях международного сотрудничества.

Вклад в разработку этой проблемы сделан на XXXII, XXXIII и XXXIV заседаниях сессий Совета Экономической Взаимопомощи в 1978—1980 гг., где участвовал Вьетнам в качестве равноправного члена, а также в процессе длительного его сотрудничества с отдельными странами социализма на двусторонней основе, началом чего явилось подписание в 1955 г. первых торгово-экономических соглашений между ДРВ и Советским Союзом. Для нынешнего этапа характерны углубление и совершенствование различных форм взаимодействия между СССР и СРВ во всех областях на прочном фундаменте советско-вьетнамского Договора о дружбе и сотрудничестве, подписанного 3 ноября 1978 г. Несмотря на трудности экономического развития Вьетнама, товарооборот между СРВ и СССР за четыре года прошедшей пятилетки вырос с 207 млн. руб. в 1975 г. до 404 млн. руб. в 1977 г. и 594 млн. руб. в 1979 г. Советско-вьетнамская торговля за эти годы росла более быстрыми темпами, чем внешняя торговля СРВ в целом. Общий объем экспорта товаров из СРВ в 1976—1979 гг. возрос в 2 раза, в том числе в Советский Союз — в 3,1 раза. Общий объем импорта увеличился за указанный период в 1,7 раза, импорт из СССР — в 2,8 раза. По темпам роста взаимного товарооборота Вьетнам вышел на первое место среди стран содружества. К настоящему времени Советский Союз превратился в основного торгового партнера СРВ, на долю которого приходится около половины всей внешней торговли СРВ.

Советский Союз является основным поставщиком в СРВ товаров потребительского и производственного назначения. Расширены поставки в СРВ крайне дефицитной продукции, в том числе нефтепродуктов, проката черных металлов, химических удобрений, хлопка-волокна, потребительской продукции, без которых вьетнамская экономика не могла нормально функционировать и развиваться. СССР помог СРВ в сооружении 269 народнохозяйственных объектов, из которых большинство уже сдано в эксплуатацию. В стадии строительства находятся 93 объекта. Масштабы оказания технического содействия СССР Вьетнаму превосходят в настоящее время его помощь всем другим странам социализма, не считая МНР. Генеральная линия — построение во Вьетнаме материально-технической базы социализма — материализуется в значительной степени на основе расширения и углубления советско-вьетнамского экономического сотрудничества. На предприятиях, сооруженных при техническом содействии Советского Союза, вырабатывается 100% олова, добывается 89% угля, производится 35—50% электроэнергии, а также значительная часть технических культур (чая, кофе, натурального каучука) и фруктов (ананасов, бананов и др.)[4]. При значительном расширении объема технического содействия Вьетнаму со стороны Советского Союза

[4] Другие страны — члены СЭВ также оказывают СРВ существенную помощь в развитии промышленного производства, инфраструктуры, собственной строительно-монтажной базы, тропического сельского хозяйства, морского транспорта. Приведем только некоторые примеры. Заводы, перерабатывающие сельскохозяйственное сырье, помогает строить Болгария. Венгрия сооружает здесь предприятия легкой промышленности и электротехники, заводы инструментов, ветеринарной вакцины, брикетирования угля. Польша построила заводы силикатного кирпича, сборных железобетонных конструкций, создает ряд других предприятий, в том числе вагоноремонтный завод, углеобогатительную фабрику и судоверфь. Десятки промышленных объектов и сотни мастерских созданы с помощью ГДР и ЧССР. Куба оказывает содействие преимущественно в развитии тропического земледелия.

первостепенное внимание теперь уделено строительству тех предприятий, которые могут быть обеспечены электроэнергией, собственным сырьем, квалифицированной рабочей силой. Вместе с тем оказывается помощь в развитии транспорта, топливно-энергетических отраслей промышленности, укреплении материально-технической базы сельского хозяйства, более рациональном использовании вьетнамских трудовых ресурсов.

В советско-вьетнамском сотрудничестве на современном этапе отмечается положительная тенденция — не только содействие в развитии отдельных видов производства, а комплексно-целевой подход в развитии основных направлений народного хозяйства. К разработке и частично реализации экономического сотрудничества советские и вьетнамские планово-директивные органы приступили еще до объединения страны в ходе координации плана развития экономики ДРВ. Но более широкий масштаб оно приобрело после освобождения Юга, с подключением его природных и трудовых ресурсов. Было разработано 7 направлений советско-вьетнамского сотрудничества: в области производства и переработки каучука; в развитии производства сахарного тростника и сахара-сырца; в производстве и переработке чая, кофе, тропических фруктов; в производстве хлопка; в заготовке и переработке тропической древесины; в рыбной промышленности; в развитии легкой и кустарной промышленности (текстильной, швейной, кожевенной и прочих отраслях). Большая часть названных направлений предусматривает оказание .содействия СРВ с применением компенсационной формы, то есть поставок в СССР от 70 до 80% продукции в счет оплаты кредитов.

Развитие экспортных производств во Вьетнаме при техническом содействии Советского Союза позволяет существенно (более чем в 2 раза) расширить экспортные ресурсы страны. Благодаря этому Вьетнам сможет увеличить поставки в СССР натурального каучука, чая, кофе, тропических овощей и фруктов, морепродуктов, паркетной фризы, товаров легкой промышленности и другой продукции, что создаст прочную основу для перехода в последующие периоды в развитии взаимной торговли на сбалансированную основу.

Значение внешнеэкономических связей Вьетнама с социалистическими странами определяется тем, что они помогают формировать отраслевую структуру хозяйства на передовом научно-техническом уровне и создавать собственные источники накопления для индустриализации путем развития экспортных производств. На современном этапе эти связи будут осуществляться преимущественно в сырьевых, а в последующем и в обрабатывающих отраслях, выпускающих готовую продукцию. Указанное направление отнюдь не означает консервацию «сырьевой» специализации, однобокость развития экономики Вьетнама, поскольку он имеет и достаточную рабочую силу и необходимые ресурсы для создания в будущем комплексной экономической системы.

Советский Союз, другие страны СЭВ уже оказывают содействие СРВ в расширении экспортных производств в сельском хозяйстве. Так, совместными усилиями планово-экономических органов СССР и Вьетнама разрабатываются программы сотрудничества в области производства и переработки натурального каучука, чая, кофе, тропических фруктов, в развитии производства сахарного тростника, сахара-сырца, хлопка. Изучаются возможности расширения добычи угля, олова, апатитов, бокситов на экспорт с последующей поставкой этой продукции на мировой социалистический рынок. Имеются благоприятные перспективы для роста экспортного сектора и в других отраслях: в морском промысле, в заготовке и переработке тропической древесины, в легкой и кустарной промышленности. Следует добавить, что помощь Вьетнаму в развитии экспортных производств будет более эффективной, если предусмотреть содействие не только в организации производства экспортной продукции, но и в ее транспортировке, хранении и сбыте.

Преимущественное вложение средств в отрасли экспортной ориентации не означает, что страны социализма не будут оказывать содействия Вьетнаму в развитии так называемых неэкспортных производств, социальной и непроизводственной инфраструктуры. Кроме того, экспортное производство во Вьетнаме, как и в любой другой стране, немыслимо без создания энергетики, собственного машиностроения, расширения строительно-монтажной базы и реконструкции транспортной системы, создания складского хозяйства и т. д. Развитие экспортного сектора, видимо, должно сопровождаться расширением неэкспортных производств с соблюдением между ними необходимой пропорциональности и взаимозависимости.

Во внешнеэкономических связях Вьетнама с другими социалистическими странами апробированы новые формы сотрудничества — сотрудничество на давальческом сырье [5] и на компенсационной основе. Применение этих форм будет стимулировать развитие экспортного производства, создаст определенную кооперацию усилий, гарантирует устойчивость и взаимовыгодность внешнеэкономических связей, а также обеспечит переход к производственным связям между партнерами. Как подчеркивает Ле Зуан, важно использовать, например, такие формы связей, «как создание смешанных предприятий, производство на кооперационной основе, обмен продукцией, изготовление товаров на основе сырья заказчика и т. д.» [6]. Некоторые из этих новых форм сотрудничества уже начали практиковаться. Они способствуют решению ряда проблем: загрузке имеющихся в стране производственных мощностей, обеспечению занятости населения и др. В частности, сотрудничество на давальческой основе развивается между Вьетнамом и Советским Союзом в хлопчатобумажной и швейной промышленности, в производстве ковров и т. д. Широкие перспективы имеют производственные связи на компенсационной основе, развивающиеся между СССР и СРВ с 70-х годов в ряде отраслей горнодобывающей промышленности и, как уже указывалось, в производстве тропических культур. В настоящее время СРВ предлагает распространить эти формы сотрудничества в рамках СЭВ.

Вьетнамские экономисты считают, что сотрудничество на компенсационной основе целесообразно развивать в сельском, лесном и рыбном хозяйстве, в добывающей промышленности, а на давальческой основе — в производстве товаров широкого потребления на экспорт (выпуск товаров кустарными промыслами с целью соединения рабочей силы внутри страны с импортным сырьем). Вторая форма сотрудничества проста, не требует крупных капиталовложений, обеспечивает быструю отдачу, позволяет трудоустроить большое количество работников. Сотрудничество на давальческой основе оправдано в области производства товаров легкой промышленности, прежде всего в трудоемких отраслях (в швейном и ткацком производствах), в отраслях, где Вьетнам достаточно обеспечен отечественным сырьем (мебельное, стекольно-керамическое производство), где имеются определенная материальная база (фармацевтическое производство) или квалифицированная рабочая сила (производство спортинвентаря, кожгалантереи и т. д.). Не исключается и кооперационная форма сотрудничества в сочетании с давальческим сырьем в машиностроении, где можно наладить производство трудоемкой простой продукции: велосипедов, запчастей, ручного инструмента и т. д.

Для Вьетнама переход к многостороннему сотрудничеству сопровождается решением таких важных проблем социалистического строительства, как обеспечение потребностей страны в топливе, сырье, электроэнергии при развитии внешнеэкономических связей. Благодаря помощи, предоставленной странами СЭВ Вьетнаму, многое уже сделано для решения данной проблемы. Так, строительство новых крупных гидро- и теплоэлектростанций, угольных шахт во Вьетнаме при содействии Советского Союза позволяет создать дополнительные мощности в энергетике, исчисляемые почти в 3 млн. квт (сейчас мощности всех ТЭС и ГЭС во Вьетнаме составляют 1,8 млн. квт), и довести добычу угля в стране до 10 млн. т (добыча угля в СРВ достигает 7 млн. т). 3 июля 1980 г. было подписано советско-вьетнамское соглашение о сотрудничестве в проведении геологической разведки и добычи нефти и газа на континентальном шельфе Юга СРВ, реализация которого значительно улучшит структуру топливно-энергетических ресурсов страны, создаст возможные гарантии для осуществления кредитных расчетов и сбалансирования товарооборота. Все это, несомненно, будет означать вклад республики в реализацию долгосрочной целевой программы сотрудничества стран СЭВ в топливно-сырьевых и энергетических отраслях.

Практически уже определены основные объекты и отрасли, в развитии которых

[5] Давальческое сырье — сырье иностранного заказчика для производства готовой продукции, часть которой будет передана ему в оплату за поставку сырья, а часть останется в СРВ.

[6] Ле Зуан, В борьбе за национальное и социальное освобождение, стр. 94.

Вьетнам намеревается осуществлять как двусторонние, так и многосторонние связи в рамках СЭВ. Это прежде всего те отрасли экономики, которым на современном этапе оказывается предпочтение: сельское хозяйство, легкая, угольная и химическая промышленность (производство минеральных удобрений), транспорт, геологоразведка, освоение нефтяных запасов прибрежного шельфа на Юге Вьетнама и др.

Важную роль играет проводящееся в рамках СЭВ изучение программы участия заинтересованных стран — членов Совета в реализации плана ускоренного развития науки и техники СРВ до 1990 г. и перечня научно-технических объектов, в создании которых СРВ просит страны — члены СЭВ оказать помощь в этот период. В документах IV съезда КПВ указано на решающую роль научно-технической революции в реализации комплекса проблем социалистического строительства. За прошедшие годы в стране создавался собственный научно-технический потенциал. В настоящее время в СРВ действуют 83 НИИ, 21 проектный институт с числом занятых более 22 тыс. человек. Имеется Национальный центр научных исследований, Государственный комитет по науке и технике, Комитет по общественным наукам. Эти головные научные центры координируют направления развития науки и техники во Вьетнаме. Вместе с тем научно-технический потенциал СРВ и уровень знаний во многих областях далеко не отвечают поставленным целям развития экономики страны на новом этапе. В то же время в рамках мировой социалистической системы накоплен значительный и разнообразный опыт по использованию достижений научно-технической революции, который передается социалистическому Вьетнаму. Вьетнамская сторона обратилась к странам — членам СЭВ с просьбой оказать содействие в укреплении материально-технической базы 25 научно-исследовательских институтов Вьетнама. На ближайшее будущее Вьетнам избрал 11 программ и предложил странам — членам СЭВ принять участие в их решении. Среди них 3 программы связаны с развитием земледелия (по продовольственным культурам), животноводства и пресного рыболовства для обеспечения населения продуктами питания. Разработаны программы, касающиеся дальнейшего развития здравоохранения, изучения и применения лекарственных трав Вьетнама. Намечается сотрудничество с другими странами СЭВ в области изучения ресурсов сырья и топлива: комплексного использования запасов бурого угля и кварцевого песка во Вьетнаме. Важную роль в развитии научно-технической революции будет играть разработка совместными усилиями стран СЭВ проблемы приспособления машин, оборудования и материалов к условиям работы в тропиках, что позволит расширить контакты стран СЭВ с развивающимися странами, расположенными в этой зоне.

Одним из главных направлений сотрудничества Вьетнама со странами СЭВ на многосторонней основе станет его участие в реализации программ научно-технического сотрудничества. Уже сейчас Вьетнам принимает активное участие в программе «Интеркосмос», примером чего является международный космический полет на корабле «Союз-37» экипажа в составе советского космонавта Виктора Горбатко и вьетнамского космонавта Фам Туана. Нельзя не упомянуть и о таком направлении научно-технических связей, как оказание всемерной помощи Вьетнаму в организации эффективной системы управления, подготовке квалифицированных кадров в области планирования и управления, использование помощи советских экспертов и специалистов в налаживании аппарата управления и особенно хозрасчетных отношений на вьетнамских предприятиях.

Переход стран СЭВ в 80-е годы к реализации долгосрочных целевых программ сотрудничества (ДЦПС) создает благоприятные условия для освоения ресурсов Вьетнама. Из принятых в рамках СЭВ 5 программ СРВ высказала заинтересованность в участии в ДЦПС в области сельского хозяйства и пищевой промышленности по следующим направлениям: в специализации и кооперации по производству и переработке тропических фруктов, чая, кофе, эфиромасличных культур; в производстве и испытании отдельных агрегатов специальных сельскохозяйственных машин; в обмене научно-технической информацией по вопросам механизации сельского хозяйства; в производстве семян и посадочных материалов, в специализации по выращиванию некоторых пород крупного рогатого скота и т. д.

До полного освоения и разведки недр Вьетнама наиболее перспективным экономическим ресурсом, который может продуктивно использоваться в интересах развития республики и мирового социалистического хозяйства, является тропическое земледелие. С освоением целинных и залежных земель, интенсификацией сельского хозяйства, совершенствованием отраслевой структуры Вьетнам сможет стать крупным поставщиком на мировой социалистический рынок кофе, чая, натурального каучука, кокоса, тропических фруктов, овощей и другой продукции. Но сегодня значение СРВ в удовлетворении импортных потребностей стран СЭВ в сельскохозяйственной продукции пока невелико. Так, в 1977 г. доля Вьетнама в удовлетворении потребностей стран СЭВ в импорте кофе составила 1,7%, свежих фруктов и ягод — 1,4, продуктов их переработки — 3,3%.

В развитии сельского хозяйства Вьетнам в основном опирается на помощь Советского Союза, которая позволяет значительно укрепить материально-техническую базу этой отрасли. В СРВ начаты подготовительные работы по строительству азотно-тукового завода, ведется сооружение суперфосфатного завода Ламтхао мощностью 300 тыс. т суперфосфата и 120 тыс. т серной кислоты в год. При содействии СССР оснащаются техникой специализированные госхозы по выращиванию многолетних культур: чая, кофе, гевеи, цитрусовых, ананасов. Техническое содействие в производстве этих культур СССР оказывает на компенсационной основе. Помощь в создании продуктивного многоотраслевого сельского хозяйства Вьетнам получает также от Кубы, ГДР, Болгарии и других стран социализма.

Участие Вьетнама в «ДЦПС — продовольствие» позволяет решить одну из самых острых проблем — продовольственную. Это возможно путем концентрации и централизации усилий на интенсификации сельского хозяйства, повышения плодородия почвы и за счет этого резкого увеличения производства продовольственных культур [7]. Актуальной задачей является использование опыта других стран СЭВ в организации агропромышленных комплексов, специализирующихся на производстве зерна (риса, кукурузы и др.), продукции животноводства (свиноводства и птицеводства) и продуктах их переработки. Как отмечается в материалах VI Пленума ЦК КПВ, Вьетнам примет активное участие в ДЦПС по производству товаров народного потребления. Это относится прежде всего к производству тканей, готовой одежды, трикотажных и ковровых изделий, мебели, обуви, изделий кустарного промысла из бамбука, сыти и пр.

На современном этапе главная цель сотрудничества Вьетнама в рамках СЭВ — развитие его базовых отраслей, преимущественно производящих предметы потребления и продовольствия. Вместе с тем страны социализма уже сейчас оказывают помощь Вьетнаму на коллективной основе в организации тяжелой промышленности. Однако создание в СРВ условий для индустриализации предусмотрено по этапам, постепенно. Усилия стран социализма будут концентрироваться в первую очередь на расширении вьетнамской угольной промышленности: освоении новых угольных карьеров и вводе в строй ряда обогатительных фабрик, оказании содействия в строительстве заводов горношахтного оборудования, подготовке национальных кадров и учебных баз. В области черной металлургии намечаются прежде всего расширение и доукомплектование имеющихся предприятий (например, завода Тхайнгуен), в цветной — освоение перспективных запасов олова и других цветных металлов, сотрудничество в разработке крупных месторождений бокситов и создании необходимой энергетической базы и транспортной инфраструктуры. Для развития строительной индустрии предусмотрено оказание содействия в строительстве предприятий по производству цемента, стекла, каолина, санитарно-технического оборудования и т. д.

Машиностроение в СРВ целесообразно развивать, как считают вьетнамские специалисты, с учетом опыта решения проблемы механизации тропического сельского хозяйства в других странах экваториальной зоны, при активном использовании их научно-технических достижений. В перспективе во Вьетнаме намечается создать в рамках сотрудничества с другими странами СЭВ собственное судостроительное и су-

---

[7] Для решения продовольственной проблемы СРВ требуется довести сбор продовольственных культур в пересчете на рис до 21 млн. т; их среднегодовой сбор в 1976—1979 гг. составлял 13—14 млн. т.

доремонтное производство, станкостроение, электромеханическое производство, производство автоматических ткацких станков и другой продукции.

Важное значение имеют коллективные усилия стран — членов СЭВ в развитии и модернизации транспортной системы во Вьетнаме, особенно в связи с подготовкой страны к индустриализации, с расширением ее международных экономических и культурных связей. Страны СЭВ на коллективной основе оказали содействие Вьетнаму в восстановлении железной дороги Ханой — Хошимин. Большую роль для СРВ играет развитие собственного торгового флота и соответствующей инфраструктуры. Сдвиги в размещении производительных сил страны намечаются в перспективных с точки зрения ресурсов центральных и южных районах Вьетнама, что можно осуществить путем создания в этих малоосвоенных районах производственной инфраструктуры, которая требует крупных совместных вложений со стороны стран — членов СЭВ.

Новым направлением участия Вьетнама в СЭВ является использование его многочисленных трудовых ресурсов (в общей численности населения стран СЭВ, по данным на конец 1979 г., на долю СРВ приходится 12,1%). Численность трудовых ресурсов СРВ составляет 23 млн. человек, а их ежегодный прирост — 1,5 — 2 млн. Чтобы трудоустроить население, значительная часть трудящихся направляется на освоение новых экономических районов, а это требует крупных капиталовложений, в которых Вьетнам испытывает острую нехватку. Формы совместного использования трудовых ресурсов СРВ могут быть самыми разнообразными. Это — продолжение оправдавшей себя практики работы вьетнамских предприятий на давальческом сырье, размещение во Вьетнаме заказов на производство трудоемких видов изделий, а также направление вьетнамских рабочих в другие социалистические страны, где они смогут повысить свою квалификацию, приобрести новые профессии и т. д.

Вьетнам имеет большие потенциальные возможности для развития разностороннего сотрудничества с социалистическими странами. Формирующаяся структура экономики СРВ будет развиваться при соблюдении взаимных интересов СРВ и стран СЭВ, с максимальной отдачей и для Вьетнама и для мирового социалистического хозяйства.

ОБМЕН МНЕНИЯМИ

Член-корр. АН СССР Г. Сорокин

ПОЛИТИЧЕСКАЯ ЭКОНОМИЯ ТРУДА

В проекте ЦК КПСС к XXVI съезду партии «Основные направления экономического и социального развития СССР на 1981—1985 годы и на период до 1990 года» поставлена задача поднять на более высокий уровень организацию общественного труда, «осуществить глубокие преобразования в важнейшей сфере жизнедеятельности людей — в труде». Это не только грандиозная практическая задача; она требует и теоретических разработок, более углубленного подхода к вопросам труда.

Одно из определений политической экономии гласит: буржуазная политическая экономия — это политэкономия собственников капитала, политическая экономия пролетариата — политэкономия труда [1]. Политическая экономия социализма является политической экономией труда в двояком отношении. Во-первых, с точки зрения классовых интересов пролетариата. Цель рабочего движения — социализм и коммунизм, а изучаемые политической экономией объективные законы неумолимо приводят к выводу о гибели капитализма и неизбежности коммунизма, указывают путь и способы становления и развития коммунистической экономической формации. И, во-вторых, потому, что только с построением социализма начинается рациональное использование главной производительной силы общества и возникают неантагонистические отношения между людьми по их участию в общественном труде. «...Пролетариат представляет и осуществляет более высокий тип общественной организации труда по сравнению с капитализмом. В этом суть. В этом источник силы и залог неизбежной полной победы коммунизма» [2]. Известны фундаментальные положения К. Маркса и В. И. Ленина о той роли, которую играют научная организация труда и повышение его производительности при социализме. Они прямо обязывают к особому вниманию при разработке политической экономии социализма к проблемам труда, которые занимают и должны занимать в ней центральное место. Необходимо дальнейшее углубление изучения этих проблем в соответствующих учебных курсах.

В. И. Ленин развил учение о социалистической общественной форме труда, социалистическом общественном устройстве труда, социалистических отношениях между людьми по их участию в общественном труде, формировал содержание «науки о труде». В. И. Ленин считал, что «формулы» настоящего коммунизма... сводят все к *условиям труда»* [3].

Исследования по методологии политической экономии социализма часто концентрируют внимание на самых общих законах производства, распределения и обмена. Политическая экономия труда призвана исследовать законы производственных отношений, возникающих в сфере производства, распределения и обмена общественного продукта и нацио-

---

[1] См. К. Маркс и Ф. Энгельс, Соч., т. 16, стр. 9.
[2] В. И. Ленин, Полное собрание сочинений, т. 39, стр. 13.
[3] Там же, стр. 22.

нального дохода во взаимосвязи с социалистическим общественным устройством труда. Исходя из того, что политическая экономия социализма есть политическая экономия труда, на наш взгляд, нужно несколько сместить акценты в исследовании проблем экономической теории. Надо больше внимания уделить экономическим основам использования трудовых ресурсов, мере труда и мере потребления, производительности труда и трудовой дисциплине, социалистическому соревнованию, воспроизводству рабочей силы, перерастанию социалистического труда в коммунистический. Попытаемся обосновать нашу точку зрения применительно к некоторым наиболее важным вопросам «науки о труде».

* * *

Поясняя определение политической экономии социализма как политической экономии труда, К. Маркс писал, что последняя имеет дело с общественным производством, управляемым общественным предвидением, и является политической экономией добровольного и ассоциированного труда без капиталистов, развивающегося в общенациональном масштабе и на общенациональные средства [4]. Первой предпосылкой эффективной организации труда является социалистическая революция. «Для того, чтобы превратить общественное производство в единую, обширную и гармоническую систему свободного кооперативного труда, необходимы *общие социальные изменения, изменения основ общественного строя,* которые могут быть достигнуты только путем перехода организованных сил общества, то есть государственной власти, от капиталистов и землевладельцев к самим производителям» [5]. Только после этого возможен переход от низшей формы организации труда — наемного труда к высшей форме — ассоциированному труду.

Капитализм не способен использовать все великие, возрастающие со временем потенции производительных сил и главного их элемента—рабочей силы. Возникает экономическая необходимость иной организации общественного труда для полной мобилизации его возможностей в интересах прогресса человечества. С победой социалистической революции, переходом средств производства в собственность трудящихся и завоеванием власти пролетариатом «выдвигается необходимо на первый план коренная задача создания высшего, чем капитализм, общественного уклада, именно: повышение производительности труда, а в связи с этим (и для этого) его высшая организация» [6]. К этому можно добавить, что, по Марксу, экономия времени наряду с его планомерным распределением не только остается первым экономическим законом на основе коллективного производства, но становится в гораздо более высокой степени законом [7].

Социалистическое общественное устройство труда и его высокая производительность, как свидетельствует международный опыт, формируется на базе соответствующего уровня развития материальных производительных сил, обеспечивающих возможность роста благосостояния всех членов общества, социалистического обобществления производства и ликвидации эксплуататорских классов, планомерного развития экономики, всеобщности труда и полной занятости, подъема образования и культуры трудящихся, широкого распространения политехнических знаний. Социализм обусловливает коренной переворот в положении и организации народного труда. Этот переворот происходит после социалистического переворота в отношениях собственности, так как покоится на ма-

---

[4] См. К. Маркс и Ф. Энгельс, Соч., т. 16, стр. 9, 10.
[5] Там же, стр. 199.
[6] В. И. Ленин, Полное собрание сочинений, т. 36, стр. 187.
[7] См. Архив Маркса и Энгельса, т. IV, стр. 119.

териально-технической базе социализма и предполагает культурную революцию. Сначала политическая революция и революция в отношениях собственности, затем становление материально-технической базы социализма и, наконец, становление нового социалистического типа работника. Этим объясняется то, что возможность всестороннего изучения целого ряда закономерностей организации труда, свойственных развитому социализму, возникает позднее, чем возможность изучения общих законов социализма.

Социалистическое устройство общественного труда занимает главное место в организаторской деятельности общенародного государства, пронизывает планы экономического и социального развития. Ф. Энгельс считал, что общественная производительная сила труда есть основа хозяйственного бытия, и в конечном счете она господствует над всеми экономическими явлениями [8]. Определяя место планов по труду в народнохозяйственных планах, крупный теоретик и практик планирования С. Г. Струмилин писал, что баланс рабочей силы в условиях расширенного социалистического воспроизводства, которое предопределяет планомерную перестройку всех производственно-трудовых пропорций народного хозяйства на каждом этапе его развития,— это не только составная часть народнохозяйственного плана, а гораздо больше. Это — «венчающее его завершение, в котором в многосложном единстве плановая мысль, как в туго сжатом кулаке, концентрирует в трудовых пропорциях все основные политические задачи и экономические замыслы предстоящего планового периода. Говоря иначе, в перспективном балансе рабочей силы мы усматриваем наиболее сгущенный концентрат любого плана. В его простых пропорциях заверстан весь сложный разум и, если можно так выразиться, сама незримая душа плана» [9].

И производительные силы и производственные отношения активно воздействуют на социалистическую форму общественного труда. Машины, выступая исторически порождением разделения труда, вызывают в еще большей мере специализацию производства, кооперирование труда, его интенсификацию, во многом определяют разделение труда между отраслями. К. Маркс и Ф. Энгельс считали возможным говорить о нашей теории определения *«организации труда средствами производства...»* [10]. Вместе с тем производительные силы воздействуют на общество через производственные отношения, и последним принадлежит решающая роль в организации общественного труда. Из социалистической собственности на средства производства непосредственно вытекает возможность предоставления работы всем трудоспособным гражданам и социалистического распределения созданного продукта, то есть осуществления основного принципа социалистической организации труда — «от каждого по способностям, каждому по труду». В литературе по политической экономии социализма не обойден основной принцип социалистической организации труда. Но трактовка закона распределения по труду часто не охватывает многих его проявлений, а исследование данного закона применительно к периоду развитого социализма недостаточно отвечает запросам практики. Социалистическая формула организации производства и труда — «от каждого по способностям, каждому по труду» — нуждается в развитии применительно к обеим своим частям.

Что такое работа по способностям при социализме? Чем она отличается от работы по способностям при коммунизме? «Труд по способностям» на низшей и высшей фазах коммунизма — различные категории. Труд по способностям при социализме еще не выступает всеобщим.

[8] См. К. Маркс и Ф. Энгельс, Соч., т. 25, ч. II, стр. 468.

[9] «Центральный Государственный архив народного хозяйства СССР», фонд № 219, оп. № 1, дело № 439.

[10] К. Маркс и Ф. Энгельс, Соч., т. 31, стр. 197.

В значительной мере это лишь тенденция развития труда в указанном направлении, поддерживаемая в первую очередь материальным поощрением и в известной степени государственным принуждением. Труд по способностям при коммунизме — первая жизненная потребность высокоразвитой личности, труд по привычке, по внутреннему влечению, труд без расчета на вознаграждение и без принуждения. Как видно, между тем и другим трудом — большая разница; превращение первого во второй занимает целую историческую эпоху. В целом труд станет полностью коммунистическим тогда, когда общественное развитие дойдет «до разрыва с разделением труда, до уничтожения противоположности между умственным и физическим трудом, до превращения труда в «первую жизненную потребность» [11].

В социалистическом обществе должны быть созданы условия для работы всех членов по способностям, изменено унаследованное от капитализма отношение к труду, привита новая культура труда, сформирован новый тип работника. Этот процесс охватывает как экономический базис, так и надстроечные явления. «Учиться работать—эту задачу Советская власть должна поставить перед народом во всем ее объеме» [12]. Научить работать по способности можно только в том случае, если на это будет направлена вся воспитательная и организаторская деятельность Коммунистической партии и Советского государства. Начиная с самого раннего возраста должна прививаться любовь к труду как к самой важной и благородной сфере жизнедеятельности человека. Политехническая школа призвана подготовить молодых людей с достижением совершеннолетия к общественно полезному труду. И далее, на протяжении всей жизни человек должен посвящать себя трудовой деятельности. Вся эта воспитательная работа необычайно сложна. Капитализм веками насаждал подневольный труд. При социализме еще остается известная социальная неоднородность труда, а воспитание отношения к труду как первой жизненной потребности — дело поколений.

Весьма существенной стороной отношений между людьми по их участию в общественном труде, то есть стороной производственных отношений, является трудовая дисциплина. Политическая экономия должна исследовать трудовую дисциплину как экономическую категорию. Дисциплины требует машинное производство. Оно создает принудительный ритм труда, взаимозависимость и кооперацию работников предприятий, ответственность каждого за общий результат. Но такого рода «технологическая» дисциплина свойственна и капитализму. Новый тип товарищеской, сознательной дисциплины, дисциплины доверия и организованности, дисциплины всяческого уважения, самостоятельности и инициативы [13] возникает лишь по уничтожении эксплуатации благодаря социалистической собственности, социалистическому соревнованию. Социализм повышает значение дисциплины, так как увеличивает размах машинного производства и обобществление труда. Трудовая дисциплина — «гвоздь всего хозяйственного строительства социализма...»,— говорил В. И. Ленин [14].

Наряду с объективными причинами, определяющими тот или иной тип дисциплины, важнейшую роль в утверждении социалистической дисциплины играет воспитательная работа. В течение всего периода перерастания социализма в коммунизм необходимо воспитание и поддержание высокой дисциплины труда, во-первых, потому, что в производство все время вовлекается новое пополнение молодых работников, еще не прошедших школы практического трудового опыта. Оно нуждается в об-

---

[11] В. И. Ленин, Полное собрание сочинений, т. 33, стр. 96.
[12] В. И. Ленин, Полное собрание сочинений, т. 36, стр. 189.
[13] См. В. И. Ленин, Полное собрание сочинений, т. 36, стр. 500.
[14] В. И. Ленин, Полное собрание сочинений, т. 40, стр. 301.

щественной помощи в усвоении начал социалистического трудового порядка. Во-вторых, потому, что социальные различия в труде при социализме могут приводить к известному противопоставлению общественных и личных интересов и на этой почве нарушению производственной дисциплины, в частности дисциплины в общественном колхозном хозяйстве ради личного подсобного хозяйства. В-третьих, при социализме сказываются еще остатки прошлого отношения к труду, привитого капитализмом, нарушающие стройный порядок социалистического производства.

Создание социалистической, а затем и коммунистической дисциплины труда не только нужное, но и трудное и долгое дело. «Строить новую дисциплину труда, строить новые формы общественной связи между людьми, строить новые формы и приемы привлечения людей к труду, это—работа многих лет и десятилетий»,— указывал В. И. Ленин. «...Для социализма главная трудность состоит в обеспечении дисциплины труда... Об этом в далеком прошлом больше всего думали социалисты; на это напрягали наибольшую заботливость и анализ, они понимали, что тут для социалистической революции начинаются действительные трудности» [15]. Нарушения дисциплины ведут к потерям рабочего времени. При современных масштабах производства потеря каждым рабочим лишь одной минуты требует дополнительного вовлечения в народное хозяйство 250 тыс. человек [16]. На отдельных предприятиях потери рабочего времени достигают 20% и более. В декабре 1979 г. Центральный Комитет КПСС, Совет Министров СССР и ВЦСПС приняли постановление «О дальнейшем укреплении трудовой дисциплины и сокращении текучести кадров в народном хозяйстве», направленное на устранение соответствующих недостатков и достижение более высокой производительности труда и результатов производства. В одиннадцатой пятилетке намечается шире использовать формы материального и морального воздействия на нарушителей дисциплины, решительно искоренять факты примиренческого, либерального отношения к ним.

В становлении и развитии труда по способностям и трудовой дисциплины при социализме решающая роль принадлежит определению меры труда и меры потребления. Обе меры обусловлены одновременно как объективными законами социализма, так и сознательной деятельностью по претворению этих законов в жизнь. К. Маркс считал категорию «рабочее время» — одной из самых основных [17]. Социалистические мера труда и мера потребления — важнейшие категории политической экономии социализма. Они лежат в основе организации общественного труда, их обоснование необычайно актуально для теории и практики коммунистического строительства. «...Учет и контроль повсеместный, всеобщий, универсальный,— учет и контроль за количеством труда и за распределением продуктов — в этом *суть* социалистического преобразования, раз политическое господство пролетариата создано и обеспечено» [18].

Труд — всегда «естественная необходимость» и «социальная обязанность» [19]. Нет ничего более несовместимого с социализмом, нежели отрицание необходимости общественного труда на всеобщую пользу в размере, устанавливаемом обществом. Это отрицание подчас обосновывается якобы неудовлетворенностью тем или иным видом труда или оправдывает нигилистическое отношение к труду. Сатин из горьковского «На дне», издеваясь над трудом, говорил: «сделай так, чтобы работа была мне приятна, тогда я буду работать. Может быть. Когда труд — обязанность, жизнь — рабство». Это босяцкий, деклассированный подход к

[15] В. И. Ленин, Полное собрание сочинений, т. 40, стр. 316; т. 36, стр. 261.
[16] «Плановое хозяйство» № 4, 1980, стр. 26.
[17] См. К. Маркс и Ф. Энгельс, Соч., т. 21, стр. 239.
[18] В. И. Ленин, Полное собрание сочинений, т. 35, стр. 199—200.
[19] См. К. Маркс и Ф. Энгельс, Соч., т. 26, ч. III, стр. 265—266.

труду — философия никчемной жизни тунеядца. Надо, конечно, стремиться к тому, чтобы всякий труд был приятным, но он никогда не будет забавой, всегда — обязанностью и еще очень долго во многих случаях будет связан с большим напряжением сил. К. Маркс считал, что «действительно свободный труд... вместе с тем представляет собой дьявольски серьезное дело, интенсивнейшее напряжение» [20]. Социализм строится трудом, и каждому члену социалистического общества определена мера труда.

В проекте Основных направлений экономического и социального развития СССР на 1981—1985 годы и на период до 1990 года говорится: «Только труд является источником приумножения национального богатства. Общество может распределять лишь то, что произведено. Поэтому чем выше результаты труда, тем больше крепнет мощь социалистической Родины, тем полнее удовлетворяются личные и общественные потребности, тем выше жизненный уровень советских людей».

Чем же определяется необходимая мера (норма) труда при социализме? Эта мера определяется общественными потребностями, потребностями развития самой рабочей силы и необходимостью предоставления работнику свободного времени, потребностями в производстве необходимого и прибавочного продуктов. Общественные потребности задают масштабы производства, а при данной производительности труда и наличных трудовых ресурсах и величину рабочего дня как наиболее общую меру труда каждого. При чрезвычайных обстоятельствах (например, Отечественная война) мера труда (рабочий день) была весьма высокой, но в нормальных условиях рабочий день при социализме короче, чем при капитализме, и с ростом производительности труда в перспективе может еще сокращаться. В Советском Союзе по сравнению с капиталистической Россией продолжительность рабочей недели в промышленности сократилась с 58,5 до 40,6 часа. Но рабочий день должен быть достаточным для того, чтобы израсходовать накопленные за время отдыха физические и духовные силы, обеспечивать пространство для творчества. В интересах сохранения и развития самой рабочей силы должно быть обеспечено нужное время для реализации ее потенций. Энгельс отмечал, что «справедливый рабочий день есть та продолжительность рабочего дня и та интенсивность выполненной работы, при которых в течение дня полностью расходуется рабочая сила рабочего, но расходуется так, чтобы не повредить его способности выполнять такое же количество труда и завтра и в следующие дни» [21].

Величина рабочего дня при социализме предусматривает достаточное свободное время для расширенного воспроизводства рабочей силы. Вследствие сокращения рабочего дня и затрат труда на ведение домашнего хозяйства члены социалистического общества получают дополнительное время для самообразования, воспитания детей и т. д. Величину необходимого рабочего времени общество устанавливает пока преимущественно опытным путем. Необходимо активизировать научные исследования в этой области. Естественная потребность в целесообразном расходовании накопленных физических и духовных сил составляет идеальную, а общественные потребности в размерах производства — практическую границу рабочего дня. По своей природе обе эти границы достаточно подвижны.

Та или иная длительность рабочего дня еще не дает полного представления о мере (норме) труда. Это лишь номинальная мера труда. Рабочий день может быть заполнен по-разному. Чтобы получить реальную величину меры труда, нужно учитывать его интенсивность. Машинное производство увеличивает интенсивность труда, и в этом — одна из при-

[20] К. Маркс и Ф. Энгельс, Соч., т. 46, ч. II, стр. 110.
[21] К. Маркс и Ф. Энгельс, Соч., т. 19, стр. 256.

чин сокращения рабочего дня в XIX и XX вв. в капиталистических странах. Но почти в любом случае интенсивность зависит и от самого работника и организации труда. Кроме того, машинное производство соседствует с ручным трудом, и, значит, остается огромное поле для интенсификации труда.

Реальная мера труда зависит также от его организации. Если поставить рядом нашего рабочего и американского, наш рабочий зачастую сделает и лучше, и больше, и быстрее, чем американский. Его почасовая выработка не только не уступит, а во многих случаях превзойдет выработку американца. Но если взять отрасль в целом, то производительность труда у нас значительно ниже американской. И зависит это не от рабочего, а от организации труда и управления производством. Вот почему организация труда и управление производством имеют особенно важное значение. Таким образом, реальная мера труда не ограничивается номинальным рабочим днем, а должна отражать фактические затраты труда работника. Иначе говоря, реальная мера труда может быть выше и ниже номинальной его величины. Недостатки в организации труда, потери рабочего времени, сохранение в больших размерах ручного труда обусловливают меньшую величину реальной меры труда по сравнению с номинальной.

Связь меры труда с общественной необходимостью в труде проявляется через производительность труда. Поэтому экономической предпосылкой установления того или иного рабочего дня служит обеспечение определенной производительности труда за счет всех его факторов: продолжительности, интенсивности, организации. При этом учитывается, что чрезмерное повышение времени труда отрицательно скажется на воспроизводстве рабочей силы, а чрезмерное понижение приведет к ущемлению интересов общества. Когда промышленность СССР переводилась с 8- на 7-часовой рабочий день, имелось в виду, что улучшение организации труда и повышение его машиновооруженности компенсируют влияние сокращения рабочего времени на выработку. Это и произошло в последующие один-два года.

Мера труда и его производительности для каждого работника устанавливаются через нормирование труда. Для строгого соблюдения объективных условий нормирование труда должно быть государственным и освобождено от влияния цеховых и местнических интересов. Соблюдение меры труда и его производительности стимулируется соответствующим формированием заработной платы. Система нормирования часто не поспевает за изменением технических и экономических условий производства. Необходимо усилить изучение экономической теорией принципов научного нормирования труда. Научная организация труда должна устанавливать оптимальную величину реальной меры труда и, в частности, ее нижнюю границу, определяемую социальными и естественными условиями воспроизводства рабочей силы, временем производства необходимого продукта.

* * *

Требуется значительное развитие содержания и второй части формулы — «от каждого по способностям, каждому по труду». Чтобы воздать каждому по труду, нужно определить действительный трудовой вклад каждого, а это в условиях известных различий в труде и неодинакового отношения к работе — необычайно трудная задача. При социализме сохраняются различия в труде на государственных предприятиях и в колхозах, различаются труд умственный и физический, труд в городской и сельской местности, труд квалифицированный и неквалифицированный. Антагонистические противоречия между этими видами труда уничтожены, но существенные различия остаются вплоть до наступления высшей фазы коммунизма. Различаются при социализме и условия труда. Они характеризуются неодинаковой степенью совершенства производственной технологии в разных отраслях хозяйства, климатическими особенностями, значением той или иной отрасли производства. Неодинаковы прирожденные данные людей: один более талантлив, другой более вынослив физически и т. д. Неравно семейное положение работников. Большая разница существует в отношении к труду, в его интенсивности. В пределах одной и той же квалификации, одного и того же тарифного разряда труд дифференцируется по своим затратам и результатам. Все это разнообразие рабочей силы и условий ее применения должно тщательно изучаться и учитываться при распределении произведенного продукта.

При столь значительном разнообразии труда управление развитием и использованием рабочей силы несовместимо с уравнительным подходом к оплате труда. Уравниловка неприемлема для социалистической организации труда, а распределение по труду (со строжайшим учетом количества и качества затраченного труда) — основной принцип распределения до тех пор, пока наступит полная победа коммунизма. Уравниловка необычайно живуча и как наследие мелкобуржуазной идеологии и как союзник малоинтенсивной и неинициативной работы. Повышение производительности труда, качества продукции, развитие науки и техники при социализме опирается на соревнование, энтузиазм, профессиональное мастерство и таланты миллионов строителей коммунизма. Это означает не только сплочение производственных коллективов, но и поощрение необычайного разнообразия творческих индивидуальностей.

Коммунизм — противник стандартизации личности и стандартизации творчества. Обезличка, уравнительность убивают творчество. В Советском Союзе велико количество научных и инженерно-технических работников, агрономов, зоотехников, большая армия квалифицированных рабочих и колхозников. Среди них много талантливых и по-настоящему образованных людей, способных разрабатывать и реализовывать программы перевода всего народного хозяйства на значительно более высокий технический уровень, чем в главных капиталистических странах, осуществлять более высокий тип организации труда. Надо активнее отбирать талантливых людей, смелее привлекать их к организации науки и производства, более эффективно стимулировать крупные достижения. В. И. Ленин говорил, что страной надо управлять, «соединяя всех трудящихся неразрывными цепями живых интересов»[22]. Выявление живых интересов возможно лишь на основе учета разнообразия рабочих сил, особенностей путей совершенствования личности в процессе движения к коммунизму. Итак, перед политической экономией труда стоит проблема уловить все богатство разнообразия общественного труда, возможные тенденции его развития, глубже обосновать методы учета трудового вклада работников.

Только правильное определение трудового вклада позволяет установить социалистически справедливую меру вознаграждения, меру потребления. Мера потребления в условиях товарно-денежных отношений опосредуется главным образом через денежную заработную плату. Теоретические исследования призваны усилить определение того, какой должна быть величина заработной платы и как ее нужно дифференцировать. Дифференциация затрат труда должна получить точное отображение в дифференциации заработной платы, и наоборот. Названные проблемы пока исследуются теорией, как нам кажется, недостаточно. Так, указывается, что заработная плата является «денежным выражением ос-

[22] В. И. Ленин, Полное собрание сочинений, т. 35, стр. 287.

новной части создаваемого на общенародных предприятиях необходимого продукта, поступающего в индивидуальное потребление работников в соответствии с количеством и качеством затраченного труда в общественном производстве» [23]. В этом определении, однако, не ясно, почему заработная плата равна только части и какой конкретно части необходимого продукта. Обходится в нем и вопрос о том, включается ли в заработную плату и в каких случаях часть прибавочного продукта? Еще менее ясно высказываются экономисты, характеризующие заработную плату как долю рабочих и служащих в национальном доходе, составляющую основную часть необходимого фонда жизненных средств [24]. При этом остается неясным, какую же долю национального дохода должна составлять заработная плата. Чем определяется фонд жизненных средств и какая именно «основная» часть составляет заработную плату?

Более содержательным нам представляется подход к этому вопросу С. Г. Струмилина. Он считал, что заработная плата на самых низких исходных уровнях должна обеспечивать полное воспроизводство рабочей силы в интересах производителей и общества, что «уровень оплаты труда, который является верхним пределом ее роста по законам капиталистического воспроизводства, становится исходной нормой или гарантийным прожиточным минимумом в условиях победившего социализма» [25]. Утверждение, что заработная плата обеспечивает воспроизводство рабочей силы, подводит к выводу о том, что издержки воспроизводства рабочей силы и необходимость поощрения высокопроизводительного труда определяют величину заработной платы. При этом необходимый продукт (заработная плата совместно с общественными фондами потребления) обеспечивает простое и расширенное воспроизводство рабочей силы. В большей или меньшей степени в зависимости от конкретных условий в фонд потребления все более вовлекаются средства, необходимые для всестороннего развития личности, в частности за счет больших расходов на общее образование и профессиональное обучение, удовлетворение культурных потребностей. Тем самым издержки воспроизводства рабочей силы, необходимый и прибавочный продукты подлежат более конкретному изучению экономической теорией. Особенно важно правильно соразмерить издержки воспроизводства рабочей силы, заработную плату с быстрым изменением характера труда при социализме, развертыванием интенсификации народного хозяйства, необходимостью повышения качества продукции, эффективности производства.

Не означают ли подобные рассуждения сползания на позиции сторонников стоимости рабочей силы при социализме? Как еще писал Ф. Энгельс, «для социализма, который хочет освободить человеческую рабочую силу от ее положения *товара,* очень важно понять, что труд не имеет стоимости и не может иметь ее» [26]. Но рабочая сила как товар и издержки воспроизводства рабочей силы — разные категории. Главная черта рабочей силы как товара — отсутствие у рабочего средств производства, необходимость наниматься на работу к собственнику этих средств. Отсюда — эксплуатация рабочей силы и постоянное стремление капиталиста увеличивать долю прибыли за счет снижения заработной платы и издержек воспроизводства рабочей силы в ущерб ее нормальному состоянию. При социализме рабочая сила перестает быть товаром. Она не имеет стоимости и не продается, так как сами рабочие становятся собственниками средств производства и его организаторами, собственниками произведенного продукта. «...Если снять с заработной

---

[23] «Политическая экономия». Учебник. Т. 2, 1978 г., стр. 208.

[24] «Экономика труда». Под ред. Н. А. Иванова и Г. И. Мечковского. Издательство «Высшая школа», 1976 г., стр. 228.

[25] С. Г. Струмилин, Проблемы социализма и коммунизма в СССР. Экономиздат, 1961 г., стр. 49—50.

[26] К. Маркс и Ф. Энгельс, Соч., т. 20, стр. 206.

платы, как и с прибавочной стоимости, с необходимого труда, как и с прибавочного, специфически капиталистический характер, то останутся уже не эти формы, но лишь их основы, общие всем общественным способам производства»[27]. Социалистическому обществу небезразличны издержки производства, и в частности издержки воспроизводства рабочей силы. Социализм и коммунизм — самый эффективный строй, в наибольшей мере экономящий общественный труд ради всеобщего благосостояния и свободного развития всех членов общества.

Широко известно положение К. Маркса о том, что «по уничтожении капиталистического способа производства, но при сохранении общественного производства определение стоимости остается господствующим в том смысле, что регулирование рабочего времени и распределение общественного труда между различными группами производства, наконец, охватывающая все это бухгалтерия становятся важнее, чем когда бы то ни было»[28]. Он подчеркивал, что «*рабочее время,* даже когда меновая стоимость будет устранена, всегда останется субстанцией богатства и мерой *издержек,* требующихся для его производства»[29]. Это относится и к определению издержек воспроизводства главной производительной силы социалистического общества — рабочей силы. При социализме, отмечал В. И. Ленин, продукты, производимые *общим* трудом, будут идти в пользу трудящихся, а «производимый ими излишек над их содержанием будет служить для удовлетворения общих потребностей самих рабочих»[30].

Величина заработной платы конкретно определяется издержками на получение квалификации, условиями труда, значением отрасли для народного хозяйства, интенсивностью труда и т. д. Все это учитывается при установлении разрядов, тарифов, должностных окладов. Однако и теоретически и практически важно правильно определять удельные веса в заработной плате различных факторов. Существует мнение, что в формировании заработной платы значительную роль играют элементы уравнительности, преувеличивается значение квалификации и недооцениваются интенсивность труда, старательность и инициатива в труде. Признавая всю важность повышения квалификации и не допуская недооценки ее при построении заработной платы, нужно иметь в виду следующие обстоятельства. Во-первых, значительную долю расходов на получение квалификации несет государство. Ф. Энгельс писал: «В обществе, организованном социалистически, эти расходы (по обучению работника.— *Г. С.*) несет общество, поэтому ему принадлежат и плоды, т. е. бóльшие стоимости, созданные сложным трудом. Сам работник не вправе претендовать на добавочную плату»[31]. Во-вторых, любая квалификация сама по себе еще не дает представления о фактически вложенном труде. Трудовой вклад квалифицированного работника больше только при прочих равных условиях, но может уступать вкладу менее квалифицированного, но более старательного работника. Интенсивность труда, инициатива и старательность пока недостаточно используются как факторы роста производительности труда и заработной платы по сравнению с другими факторами.

Повышение заработной платы следует за ростом производительности труда. Правда, в последнее время наблюдается отклонение от этого правила. Как отмечает Н. Роговский, «заработная плата в основных отраслях материального производства растет быстрее, чем производительность труда»[32]. Но и при закономерном соотношении роста заработ-

[27] К. Маркс и Ф. Энгельс, Соч., т. 25, ч. II, стр. 448.
[28] Там же, стр. 421.
[29] К. Маркс и Ф. Энгельс, Соч., 26, ч. III, стр. 265.
[30] В. И. Ленин, Полное собрание сочинений, т. 2, стр. 97.
[31] К. Маркс и Ф. Энгельс, Соч., т. 20, стр. 207.
[32] «Плановое хозяйство» № 4, 1980 г., стр. 30.

ной платы и производительности труда следует иметь в виду, что повышение производительности труда не во всех случаях вызывается усилиями работника, иногда это результат внедрения новой техники.

Совершенствование системы распределения должно исходить из объективного процесса возрастания однородности труда при всемерном развитии творчества и инициативы каждого работника. Разнообразие труда при социализме предполагает разнообразие форм материального поощрения. Выравнивание условий труда позволяет и обязывает проводить массовые, касающиеся миллионов и десятков миллионов работников мероприятия по совершенствованию организации труда, его оплаты. Повышение заработной платы (доходов) большим категориям трудящихся — закономерное для социалистической практики явление. Например, повышение заработной платы *всем* низкооплачиваемым работникам, *всем* колхозникам, *всем* медицинским работникам и т. д. Массовое повышение доходов дает большой социальный эффект. Но при этом стоит задача улавливания индивидуальных особенностей каждого труженика, его вклада в повышение производительности труда. Решение этой задачи позволит вызвать к жизни все потенциальные возможности, скрытые в каждой личности. В дополнение к массовым мероприятиям по повышению доходов нужны избирательные меры, тщательно учитывающие влияние индивидуальных потенций, индивидуальные результаты. Этому требованию отвечало бы, в частности, такое построение премиальной системы, при котором премия не превращалась бы в добавку к заработной плате, а была разовым и крупным вознаграждением за реально достигнутый трудовой успех. Таким образом, перед политической экономией труда стоит проблема выявления допустимого масштаба дифференциации доходов, формы материального поощрения за высокопроизводительный труд.

* * *

Социалистический принцип организации производства и труда коренится в системе социалистических производственных отношений и сам выступает их обобщенной характеристикой. Одновременно этот принцип неразрывно связан с организаторской и воспитательной работой социалистического государства. Государство устанавливает и контролирует меру труда и меру потребления. Распределение по труду—могучее средство организации свободного от эксплуатации труда, но оно в то же время «...форма принуждения: «не работает, так не получит и есть» [33].

Социалистическая форма труда — решающая двигательная сила. Ее нужно последовательно и до конца использовать для преобразования социализма в коммунизм.

В одиннадцатой пятилетке намечается повысить действенность системы материального и морального поощрения, усилить стимулирующую роль оплаты по труду — основного источника доходов населения. Обеспечивать опережающий рост производительности труда по сравнению с ростом его оплаты в отраслях народного хозяйства, в объединениях, на предприятиях. Намечается усиление контроля за мерой труда и мерой потребления.

Актуальность политэкономических исследований проблем труда усиливается в связи с недостатками в его организации, выявившимися в ходе выполнения десятой пятилетки. За последние годы снизились темпы роста производительности труда, ухудшилось соотношение между увеличением заработной платы и производительности труда, имели место случаи уравнительной оплаты труда. Анализ показывает следующее. В 1976—1979 гг. среднегодовые темпы прироста производительности тру-

[33] В. И. Ленин, Полное собрание сочинений, т. 33, стр. 187.

да в промышленности по сравнению с девятой пятилеткой снизились почти в 2 раза, а темпы роста производительности труда и заработной платы значительно сблизились. На каждый процент прироста производительности труда в девятой пятилетке приходилось 0,66% роста заработной платы, а за четыре года десятой пятилетки — 0,81%. Произошло нежелательное уравнение заработной платы инженерно-технических работников и рабочих. В 1940 г. средняя заработная плата ИТР составляла 215% заработной платы рабочих, в 1970 г.— 136% и в 1979 г.— 116%. Министерства и объединения ослабили деятельность по использованию резервов роста производства и производительности труда. Кроме того, на производительности труда и его организации в целом в известной мере сказалось отставание роста товарооборота и услуг по сравнению с ростом денежных доходов населения.

Реализация постановлений ЦК КПСС «О дальнейшем совершенствовании хозяйственного механизма и задачах партийных и государственных органов», ЦК КПСС и Совета Министров СССР «Об улучшении планирования и усилении воздействия хозяйственного механизма на повышение эффективности производства и качества работы», принятых 12 июля 1979 г., будет способствовать устранению недочетов в хозяйственной деятельности и дальнейшему продвижению советской экономики по пути прогресса.

Важно отметить, что в промышленности накоплен опыт высокоэффективной работы. Значительные достижения имеются, например, на предприятиях Минприбора, на ленинградском объединении «Светлана», на ВАЗе и др. Этот опыт должен не только широко использоваться, но и исследоваться учеными для решения важных вопросов политической экономии труда.

В ПОМОЩЬ СИСТЕМЕ ЭКОНОМИЧЕСКОГО ОБРАЗОВАНИЯ

Г. Базарова, В. Пашковский

ФИНАНСОВО-КРЕДИТНЫЕ РЫЧАГИ В СИСТЕМЕ ХОЗЯЙСТВОВАНИЯ

Совершенствование хозяйственного механизма неразрывно связано с усилением роли финансово-кредитных рычагов и стимулов в повышении эффективности производства и качества работы.

Большое внимание решению этой задачи уделено в постановлении ЦК КПСС и Совета Министров СССР «Об улучшении планирования и усилении воздействия хозяйственного механизма на повышение эффективности производства и качества работы». В проекте ЦК КПСС к XXVI съезду партии «Основные направления экономического и социального развития СССР на 1981—1985 годы и на период до 1990 года» подчеркивается необходимость «повысить роль финансово-кредитных рычагов и стимулов в интенсификации производства, укреплении хозрасчета, усилении режима экономии. Активнее использовать их в решении задач ускорения создания и внедрения высокоэффективной новой, а также снятия с производства устаревшей техники, увеличения выпуска товаров народного потребления и оказания услуг населению, мобилизации внутрихозяйственных резервов, ликвидации непроизводительных расходов и потерь, повысить ответственность за нарушение финансовой дисциплины».

Финансово-кредитные рычаги и стимулы, имея в своей основе объективно существующие финансово-кредитные отношения и отражая их принципиальные особенности, выступают активными инструментами планового управления экономикой.

Финансово-кредитные отношения представляют собой специфическую область производственных отношений социализма, связанную с распределением и перераспределением совокупного общественного продукта и национального дохода. Они охватывают значительную часть товарно-денежных отношений, опосредствующую кругооборот и оборот фондов в функционирующих звеньях народного хозяйства в процессе расширенного воспроизводства. Финансы и кредит играют заметную роль в планомерном регулировании процесса производства в масштабе страны, дают возможность обществу через систему денежных фондов приводить в движение трудовые и материальные ресурсы, сосредоточить их на решающих участках экономики и осуществлять контроль рублем за их использованием. Имея общую экономическую основу, финансы и кредит вместе с тем различаются по источникам формирования ресурсов и характеру движения денежных средств. В отличие от финансовых отношений, возникающих в ходе формирования и использования целевых денежных фондов на безвозвратных началах, кредитные отношения представляют собой форму возвратного перераспределения средств.

Посредством механизма финансирования и кредитования, распределения прибыли и платежей в бюджет, погашения ссуд и уплаты процентов, образования и использования амортизационного фонда и других денежных фондов и резервов осуществляются распределение и перераспределение совокупного общественного продукта и национального дохода, формируются и расходуются финансовые ресурсы на всех уровнях управления хозяйством. В этом сложном процессе финансы и кредит оказывают воздействие на развитие производства, улучшение качественных и количественных показателей хозяйствования, сокращение непроизводительных расходов и потерь, увеличение доходов государства, дают возможность осуществлять контроль за эффективным использованием трудовых, материальных и финансовых ресурсов.

При большом многообразии финансово-кредитных рычагов и стимулов важную роль играет их классификация, в том числе по целевому назначению средств и уровням управления. В связи с различиями, присущими финансам и кредиту как особым, относительно самостоятельным формам денежных отношений, правомерно рассматривать отдельно «финансовые рычаги и стимулы» и «кредитные рычаги и стимулы». Однако их рассмотрение в совокупности имеет свои преимущества. Оно позволяет более полно выявлять общие закономерности и определять новые тенденции в развитии финансов и кредита и стоящие перед ними задачи. Это особенно важно для анализа механизма управления отраслью промышленности, в рамках которой (на уровне объединений, предприятий) взаимодействие финансово-кредитных отношений наиболее тесное.

Экономические рычаги и стимулы, в том числе и финансово-кредитные, развиваются с совершенствованием хозяйственного механизма в зависимости от изменения объективных социально-экономических условий. Осуществляемая ныне перестройка хозяйственного механизма потребовала внесения соответствующих изменений и в систему финансово-кредитных рычагов и стимулов. В одиннадцатой пятилетке расширится сфера действия отдельных финансовых рычагов, применявшихся, ранее в опытном порядке, и прежде всего нормативного метода распределения прибыли. Станет всеобщим новый порядок финансирования работ по науке и технике, изменяется механизм действия отдельных финансовых инструментов (платы за фонды, формирования и использования фондов экономического стимулирования); изменяются размеры отдельных видов платежей и взносов (процентов за кредит, тарифов отчислений на социальное страхование, попенной платы, отчислений на возмещение затрат государства на геологоразведочные работы); вводятся новые финансово-кредитные рычаги (плата за воду, забираемую промышленными предприятиями из водохозяйственных систем, новые виды кредитования и расчетов) и др.

Совершенствование финансово-кредитных рычагов и стимулов осуществляется в тесном взаимодействии с мероприятиями по улучшению планирования, дальнейшему развитию хозяйственного расчета и упорядочению ценообразования.

В области финансово-кредитного планирования как составной части народнохозяйственного планирования сейчас решается задача перехода от краткосрочных планов (годовых, квартальных) к среднесрочным (пятилетним) планам как основной форме планирования, а в ряде случаев и к планам, разрабатываемым на более длительную перспективу. Переход от годового к пятилетнему планированию охватывает как систему сводных планов и балансов, разрабатываемых на верхнем уровне управления экономикой (сводный финансовый план государства, баланс денежных доходов и расходов населения, сводные расчеты доходов и расходов государственного бюджета, долгосрочного и краткосрочного кредитов), так и всю систему финансовых планов и балансов министерств, объединений, предприятий и организаций.

Длительное время считалось, что финансово-кредитные показатели, подверженные воздействию многих факторов (не только натуральновещественных, но и ценовых), нецелесообразно рассчитывать на ряд лет вперед, поскольку с удлинением периода планирования их достоверность ослабляется, а эффективность воздействия на производство снижается. С ускорением темпов научно-технического прогресса, последствия которого трудно учесть в планах на перспективу, с изменениями условий добычи и доставки топливно-сырьевых ресурсов, с развитием международного разделения труда и внешнеэкономических связей и в связи с другими факторами трудности перспективного планирования усиливаются. Вместе с тем указанным трудностям во все большей мере противостоят накопленный опыт планирования и управления социалистической экономикой в целом и ее отдельными сферами, обогащение самого арсенала средств планирования (развитие программно-целевого метода, широкое использование нормативов, применение современной электронной техники, внедрение автоматизированных систем управления). Решению задач перспективного планирования способствуют и общее совершенствование системы хозяйственных связей, внедрение в практику взаимоотношений предприятий и объединений долговременных соглашений и договоров, усиление системы экономических стимулов выполнения намеченных планов и экономической ответственности за нарушение принятых обязательств и т. д. Переход к пятилетним планам позволит усилить воздействие финансов и кредита на рост производства и повышение его эффективности, в то же время будет способствовать повышению действенности системы управления в целом, а также сбалансированности плана, более полной увязке всех его разделов. В условиях повышения материального благосостояния населения, роста потребностей и возможностей их удовлетворения большое значение имеет разработка пятилетних балансов доходов и расходов населения как средства улучшения механизма денежного обращения, усиления сбалансированности его пропорций и обеспечения устойчивости путем создания необходимых резервов.

Повышение роли пятилетнего плана и развитие в отраслях народного хозяйства хозрасчетных отношений создают условия для широкого применения в финансовой практике системы долговременных нормативов.

В одиннадцатой пятилетке будет осуществлен постепенный перевод промышленных министерств, объединений и предприятий на нормативный метод распределения прибыли, прошедший опытную проверку в ряде министерств — в Минприборе, Минсельхозмаше, Минтяжмаше, Минэнергомаше и Минэлектротехпроме. С первого года новой пятилетки этот метод распределения прибыли будет применяться еще в двух министерствах: Минстройдормаше и Минживмаше. Более широкое его внедрение станет возможным с введением в действие новых оптовых цен и тарифов.

Применение нормативного метода распределения прибыли, усиливая ответственность производственных объединений и предприятий, промышленных объединений и министерств за результаты финансово-хозяйственной деятельности, повышает их заинтересованность в наиболее эффективном использовании материальных и финансовых ресурсов. Усиление ответственности во всех звеньях — от предприятий до министерств — достигается при помощи обязательного внесения в бюджет плановой суммы платежей независимо от фактически достигнутых результатов. Абсолютные размеры отчислений от прибыли в бюджет по переведенным на этот метод министерствам будут утверждаться в пятилетних планах с распределением по годам. Если в каком-либо году пятилетки утвержденный план прибыли не будет выполнен, платежи в бюджет все равно должны быть внесены в полной сумме за счет соответствующего уменьшения прибыли, остающейся в распоряжении министерства. С расширением сферы применения нормативного метода распределения прибыли соответственно более широкое применение найдут принципы хозрасчетного финансирования плановых затрат. Рассчитываемый на основе показателей пятилетнего плана норматив отчислений от прибыли, оставляемой в распоряжении министерства или объединения, предполагает более полную мобилизацию всех имеющихся собственных источников финансирования плановых затрат. Одновременно создаются условия и для более широкого использования долгосрочного банковского кредита в финансировании капитальных вложений.

Следует отметить, что сфера применения нормативного метода распределения прибыли пока является довольно узкой. Он недостаточно затронул основное (первичное) звено — производственные объединения и предприятия, и в этом направлении еще предстоит большая работа. В числе переведенных на новый метод нет ни одного министерства тяжелой промышленности, нет среди них и министерств легкой и пищевой промышленности, за исключением республиканских, часть которых переводится на этот метод с первого года новой пятилетки. Готовность промышленных министерств к работе на хозрасчетных методах зависит не только от объективных факторов (для добывающей промышленности это связано прежде всего с введением новых оптовых цен и тарифов, для пищевой и отчасти легкой промышленности — с улучшением условий снабжения сырьем и материалами). Во многом готовность к переводу определяется уровнем работы министерств по улучшению финансового положения подведомственных предприятий, устранению диспропорций в развитии отдельных подотраслей и укреплению экономических (в том числе финансовых) служб. Повышение уровня этой работы позволит существенно сократить сроки перевода на прогрессивные методы распределения прибыли и финансирования плановых затрат.

Предусмотренное постановлением от 12 июля 1979 г. расширение сферы применения нормативного метода распределения прибыли сочетается с усилением стимулирующей роли платы за фонды, а также с некоторым изменением роли и места других платежей из прибыли. Плата за фонды, как и прежде, будет вноситься в государственный бюджет за счет балансовой прибыли в виде первоочередного платежа. Вместе с тем в соответствии с новым порядком плата за сверхнормативные непрокредитованные запасы материальных ценностей и неустановленное оборудование будет вноситься из прибыли, оставляемой в распоряжении объединений и предприятий. Это повысит их заинтересованность в сокращении запасов материалов и оборудования, размеры которых в ряде отраслей в настоящее время весьма значительны. Предприятиям и объединениям при выполнении планов производства и прибыли с меньшей стоимостью фондов, чем предусмотрено, предоставляется право оставлять в своем распоряжении экономию по плате за фонды. При этом на сумму экономии уменьшаются взносы платежей в бюджет, установленные министерству в целом в соответствии с общим нормативом распределения прибыли. Повышению стимулирующей роли платы за фонды будет способствовать также сокращение перечня производственных фондов, по которым предоставляются льготы. В одиннадцатой пятилетке предполагается расширить взимание фиксированных платежей по высокорентабельным видам продукции производственного назначения, выпускаемым длительное время. Эта мера затронет преимущественно предприятия обрабатывающей промышленности, в том числе возможно машиностроения, где ранее такие платежи не применялись.

С переводом министерств на нормативный метод распределения прибыли существенно изменится характер и такого (наиболее крупного по своим размерам) платежа, как взносы свободного остатка прибыли в бюджет. Называемый по-новому — отчисления от прибыли, он становится элементом абсолютной (гарантированной) суммы платежей, которая должна будет вноситься в бюджет в полном размере и в случае невыполнения плана прибыли. Размер этого платежа будет определяться в составе общей суммы платежей из прибыли при утверждении пятилетнего плана.

Одновременно с введением новых оптовых цен начнут применяться новые, более высокие ставки отчислений на социальное страхование, повышаются размеры попенной платы, отчислений на возмещение затрат государства на геологоразведочные работы, а также вводится плата за воду, забираемую промышленными предприятиями из водохозяйственных систем. Новые ставки отчислений на социальное страхование, которые по основным отраслям промышленности увеличиваются примерно вдвое, будут способствовать более правильному определению экономического эффекта от внедрения новой техники и усилению стимулов рационального использования рабочей силы. Введение платы за воду, забираемую промышленными предприятиями из водохозяйственных систем, направлено на более рациональное использование этого природного ресурса и охрану окружающей среды. До настоящего времени расходы на строительство и эксплуатацию водохозяйственных систем осуществлялись в основном за счет средств государственного бюджета, а расход воды не находил отражения в себестоимости продукции предприятий-водопотребителей. Повышение размеров попенной платы будет иметь важное значение для более полного возмещения затрат на лесовоспроизводство и компенсацию расходов государства на эти цели. За счет средств государственного бюджета в настоящее время финансируется значительная часть затрат на геологоразведочные работы (свыше 60%). Совершенствование системы платежей в бюджет за геологоразведочные работы связано прежде всего с более полным включением в себестоимость и оптовые цены затрат предприятий добывающей промышленности на эти цели.

В соответствии с постановлением ЦК КПСС и Совета Министров СССР «Об улучшении планирования и усилении воздействия хозяйственного механизма на повышение эффективности производства и качества работы» усиливаются финансовые рычаги управления научно-техническим прогрессом на основе совершенствования планирования и организации работ в области науки и техники. Важное значение в этой связи имеет новый порядок финансирования научно-технических работ за счет средств единого фонда развития науки и техники, создаваемого по долговременным нормативам путем отчислений от прибыли подведомственных объединений и предприятий. Новая форма финансирования является одним из элементов так называемой хозрасчетной организации работ по науке и технике на основе заказов-нарядов, проходивших длительную экспериментальную проверку в ряде отраслей промышленности. Как и нормативный метод распределения прибыли, новый порядок финансирования научно-исследовательских работ, освоения и внедрения новой техники и новых видов изделий направлен на усиление ответственности и заинтересованности министерств, объединений, предприятий и научных организаций в ускорении научно-технического прогресса в отрасли.

Утверждение нормативов отчислений от прибыли в единый фонд развития науки и техники в процентах к показателю товарной или нормативно чистой продукции позволит увязать размеры фонда с конечными показателями деятельности предприятий и объединений. В случае их улучшения по сравнению с заданиями пятилетнего плана размеры единого фонда могут быть увеличены, что соответственно расширит возможности проведения научно-технических работ. Кроме того, в единый фонд развития науки и техники теперь направляется также часть дополнительной прибыли, образующейся от поощрительных надбавок к ценам на продукцию за эффективность и качество. Расширение выпуска такой продукции будет способствовать увеличению размера единого фонда развития науки и техники.

Новая система финансирования научно-технических работ из единого фонда развития науки и техники заменила старую систему, основанную на множественности самостоятельных источников (бюджетные ассигнования, отчисления от себестоимости продукции на научно-исследовательские работы, средства фонда освоения новой техники и др.). За счет средств единого фонда осуществляются научно-исследовательские, проектно-конструкторские, технологические работы; возмещаются затраты, связанные с разработкой и освоением новых видов продукции и технологических процессов, внедрением научной организации труда; покрываются дополнительные расходы, вызванные улучшением качества продукции, повышенные затраты в первые годы производства новой продукции. За счет этого фонда в объединениях, предприятиях и организациях машиностроения могут выплачиваться разовые премии за разработку, освоение и массовый выпуск особо важных и высокоэффективных видов оборудования и машин, а также за создание и освоение принципиально новых технологических процессов.

Промышленным министерствам разрешается передавать часть средств единого фонда развития науки и техники в распоряжение промышленных объединений и крупных производственных и научно-производственных объединений. Министерствам дано также право использовать до 20% средств единого фонда развития науки и техники для создания в отраслевых научных организациях необходимого научного и технического задела.

Отчисления в единый фонд развития науки и техники составляют значительную часть прибыли тех министерств, где он создается. Так, в 1979 г. в среднем по 15 промышленным министерствам удельный вес отчислений на эти цели в общей сумме их прибыли составил 12,7%. Наиболее высок удельный вес этих отчислений в Минэлектротехпроме (26,1%), Минсельхозмаше (25,4%), Минэнергомаше (20,8%), Минтяжмаше (22,8%) и Минприборе (12,5%).

Создание единого фонда не означает, однако, что другие источники финансирования работ, связанных с развитием науки и техники в отраслях, применяться не будут. Для проведения особо важных научно-исследовательских работ, требующих значительных затрат, реализации комплексных научно-технических программ, значение которых существенно возрастает, наряду со средствами единого фонда развития науки и техники могут использоваться средства государственного бюджета. Расширяется кредитование этих работ.

С 1 января 1981 г. вступили в силу новые нормативные документы, регулирующие порядок образования и расходования средств фондов экономического стимулирования [1]. В них отражены меры, направленные на повышение роли фондов экономического стимулирования в решении актуальных социально-экономических задач одиннадцатой пятилетки.

Усилению роли фондов поощрения будет способствовать нормативный метод их формирования в процентах к прибыли (расчетной), более тесная увязка поощрительных фондов с выполнением плана поставок,

[1] См. «Основные положения об образовании и расходовании фонда материального поощрения и фонда социально-культурных мероприятий и жилищного строительства (фондов поощрения) в 1981—1985 гг. в промышленности», а также «Инструкция о порядке образования и использования средств фонда развития производства в производственных объединениях, на предприятиях и в организациях промышленности, строительно-монтажных и проектно-изыскательских организаций».

ростом производительности труда и улучшением качества продукции. Не менее важны и меры по закреплению за предприятиями и объединениями их права в использовании средств фондов экономического стимулирования, в том числе и фонда развития производства. В 1980 г. за счет фонда развития производства и других нецентрализованных источников должно быть обеспечено 13,7% государственных капитальных вложений.

Для развития системы хозрасчетных отношений и расширения экономических функций министерств и промышленных объединений немаловажное значение имеет повышение степени централизации части финансовых ресурсов предприятий и объединений в целях решения общих для отрасли задач и финансовой помощи отдельным предприятиям. Так, министерствам, ведомствам и промышленным предприятиям предоставлено право создавать за счет амортизационных отчислений, предназначенных на капитальный ремонт, резерв в размере до 15% общей суммы этих отчислений для использования его в тех объединениях и на предприятиях, у которых недостаточно собственных средств на капитальный ремонт. Министерства могут также перевести часть средств фондов экономического стимулирования в резерв, а промышленные объединения — создавать централизованные фонды поощрения и фонд развития производства в пределах до 15% общей суммы каждого из этих фондов. Предельные размеры отчислений от прибыли на образование резерва финансовой помощи определены в размере от 1 до 4%.

В стимулировании эффективности производства большую роль играют не только финансовые, но и кредитные рычаги. При этом значение кредитных методов перераспределения средств с каждым годом повышается. Экономической основой расширения перераспределительных функций кредита является изменение характера и увеличение размера финансовых ресурсов в народном хозяйстве, а также наличие достаточно развитых хозрасчетных отношений.

Изменение характера финансовых ресурсов проявляется прежде всего в удлинении срока их использования. Это относится как к ресурсам предприятий, объединений и отраслей, так и к централизованным фондам денежных средств. Об увеличении размера финансовых ресурсов, находящихся в распоряжении предприятий и хозяйственных организаций, можно судить в определенной мере по остаткам временно свободных денежных средств, находящихся на их расчетных счетах. С 1976 по 1979 г. эти остатки увеличились на 27,8%.

Одним из проявлений расширения перераспределительных отношений в народном хозяйстве является увеличение доли национального дохода, аккумулируемой через государственный бюджет. С 1976 по 1979 г. она возросла с 60,2 до 64,2%. Об увеличении финансовых ресурсов свидетельствует также рост сбережений населения, страховых фондов. По отношению к национальному доходу размер вкладов населения в сберегательных кассах с 1976 по 1979 г. увеличился с 26,7 до 33,4%.

Расширение перераспределительных отношений, а также проведенные в последние годы мероприятия по укреплению хозрасчетной самостоятельности предприятий (что особенно проявилось в условиях перестройки управления хозяйством, создания производственных и промышленных объединений) являются экономической основой укрепления кредитных связей. На характер ссудного фонда, а следовательно, и кредитных отношений существенное влияние оказывает повышение долговременности используемых для кредитования фондов денежных средств, что позволяет более активно использовать кредиты для развития народного хозяйства. Однако воздействие кредитных рычагов на повышение эффективности хозяйствования зависит не только и не столько от объема предоставляемых предприятиям кредитов, сколько от их видов, условий выдачи и погашения, то есть от действующего механизма кредитования. Направленность механизма кредитования определяется задачами экономического развития на каждом конкретном этапе.

В соответствии с требованиями к развитию экономики, выдвинутыми на XXIV и XXV съездах КПСС, конкретизированными затем в решениях Пленумов ЦК КПСС и в постановлениях Совета Министров СССР, кредитный механизм был направлен на стимулирование интенсивного развития экономики, ускорение темпов научно-технического прогресса, повышение жизненного уровня советских людей. Эти задачи, как вытекает из «Основных направлений экономического и социального развития СССР на 1981—1985 годы и на период до 1990 года», остаются главными в одиннадцатой пятилетке и в будущем. Для их решения были внедрены новые виды кредитов, изменен порядок предоставления и использования ранее установленных кредитов, совершенствуется порядок кредитного планирования.

В процессе кредитного планирования определяются основные направления вложений кредитов по видам, устанавливаются объем, основные их получатели в отраслевом разрезе, то есть закладывается база кредитных отношений в предстоящем периоде. При этом следует иметь в виду, что, являясь частью финансовых ресурсов, кредит оказывает воздействие на производственно-хозяйственную деятельность предприятий одновременно с действием других финансовых рычагов, в тесной связи с ними. Поэтому уже в процессе планирования важно определить эту связь, место каждого источника финансирования, что является предпосылкой их рационального использования. Предусмотренная постановлением ЦК КПСС и Совета Министров СССР о совершенствовании хозяйственного механизма плановая увязка бюджетных и кредитных ресурсов при составлении сводного финансового баланса страны позволит более точно определить размер необходимых хозяйству денежных средств. Важную роль в этом может сыграть составление единого финансово-кредитного плана на каждом предприятии. Разработка методики составления такого плана — неотложная задача финансовых и банковских органов.

Однако экономически обоснованное составление кредитного плана — только одно из условий эффективного использования кредитных ресурсов. Не менее важное значение имеют рациональное функционирование механизма кредитования, создание экономически обоснованных условий выдачи и погашения ссуд, установление размера и порядка взимания процентов за пользование кредитом. Это относится как к краткосрочным кредитам на текущие затраты, так и к долгосрочным кредитам в инвестиционную сферу.

С целью усиления воздействия кредита на работу предприятий, укрепления их хозрасчетной ответственности Госбанк СССР в последние годы (особенно после постановления Совета Министров СССР «О некоторых мерах по улучшению порядка кредитования и расчетов в народном хозяйстве» 1973 г.) расширил круг объектов краткосрочного кредитования, изменил условия предоставления ряда ссуд. В частности, Госбанк СССР в настоящее время, помимо ссуд, предоставляемых, как и ранее, под сверхплановые запасы товаро-материальных ценностей, образование которых связано с сезонными колебаниями поступлений сырья и реализации продукции, переносом сроков выпуска отдельных видов изделий, несовпадением сроков накопления материальных ценностей и прироста норматива собственных оборотных средств и т. п., широко предоставляет кредиты на устранение недостатков в хозяйственно-финансовой деятельности: под запасы излишних, ненужных и залежалых остатков товаро-материальных ценностей, когда предприятия принимают реальные меры по их реализации; на временное восполнение недостатка собственных оборотных средств. Указанные ссуды оформляются кредитными соглашениями между учреждениями Госбанка СССР и предприятиями, в которых конкретно обусловливаются сроки погашения кредитов, их использование.

Большое внимание Госбанком СССР уделяется в настоящее время созданию благоприятных условий для ускорения научно-технического прогресса. С этой целью с 1973 г. расширено кредитование расходов на пусковые объекты — на освоение вводимых в эксплуатацию новых предприятий, производств, цехов и агрегатов. К этим расходам относятся затраты на наладочные работы и комплексное опробование оборудования в пусковой период. Кредитуются также расходы по подготовке и освоению новых видов продукции и внедрению новых технологических процессов: затраты на проектирование и конструирование, на разработку технологического процесса изготовления нового изделия, на перестановку и переналадку оборудования, на изготовление опытных образцов.

Благоприятно влияют на техническое переоснащение производства кредиты, предоставляемые Госбанком СССР под сверхнормативные производственные запасы, остатки незавершенного производства и готовой продукции в случаях, когда накопление этих запасов связано с выпуском новой продукции, повышением качества изделий.

Среди важных мер, намеченных постановлением о совершенствовании хозяйственного механизма, можно назвать также предоставление министерствам и ведомствам права получать кредит на работы, финансируемые за счет средств единого фонда развития науки и техники, при несовпадении в течение года поступления средств в этот фонд и размеров затрат, производимых из этого фонда. Кредит выдается и производственным объединениям и предприятиям на оплату работ, финансируемых за счет средств единого фонда развития науки и техники, если указанные работы выполняются в более короткие сроки, чем это предусмотрено планом; на осуществление высокоэффективных мероприятий по развитию науки и техники, не предусмотренных планом, с погашением кредита и процентов за кредит в течение двух лет со дня его выдачи за счет средств единого фонда развития науки и техники. Этот кредит предоставляется под гарантию министерств, ведомств, всесоюзных промышленных объединений. Выдача указанных кредитов совместно с проведением унификации источников финансирования затрат по развитию науки и техники будет способствовать развитию работ по техническому совершенствованию производства. В этом отношении активную роль призваны сыграть также кредиты, выдаваемые на проведение высокоэффективных мероприятий по выпуску новой продукции и повышению качества производимых изделий сверх лимита государственных капитальных вложений. Такие кредиты выдаются на срок до 2 лет и погашаются за счет дополнительной прибыли, получаемой от проведения кредитуемых мероприятий.

На тех же условиях кредитуются в настоящее время затраты на расширение производства товаров народного потребления и улучшение бытового обслуживания населения. При определении срока окупаемости затрат и источников погашения кредита, помимо дополнительной прибыли, разрешено учитывать до 50% налога с оборота, полученного от реализации товаров народного потребления, выпущенных за счет проведения кредитуемых мероприятий. Такие кредиты дают значительный экономический эффект. Как отмечал председатель Правления Госбанка СССР В. Алхимов, «только за 1979 год за счет сверхпланового кредита было введено в действие 13 669 таких объектов. Учреждениями Госбанка предоставлено около одного миллиарда рублей кредитов, что позволило дополнительно выработать продукции на 2,4 миллиарда рублей и получить дополнительную прибыль свыше 600 миллионов рублей в расчете на год» [2].

Созданию благоприятных условий для дальнейшего совершенствования материально-технической базы производства, повышения качества и сокращения сроков проведения работ капитального характера будут способствовать также осуществляемый в настоящее время перевод подрядчиков на расчеты за полностью завершенные объекты («под ключ») и изменение в связи с этим порядка наделения их оборотными средствами, отмена авансов заказчиков и перевод подрядчиков на прямое банковское кредитование под затраты по незавершенному производству строительно-монтажных работ до планового срока сдачи законченного строительством предприятия или комплекса. Подобный порядок расчетов и кредитования вводится и для проектных организаций. Все это открывает возможность создания в инвестиционной сфере единого кредитно-расчетного механизма, включающего отношения заказчиков, подрядчиков, проектных организаций, поставщиков оборудования и повышающего экономическую ответственность указанных организаций за своевременное осуществление строительно-монтажных работ и их окупаемость в определенные сроки.

Установление комплексных кредитных связей в инвестиционной сфере во многом зависит от решения вопроса расширения долгосрочного кредитования заказчиков. Действующая в настоящее время система формирования собственных средств хозяйства, направляемых на капитальные вложения, бюджетного финансирования, условия кредитования затрудняют возможность расширения долгосрочного кредитования заказчиков. Вероятно, имеет смысл ограничить в плановом порядке возможность внутри- и межведомственного перераспределения средств, создать более широкое поле деятельности для долгосрочных кредитов, изменить условия их предоставления и погашения и, в частности, установить предлагавшийся многими экономистами более длительный срок их действия.

Важную роль в совершенствовании кредитных отношений и укреплении хозрасчета призван сыграть такой существенный элемент кредитного механизма, как процент, взимаемый за пользование ссудой.

С 1 января 1981 г. введены в действие новые процентные ставки, взимаемые за пользование банковским кредитом. Их особенность — в большей дифференциации в зависимости от характера кредита, условий и срока его использования. В частности, повышены процентные ставки по ссудам, связанным с преодолением отклонений от нормального хода хозяйственно-финансовой деятельности предприятий: на временное восполнение недостатка собственных оборотных средств — с 2—7 до 8%, на выплату заработной платы — с 2—3 до 5%, на открытие аккредитивов, на перераспределение прибыли — с 1—4 до 5% и т. д. Существенно расширена дифференциация процентных ставок за пользование долгосрочными кредитами: наименьшая ставка установлена по кредитам при досрочном завершении работ; несколько выше при завершении мероприятий в плановый срок; резко (в 2 и более раза) повышается уровень процентов при нарушении плановых сроков завершения работ; наиболее высокие проценты взимаются за просроченные платежи по ссудам.

Одновременно унифицированы процентные ставки по отдельным однородным кредитам независимо от отраслевой принадлежности предприятий-заемщиков. Это касается главным образом кредитов, связанных с осуществлением расчетов. Применительно к этим ставкам (5 и 10%) введена плата и за пользование ссудами сверх установленных

[2] В. Алхимов, Банковская система СССР в действии («Коммунист» № 8, 1980 г., стр. 35).

плановых размеров и контрольных цифр при кредитовании со специальных ссудных счетов. Такая унификация является важным условием проведения единой экономически обоснованной кредитной политики.

Действие процента за кредит значительно усилится, если будет найдена приемлемая форма его уплаты за кредиты, связанные с неудовлетворительной работой предприятия, за счет средств фонда материального поощрения.

Стимулирующее значение будет иметь повышение пени по просроченным платежам за поставленные товаро-материальные ценности, оказанные услуги и выполненные работы с 0,03 до 0,04% суммы просроченного платежа за каждый день просрочки. Повышение пени призвано возместить в определенной мере убытки от нарушения нормального хода процесса воспроизводства из-за неплатежей покупателей.

С учетом важности обеспечения своевременной оплаты счетов за поставленные товаро-материальные ценности и услуги существенно изменен с 1980 г. и порядок предоставления платежных кредитов покупателям. Для того чтобы оградить интересы поставщика, аккуратно выполняющего свои договорные обязательства, установлено, что при наступлении срока платежа и временном отсутствии средств у покупателя акцептованные им платежные документы оплачиваются банком за счет ссуды с отнесением ее на покупателя, с погашением такой ссуды в срок до 60 дней в очередности, установленной для оплаты товаро-материальных ценностей и взысканием 5% годовых. По истечении указанного срока кредитование продолжается со взиманием 10%. Введение указанного порядка выдачи платежного кредита означает предоставление существенных льгот покупателям, оно учитывает укрепившуюся хозрасчетную самостоятельность и ответственность покупателей. Однако подобные льготные условия предоставления кредитов, помимо улучшения платежной дисциплины, могут оказать и отрицательное воздействие на хозяйственно-финансовую деятельность предприятий, если они будут предоставляться на покрытие недостатков в работе хозорганов. Очень важно поэтому при выдаче подобных кредитов учитывать характер финансовых затруднений предприятий и организаций. При наличии финансовых затруднений в течение длительного времени выдача таких кредитов экономически неоправданна.

Важным условием рационального использования краткосрочного кредита является обеспечение предприятий и организаций собственными оборотными средствами в нормальном объеме. Для этого министерствам предложено разработать и по согласованию с Министерством финансов СССР утвердить экономически обоснованные нормативы оборотных средств и привести в одиннадцатой пятилетке размеры собственных оборотных средств в соответствие с этими нормативами с замещением при необходимости части норматива банковским кредитом. Выполнение указанного требования позволит обеспечить правильное сочетание собственных и заемных средств в хозяйственном обороте, своевременную и полную возвратность полученных предприятием кредитов, что усилит воздействие кредитного механизма на деятельность предприятий и объединений.

СПИСОК РЕКОМЕНДУЕМОЙ ЛИТЕРАТУРЫ

В. И. Ленин, Удержат ли большевики государственную власть? (Полное собрание сочинений, т. 34).

В. И. Ленин, Доклад на I Всероссийском съезде представителей финансовых отделов Советов 18 мая 1918 г. (Полное собрание сочинений, т. 36).

«Материалы XXV съезда КПСС». Политиздат, 1976 г.

Постановление ЦК КПСС и Совета Министров СССР от 12 июля 1979 г. «Об улучшении планирования и усилении воздействия хозяйственного механизма на повышение эффективности производства и качества работы». Политиздат, 1979 г.

Проект ЦК КПСС к XXVI съезду партии «Основные направления экономического и социального развития СССР на 1981—1985 годы и на период до 1990 года» («Правда», 2/XII. 1980 г.).

Л. И. Брежнев, Речь на Пленуме ЦК КПСС 21 октября 1980 г. («Экономическая газета» № 43, 1980 г.).

О государственном плане экономического и социального развития СССР на 1981 г. и о ходе выполнения Государственного плана экономического и социального развития СССР в 1980 г. Доклад председателя Госплана СССР Н. К. Байбакова («Экономическая газета» № 44, 1980 г.).

О Государственном бюджете СССР на 1981 г. и об исполнении Государственного бюджета за 1979 г. Доклад министра финансов СССР В. Ф. Гарбузова («Экономическая газета» № 44, 1980 г.).

В. С. Алхимов, Банковская система СССР в действии («Коммунист» № 8, 1980 г.).

В. Ф. Гарбузов, Советские финансы как фактор повышения эффективности производства и качества работы («Коммунист» № 16, 1980 г.).

В. В. Деменцев, Государственный бюджет СССР на 1980 г. и задачи финансовых органов («Финансы СССР» № 1, 1980 г., стр. 3).

Г. С. Мергелов, Хозрасчет в системе управления отраслью. Издательство «Экономика», 1980 г.

Г. В. Саньков, Кредит в системе экономического стимулирования. Издательство «Финансы», 1979 г.

С. А. Ситарян, Управление и прибыль. Издательство «Знание», 1979 г.

«Совершенствование хозяйственного механизма». Издательство «Правда», 1980 г.

«Совершенствование хозрасчетного механизма развития производства». Под ред. В. Г. Стародубровского, Р. А. Отсасона. Издательство «Экономика», 1978 г.

КРИТИКА И БИБЛИОГРАФИЯ

«Хозяйственный механизм на современном этапе». Под ред. члена-корр. АН СССР П. Г. Бунича. «Экономика», 1980, 232 с.

Коммунистическая партия и Советское правительство всегда уделяли огромное внимание совершенствованию хозяйственного механизма развитого социалистического общества. Этим целям в полной мере отвечает и постановление ЦК КПСС и Совета Министров СССР от 12 июля 1979 г. «Об улучшении планирования и усилении воздействия хозяйственного механизма на повышение эффективности производства и качества работы».

Авторы рецензируемой книги [1] поставили своей задачей показать объективную обоснованность мер, предусмотренных постановлением, раскрыть содержание важнейших из них и высказать соображения о дальнейших перспективах улучшения хозяйственного механизма управления советской экономикой. Работу условно можно подразделить на четыре раздела. В первом рассмотрены теоретические проблемы, связанные с развитием хозяйственного механизма (главы 1—4). Во втором разделе раскрываются основные блоки экономического механизма (главы 5—9). Третий раздел (главы 10—12) посвящен анализу организационных вопросов, связанных с развитием хозяйственного механизма. В четвертом разделе (главы 13—14) исследуются тенденции дальнейшего развития хозяйственного механизма в странах — членах СЭВ и пути совершенствования территориального аспекта хозяйственного механизма.

Достоинство монографии — сочетание в ней глубоких разработок политэкономических проблем, характеристики важнейших положений постановления ЦК КПСС и Совета Министров СССР с выдвижением новых проблем дальнейшего развития хозяйственного механизма на современном этапе развития экономики.

Пожалуй, основная черта проводимых сейчас мероприятий по совершенствованию хозяйственного механизма — их комплексность. Эта черта подробно раскрывается в 1-й главе. Здесь показана преемственность принятых решений с положениями, выдвинутыми В. И. Лениным в докладе на VII съезде партии, охарактеризованы сущность хозяйственного механизма и его структура. Авторы подчеркивают, что, являясь объективной категорией и способом приведения формы производства в соответствие с непрерывно растущим уровнем производительных сил, хозяйственный механизм служит важнейшим звеном практического осуществления экономической политики.

В то же время вызывает сомнение выдвинутое здесь положение, в соответствии с которым хозяйственный механизм может рассматриваться «как понятие более широкое, чем управление экономикой» (с. 17). Весьма дискуссионным нам представляется также тезис о том, что формы организации общественного производства являются элементом хозяйственного механизма. Формы общественной организации производства, как известно, изучаются в системе отраслевых экономических наук, и вряд ли есть необходимость включать их в состав хозяйственного механизма, который призван создать благоприятные условия для осуществления эффективной специализации, концентрации и кооперирования производства. Поэтому, выдвинув такое положение, автор должен был попытаться более обстоятельно аргументировать его. В целом в главе представлена оригинальная трактовка многих теоретических положений по хозяйственному механизму.

Далее, во 2-й главе работы, рассматривается использование экономических законов в системе хозяйственного механизма. Подробно раскрываются сущность экономических законов, их система, особенности действия в условиях социализма. Хозяйственный механизм, отмечает автор, базируется на действии не отдельных экономических законов, а их системы, включая основной экономический закон, закон планомерного, пропорционального развития и др.

Политэкономические основы управления социалистическим народным хозяйством по-

---

[1] Коллектив авторов: Л. И. Абалкин, А. Г. Аганбегян, В. В. Адамчук, П. Г. Бунич, А. П. Вавилов, О. В. Козлова, А. А. Модин, Г. Б. Правоторов, А. М. Румянцев, В. В. Ситнин, П. А. Скипетров, Т. С. Хачатуров, Н. П. Федоренко, С. А. Хейнман, С. И. Шкурко.

лучают дальнейшее развитие в 3-й главе, где подчеркивается единство трех аспектов управления — технологического, экономического и юридического. По нашему мнению, здесь целесообразно было выделить и социальный аспект управления, подчеркнув в то же время примат экономического аспекта. Подробно характеризуются особенности товарно-денежных отношений при социализме, анализируются такие категории, как стоимость, деньги при социализме, директивные показатели пятилетнего плана, которые предусмотрены в постановлении.

Завершается первый раздел главой о планомерности как объективной основе и всеобщей форме хозяйственного механизма развитого социализма. Сущность планомерности при этом определяется как непосредственно-общественная экономическая форма производственных связей производителей (см. с. 51), как «пролетарское... а затем и общенародное регулирование производства и распределения общественного продукта» (с. 52).

Своевременна постановка вопроса о повышении роли потребителя в формировании программ развития производства (номенклатуры и количества выпускаемой продукции, сроков освоения новых изделий, цен и т. п.). Это отнюдь не означает перехода к так называемому «рыночному социализму», а направлено на совершенствование планирования, стимулирования, ценообразования и других элементов хозяйственного механизма.

На высоком теоретическом уровне с учетом важнейших практических задач рассматривается система показателей плана в 5-й главе. Авторы справедливо подчеркивают, что нормативно-чистая продукция не является единственной характеристикой эффективности производства. Показатель реализации продукции и некоторые другие еще не изжили себя.

В книге аргументируется необходимость дальнейшего развития самостоятельности объединений в формировании производственной программы. Интересны рекомендации об установлении различного порядка выделения средств на расширение вводимых мощностей, имеющих локальное значение, и проведение тех работ, которые существенно влияют на территориальные и отраслевые пропорции.

Авторы также предлагают сократить количество централизованно фондируемых материалов и расширить оптовую торговлю средствами производства, учитывать при установлении нормативов определения фонда заработной платы состояние техники, технологии и масштабы производства, дифференцировать и увеличить процент за кредит, учитывать оценку земли и других видов природных ресурсов при определении себестоимости продукции.

Вместе с тем некоторые из выдвигаемых здесь положений требуют дополнительной аргументации, в частности тезис об организационно-распорядительных методах управления.

Экономическим рычагам управления повышением качества продукции посвящена 6-я глава. Такое управление может эффективно осуществляться только в тесной связи со всей системой управления развитием производства. Однако формы и методы этой связи автор не раскрыл. Выдвигаемые им на первый план организационные меры — развитие комплексной стандартизации, четкое определение уровня качества, создание вневедомственной экспертизы и др.— могут дать эффект только при сочетании их с экономическими мерами (надбавки к оптовой цене, введение ступенчатых цен, дифференциация условий кредитования в зависимости от достигнутого уровня качества продукции, целевое финансирование мер, направленных на повышение качества продукции и др.).

Особое место в повышении эффективности производства и росте его масштабов принадлежит капитальному строительству. Рассматривая в 7-й главе задачи планирования и стимулирования капитального строительства, автор выделяет главные проблемы, стоящие перед этой отраслью в настоящее время: сокращение чрезмерного объема незавершенного строительства, прекращение распыления капитальных вложений между множеством объектов, борьба с превышением сметной стоимости многих объектов, сдача в эксплуатацию полностью законченных объектов, повышение качества строительных работ. Важнейшую роль в решении этих задач должны сыграть обеспечение стабильности пятилетних планов, так как изменение заданий в годовых планах при длительных сроках строительства приводит к нарушению всего его хода, сбалансированность плановых заданий строительных организаций с их мощностью и с объемом выделяемых материальных ресурсов.

В главе обращается большое внимание на новую систему оценочных показателей работы строительно-монтажных организаций, изменение порядка сдачи и приема законченных объектов, системы их кредитования и порядка премирования проектантов и строителей. Однако в главе, к сожалению, не затронуты вопросы совершенствования структуры строительных организаций и системы управления ими.

Подробно рассмотрены в книге пути совершенствования организации оплаты труда. В их числе отказ от системы устойчивой тарификации, от действующего порядка пересмотра норм, установление прямой зависимости между ростом национального дохода и заработной платы, сокращение межотраслевой дифференциации заработной платы. Одновременно рекомендуется усилить дифференциацию в оплате труда в зависимости от его качественных особенностей. Все это весьма интересно, но далеко от реальной возможности, а в некоторых случаях и целесообразности реализации.

Что касается некоторых теоретических позиций автора, то выдвинутый им «закон возмещения затрат рабочей силы» (с. 111) вызывает сомнение. Неудачно сформулировано и положение, в соответствии с которым «наряду с учетом экономических законов при формировании принципов организации заработной платы в условиях социализма необходимо также предусмотреть меры по обеспечению материальной заинтересованности работников в результатах труда» (с. 113). Почему автор пишет «наряду», «также» и тем самым отрывает материальную заинтересованность в результатах труда от действия экономического закона распределения по труду, о котором пишет на предыдущей странице? Тезисы автора о мере труда и мере его оплаты нуждаются, на наш взгляд, в дополнительном разъяснении.

Он утверждает далее, что «множественность применяемых в настоящее время доплат, надбавок, премий имеет свой смысл» (с. 118). Нам представляется, что эта множественность приносит вред, так как предоставляет возможность выбора, за счет каких результатов в работе можно получить больший заработок без должной связи с интересами народного хозяйства. Вместе с тем характеристика мер, предусмотренных постановлением, дана содержательно и достаточно полно.

Одной из наиболее острых проблем сейчас является улучшение использования трудовых ресурсов. И дело не только в их ограниченности и сокращении притока новых трудовых ресурсов, но и во многих социальных последствиях повышения эффективности труда. Автор 9-й главы обосновывает ряд интересных предложений о путях их решения. Он, в частности, рекомендует применять показатели, характеризующие использование трудовых ресурсов, изменить систему оплаты за выслугу лет, ввести плату за использование трудовых ресурсов и др. Однако в трактовке этих мер автор ограничивается беглым их перечислением, не раскрывая направлений разработки хотя бы наиболее существенных из выдвигаемых им рекомендаций. В то же время он вышел за рамки анализа хозяйственного механизма, рассматривая такие вопросы, как сокращение целодневных и внутрисменных потерь, изменение системы подготовки и переподготовки кадров, организация работы бюро по трудоустройству и др. Недостаточным нам представляется обоснование автором «закона перемены труда» (с. 145).

Повышение эффективности производства тесно связано с рациональным использованием всех видов производственных ресурсов. В то же время в народном хозяйстве страны имеются огромные резервы производства. Интересный, хотя и краткий анализ этих резервов и определение путей их реализации даны в 10-й главе. В целом эти вопросы изложены правильно и аргументированно. Главной причиной, вызвавшей такие резервы, является все еще недостаточный уровень специализации и концентрации производства. Автор убедительно показывает недостатки в решении задач совершенствования организации общественного производства. Безусловно, правильна постановка вопроса о том, что концентрация производства оправдана только при ее сочетании с высоким уровнем специализации.

Вместе с тем тезис о тенденции к «натурализации производства» далеко не столь уж однозначен. Нам представляется, и это подтверждено опытом многих развитых стран, что изготовление специальных средств (оборудования, инструментов, приспособлений, штампов и т. д.) должно быть приближено к потребителю при усилении единого технического руководства такими работами. И эту тенденцию вряд ли следует трактовать как «натурализацию производства».

Стремление хозяйственников организовать выпуск многих полуфабрикатов «у себя» вызвано все еще недостаточной дисциплиной поставок. Автор называет некоторые меры, направленные на повышение дисциплины в выполнении договоров, но этим ограничиться нельзя, здесь нужна система мероприятий.

Существенной предпосылкой совершенствования хозяйственного механизма и обеспечения его эффективного функционирования является улучшение организации производства и управления. Этой проблеме посвящены 11-я и 12-я главы монографии. В 11-й главе убедительно доказана необходимость создания рациональной информационно-технической системы, соответствующей целям развития управляемого объекта, его особенностям, состоянию и тенденциям развития. Большой интерес представляет постановка вопроса о создании «индустрии информации», формировании информационно-вычислительных центров общего пользования и введении хозрасчетных отношений между этими центрами и производственно-хозяйственными организациями. Справедлива также рекомендация автора об «интеграции информационных потоков в масштабах социалистической экономики и ее органов управления» (с. 185).

В 12-й главе на основе анализа формирования и деятельности ряда производственных объединений справедливо доказывается необходимость научного подхода к их созданию. Тесные производственные связи, которые сложились в настоящее время не только внутри отраслей промышленности, но и между ними, обусловливают целесообразность формирования многоотраслевых объединений. По справедливому мнению автора, следует отказаться от ведомственного подхода к их созданию и исходить из производственной целесообразности, подчиняя ей ведомственную принадлежность.

Выдвигаемое предложение о более четком разделении работ между органами управления объединения в целом и входящих в него производственных единиц справедливо. К сожалению, принципы реализации этого положения раскрыты в главе не полностью.

Углубляющаяся экономическая интеграция стран СЭВ определяет жизненную необходимость сближения хозяйственного механизма в разных странах. Это не исключает существования ряда его особенностей, связанных со структурой производства, степенью развития международных экономических связей, масштабами производства и другими чертами производства в каждой из стран. Автору 14-й главы удалось выявить и обобщить основные черты хозяйственного механизма, функционирующего в сотрудничающих странах. В главе характеризуются меры, направленные на развитие хозяйственного механизма в странах. Выделены также и новые тенденции, которые проявляются в отдельных из них.

Важные вопросы поставлены в 14-й главе, посвященной развитию районов Севера. В ней определены те проблемы, которые должны решаться в территориальном разрезе, показана эффективность такого подхода. Убедительно доказывается экономическая эффективность развития хозяйства Сибири более высокими темпами, чем в среднем в стране. Автор предлагает организовать разработку программ решения крупных региональных проблем. К сожалению, вопросы, связанные непосредственно с совершенствованием хозяйственного механизма, сочетания отраслевых и региональных интересов, в частности созданием условий для активизации развития экономики Сибири, автор не раскрывает.

Анализ содержания книги позволяет сделать вывод, что читатель получил интересную работу, изучение которой поможет расширить его экономические знания, заставит задуматься над рядом сложных актуальных проблем дальнейшего совершенствования хозяйственного механизма развитого социализма.

С. Каменицер

И. Ф. МОТОРИН, Планирование процессов интеграции в СССР (Теория и методология планирования мероприятий по развитию интеграции со странами СЭВ). «Мысль», 1979, 263 с.

В современных условиях развитие экономики стран социалистического содружества во многом зависит от глубины и интенсивности взаимных экономических связей. Социалистическая экономическая интеграция стала мощным фактором развития народного хозяйства всех стран СЭВ, что нашло отражение в их хозяйственных механизмах, где интеграционный фактор занимает значительное место. Большое внимание в последнее время уделяется планированию процессов интеграции в системе народнохозяйственного плана СССР. Этим проблемам и посвящена рецензируемая книга, в которой обстоятельно рассматриваются две группы вопросов — совершенствования форм совместной плановой деятельности и развития национального планирования интеграционного процесса.

Исходные методологические позиции автора в целом нам представляются правильными. Необходимость планирования участия данной страны в международном социалистическом разделении труда он выводит из планомерного характера социалистического хозяйствования. Четко выделены различия по существу между национальным планированием как прямой, директивно-адресной деятельностью и совместной плановой деятельностью стран — членов СЭВ как добровольно-координационной деятельностью (с. 43—44). Исследуется ряд крупных теоретических вопросов, связанных с определением сущности социалистической экономической интеграции, совместной плановой деятельности и ее форм. В рамках одной главы они, естественно, не могли быть рассмотрены всесторонне, отсюда некоторая несвязанность отдельных теоретических положений, незавершенность анализа.

Наиболее существенный недостаток этого раздела работы — терминологические неточности в определении совместной плановой деятельности и ее форм. Здесь мы должны руководствоваться теми положениями, которые имеются в Комплексной программе социалистической экономической интеграции, где совместная плановая деятельность определена как основной метод экономического сотрудничества стран — членов СЭВ. В книге же методами названы формы совместной плановой деятельности.

Центральными являются вторая и третья главы. Здесь подробно рассматривается методология составления плана участия СССР в интеграционных мероприятиях со странами СЭВ. Важнейшим инструментом интеграционного планирования выступает соответствующий раздел народнохозяйственного плана, который выделяется в годовом народнохозяйственном плане СССР с 1974 г. И. Моторин отмечает, что этот раздел плана — главное средство укрепления устойчивости экономических связей со странами СЭВ. Четкая фиксация обязательств, выделение ресурсов способствуют более точному и своевременному выполнению обязательств, взятых страной в рамках социалистической экономической интеграции.

Среди наиболее важных вопросов методологии интеграционного планирования выделяется вопрос обеспечения интеграционных мероприятий экономическими ресурсами. Ресурсный подход — главное в интеграционном планировании. В книге подчеркивается, что планирование капитальных вложений, материально-технического обеспечения производства, трудовых ресурсов, предназначенных на интеграционные мероприятия, должно быть тесно увязано со всеми разделами народнохозяйственного плана.

Ресурсное обеспечение предполагает использование и заемных средств. Об этом автор лишь упоминает, но не анализирует подробно такой важный источник ресурсов, каким являются межгосударственное кредитование и кредиты Международного инвестиционного банка (МИБ). Кредиты, предоставляемые МИБ, дают возможность уменьшить инвестиционную нагрузку для страны, которая строит на своей территории интеграционный объект.

По мере реализации долгосрочных целевых программ сотрудничества (ДЦПС) требования к уровню интеграционного раздела плана значительно возрастают. Внедрение программно-целевого подхода в практику экономического сотрудничества стран — членов СЭВ затрагивает большой круг отраслевых и межотраслевых проблем, неизбежно приводит к увеличению числа плановых форм и показателей. Имея это в виду, И. Моторин предлагает разработать в составе интеграционного раздела народнохозяйственного плана программный подраздел, который содержал бы перечень задач, связанных с обязательствами СССР по реализации ДЦПС (с. 96).

Такое предложение, безусловно, интересно. Однако детальный анализ причин, побуждающих к этому, и последствий данного мероприятия заставляет нас все же усомниться в целесообразности высказанного предложения. Все разделы народнохозяйственного плана взаимосвязаны друг с другом; тем более это касается интеграционного раздела. Комплексный, системный характер реализации обязательств по участию в ДЦПС, наоборот, предполагает более тесную взаимосвязь интеграционных задач с внутренними для каждой страны. Особенно сильна, на наш взгляд, эта взаимосвязь с точки зрения ресурсного обеспечения.

К числу наиболее сложных проблем автор относит разработку методологии составления показателей интеграционного раздела Государственного плана. В плановой практике выделяются две группы показателей: директивные и расчетные. Если первые непосредственно характеризуют задание плана, являются обязательными для исполнения, адресными, то вторые помогают анализировать плановые задания и носят вспомогательный характер. Автор в качестве основных, директивных показателей выделяет показатели объемов капитальных вложений, выпуска продукции, трудовых ресурсов. Он справедливо отмечает, что приведенные показатели должны дополняться натуральными показателями, определяющими непосредственно степень удовлетворения потребности. Но какова мера сочетания сводных стоимостных и натуральных показателей, в книге четко не определено. И. Моторин заметил лишь, что нет необходимости в интеграционном разделе расширять номенклатуру взаимопоставляемой продукции. Это можно, по его мнению, согласовать на уровне министерств и предприятий (с. 103—104). Такое предложение нам представляется весьма спорным.

Расчетным показателям уделено значительно меньше внимания. И. Моторин рассматривает лишь те из них, которые характеризуют в целом уровень развития процесса интеграции между СССР и другими странами — членами СЭВ. К ним относятся: показатели соотношения экспорта данной продукции в страны СЭВ с его общим объемом производства в нашей стране, потребление импортной продукции из стран СЭВ, коэффициенты темпов роста экспорта и импорта. К сожалению, ничего не сказано о показателях, с помощью которых обеспечивается реализация интеграционных мероприятий.

Много места в книге отведено проблеме экономической эффективности интеграционных мероприятий. На наш взгляд, это наиболее сильный раздел работы. Автор детально исследовал проблему определения критерия экономической эффективности социалистической интеграции. Ведь интеграционные мероприятия — это совместные хозяйственные решения ряда стран СЭВ, которые при различии национальных интересов должны обеспечить определенный эффект всем сотрудничающим странам. Поэтому верной представляется позиция автора, отрицающего возможность использования показателя максимума чистого дохода, который применим лишь при решении какого-либо отдельного варианта сотрудничества. И. Моторин не предлагает готового решения данной проблемы, но его точка зрения о том, что критерий экономической эффективности интеграции может быть выражен через соотношение эффекта и затрат, представляется правильной. Количественное определение обобщающего показателя связано с оценкой эффективности вариантов международной специализации производства, так как именно эффект от специализации обусловливает решающую часть интеграционного эффекта. Сопоставляется эффект от экспорта и импорта данной продукции, реализуемой во внешнеторговом обмене. К нему добавляется эффект от концентрации производства, обеспечиваемый международной специализацией. Полученный результат соотносится со всеми видами ресурсов, которые народное хозяйство авансирует для интеграционного мероприятия.

Данный принцип и его модификации автор предлагает использовать при расчетах экономической эффективности интеграционных мероприятий с точки зрения интересов партнеров, при сравнении различных проектируемых вариантов с учетом фактора времени, а также с учетом кредитных условий. Особый интерес представляет расчет эффективности ДЦПС. Здесь рекомендованы те же принципы, которые лежат в основе расчета эффективности вариантов международной специализации производства (с. 226—228). В целом такой подход представляется верным, но он не в полной мере учитывает всю сложность и специфику оценки результатов такого комплексного мероприятия, каким является ДЦПС. Оценка эффективности с позиций всех участвующих стран путем суммирования эффектов, получаемых странами, весьма приблизительна. Она должна дополняться не только сопоставлением с объемом ресурсов, но и точно отражать вклад каждой страны в совместное мероприятие, меру потребности данной страны в производстве определенной продукции и другие факторы.

Изучая опыт интеграционного планирования в других странах СЭВ, И. Моторин отметил, что в методологии планирования имеется много общего. Обеспечивается единый подход к планированию интеграционных мероприятий по однопорядковым методическим указаниям. Вместе с тем отмечаются и различия в формах и показателях интеграционного раздела. На наш взгляд, эти различия более существенны, нежели о них пишет автор книги. Они определяются главным образом теми различиями, которые имеются в национальных системах планирования, финансирования, экономического стимулирования и управления внешнеэкономическими связями.

В целом монография — удачная попытка исследования такой важной и серьезной проблемы, как планирование участия страны в социалистической экономической интеграции. Естественно, что не все ее аспекты нашли полное и исчерпывающее освещение в рецензируемой книге. Однако выводы и предложения, высказанные автором, будут способствовать более целеустремленному и плодотворному изучению этих вопросов.

А. Шуркалин

К. Н. БРУТЕНЦ, Освободившиеся страны в 70-е годы. Политиздат, 1979, 59 с.

В рецензируемой монографии проблематика развивающихся стран рассматривается в комплексе, в связи с революционными изменениями, происшедшими в современном мире в минувшее десятилетие, которое войдет в историю как время дальнейшей поляризации мировых сил, обострения классовой борьбы на мировой арене, дальнейшего нарастания мощи мирового социализма. Для молодых государств, констатирует автор, это был период повышения их роли в мировой политике.

Такой факт закономерно связан с дальнейшим ростом могущества мирового социализма, который представляет собой опору национально-освободительного движения. Освободившиеся страны добились в 70-е годы значительных успехов на важнейших направлениях антиимпериалистической борьбы против остатков традиционного колониализма, политического неоколониализма, за экономическое освобождение.

Важная особенность освободительной борьбы в последние годы состоит в том, что она развертывается в период новейшей фазы неоколониализма, когда ломается политическая структура неоколониалистской зависимости, крупные сдвиги имеются и в борьбе с экономическим неоколониализмом. К. Брутенц пишет: «От изолированных выступлений против отдельных монополий и отдельных форм империалистической эксплуатации развивающиеся страны перешли к активным действиям против экономического неоколониализма в целом» (с. 15). Начался кризис неоколониализма — таков вывод, к которому приходит автор.

Конечно, было бы неправильно полагать, что процесс повышения роли развивающихся стран в мировом развитии протекает прямолинейно и только по восходящей линии. Ему свойственны противоречия, сложности, даже зигзаги. Однако несомненным остается тот факт, что уже теперь немалое количество развивающихся стран стали странами с аграрно-сырьевой и промышленной, а порой и с индустриально-аграрной экономикой. Совершается переход от докапиталистических отношений к другой общественной формации, и при этом «решается важнейшая социальная проблема: на базе *каких* производственных отношений, под руководством *каких* классов развернется и победит этот процесс» (с. 26).

Четкий классовый подход и тщательный анализ ситуации позволили автору раскрыть противоречивость и сложность условий общественного развития этих стран: неодинаковую расстановку в них классовых сил, различное положение социальных сил в структуре общества. Он пишет: «70-е годы отличает то, что уже не в ряде стран, а почти повсюду произошло изменение соотношения национального и социального аспектов в освободительной борьбе, на передний план выдвинулся социальный аспект, произошло обострение классовых столкновений и расширение их сферы до общенациональных масштабов...» (с. 27). Во многих случаях еще не сложилось достаточно четкого — в классовом смысле — разделения сил, стоящих в развивающихся странах «по разные стороны баррикады». Внутри буржуазии этих стран продолжается борьба по вопросу об отношении к империализму.

Естественным продолжением того направления развития, которое было заложено в колониальную эпоху, является капиталистический путь. Для иной ориентации нужна «какая-то ломка, меры, идущие против течения, препятствующие этой стихии» (с. 29). Вместе с тем сама жизнь сделала неоднозначным характер развития разных стран по капиталистическому пути. Так, в странах национально-капиталистического развития, как правило, достигнуты определенные позитивные результаты в проведении курса на индустриализацию. Но этот курс ограничивается тесными рамками, поставленными капиталистической индустриализацией. Возникают проблемы рынка, проблемы, порожденные дальнейшим обнищанием трудящихся масс, проблемы, обусловленные противоречивой ролью государственного сектора, воздействием научно-технической революции. Остается и экономическая зависимость освободившихся стран от империалистических государств. Так, задолженность развивающихся стран (за исключением нефтедобывающих стран) с 1971 по 1979 г. увеличилась с 87 до 391 млрд. долл. и продолжает расти.

70-е годы убедительно показали жизненный характер тенденции к социалистической ориентации. «Подтвердилось, что она не есть нечто поверхностное и случайное, а возникает в гуще национально-освободительной борьбы народов, порождается логикой ее развития, воспроизводится вновь и вновь вопреки всем трудностям, а иной раз и временным поражением» (с. 51).

В связи с этим автор анализирует некоторые черты социалистической ориентации на современном этапе, в частности пребывание у власти социальной коалиции политически пробудившихся, антиимпериалистически и левонационалистически настроенных мелкобуржуазных и полупролетарских городских слоев, интеллигенции; провозглашение социализма в качестве цели общественного развития; последовательное проведение курса на достижение реального национального суверенитета во всех областях; регулирующая роль государства в экономике и национализации собственности иностранных монополий; аграрная реформа, направленная на преодоление феодальных отношений в деревне, наделение землей безземельного, мелкого и среднего крестьянства, стимулирование кооперативных форм ведения хозяйства; ликвидация экономических и политических позиций местной крупной буржуазии, регулирование или ограничение деятельности средней буржуазии; прогрессивное социальное законодательство, укрепление роли народных масс в общественной и политической жизни; создание системы массового народного образования, демократизация культуры; борьба против проимпериалистической и проколониальной идеологии; антиимпериалистическая внешняя политика, солидарность с национально-освободительными и антиимпериалистическими движениями, с освободившимися странами прогрессивной ориентации, всестороннее сотрудничество с социалистическими государствами.

Практика неоднократно подтвердила непреложную истину: «Невозможно придерживаться социалистической ориентации, не проводя курса на тесную дружбу и сотрудничество с миром социализма, а тем более становясь на путь враждебности к нему» (с. 54). Опираясь на конкретные примеры, К. Брутенц показывает, что во многих странах социалистической ориентации упрочились основы революционно-демократической внутренней и внешней политики, расширилась сфера общественных преобразований, возросла роль государства в экономике. В некоторых из этих стран сделаны важные шаги к достижению единства коммунистов и революционных демократов, всех патриотических сил.

В книге подробно рассматриваются процессы обострения классовой борьбы в развивающихся странах социалистической ориентации, обострения противоречий, углубления дифференциации в рядах революционной демократии. С одной стороны, на современном, «втором» этапе освободительной борьбы более четко обозначается правое крыло. «Оно заявляет о себе практически едва ли не повсюду, в странах социалистической ориентации и кое-где добилось ощутимых реакционных сдвигов или даже реакционного поворота». С другой стороны, обозначилось также, хотя и не во всех случаях достаточно отчетливо, «левое крыло — та часть революционной демократии, которая провозглашает базой своей политической философии и своей деятельности научный социализм» (с. 63). На новом этапе борьбы эта дифференциация в ряде случаев выливается в подлинное политическое, а иной раз и идеологическое размежевание, вызванное как внутренними, так и международными и классовыми факторами.

Приведенные соображения нам представляются весьма важными. Во-первых, потому, что они опровергают довольно распространенные в литературе положения о форсированном приближении революционной демократии к марксизму-ленинизму. И, во-вторых (и это главное), потому, что в государствах социалистической ориентации в центре классовой борьбы находится антиимпериалистический и антикапиталистический курс этих стран. Сам по себе «выбор социалистической ориентации еще не гарантирует победы социализма» (с. 76). В то же время нельзя не видеть огромных, необратимых по своему характеру прогрессивных изменений в структуре социальных сил в развивающихся странах.

На современном этапе империализмом, с которым практически взаимодействует Пекин, зачастую используются специфические методы и приемы давления на развивающиеся государства и социалистической и капиталистической ориентации. В книге неоднократно подчеркивается, что агрессивная сущность империализма не изменилась. Однако, по нашему мнению, в главе «Еще одна «модернизация» неоколониализма» было бы уместным более отчетливо подчеркнуть, что и в новых условиях империализм охотнее всего прибегает к «силовым» приемам давления, сочетая их, о чем говорит автор, с маневрированием, «обольщением» и маскировкой своих усилий. Ведь речь идет (для империалистов) о спасении именно всей системы неоколониальной зависимости, созданной на руинах колониальных империй. Факты последнего времени вскрыли (и, возможно, еще не до конца), например, зловещий смысл сделанных не так уж давно заявлений высокопоставленных американских должностных лиц, заявлений, которые и американская печать истолковывает как признак того, что «Соединенным Штатам необходимо готовиться к чему-то такому, что выйдет за рамки дипломатии...» («Вашингтон пост» от 25 февраля 1978 г.).

Такие силовые приемы, к которым прибегает военно-промышленный комплекс, призваны, судя по всему, подвести своеобразную «материальную базу» под крупномасштабную операцию, чтобы более глубоко связать молодые государства с экономической, торговой и валютной системами капиталистического мира, с его техникой и технологией. Это неотъемлемая сторона новейшей «модернизации» неоколониалистской политики и практики.

Вместе с тем отметим дискуссионность некоторых приводимых автором положений.

Борьба освободившихся стран за новый международный экономический порядок рассматривается им как шаг к ликвидации неравноправной системы международного капиталистического разделения труда, изменению всей совокупности экономических отношений между империализмом и освободившимися странами, ломке различных форм их экономической зависимости, как оставшихся от колониального прошлого, так и навязанных неоколониализмом (с. 15).

В исторической перспективе это так. Действительность же начала 80-х годов указывает на отсутствие реального прогресса в установлении нового международного экономического порядка, что связано с нежеланием империалистических держав и транснациональных монополий отказаться от своего привилегированного положения. Это особенно убедительно проявилось на II специальной сессии Генеральной Ассамблеи ООН. Да и дело, конечно, не в дебатах на международных форумах, а в экономических отношениях.

Автор пишет, что совместное отстаивание странами своих интересов, возросшая сплоченность их перед лицом империализма — одна из самых знаменательных черт международных отношений в истекший период; что предпринимавшиеся империалистами попытки раскола развивающихся стран, рассчитанные на их неоднородность и на неодинаковое воздействие на них энергетического кризиса, практически не удались (с. 16, 18).

Спору нет, 70-е годы давали повод для подобных выводов. Однако последние события на Ближнем Востоке, в Африке показывают, что попытки империализма вбить клин между освободившимися странами не так уж безрезультатны. Совместное же отстаивание интересов развивающимися странами перед империализмом и сионизмом осложняется открытыми вооруженными конфликтами между освободившимися странами, что на руку только империализму и сионизму. Инспирированные государственные перевороты, пограничные конфликты, войны дорого обходятся освободившимся народам. Вот почему полезно было бы обратить большее внимание на анализ внутренних противоречий между развивающимися странами, в самом движении неприсоединения. Страны получили в наследство от колониализма неразрешенные споры по поводу границ, территорий. Империализм тем самым заложил «мины замедленного действия», которые, взрываясь, ведут к военным конфликтам между участниками движения неприсоединения, что ослабляет движение в целом и страны в отдельности. Экономика воюющих стран сильно ослабляется, и трудно предсказать последствия этого. Связи различных империалистических стран с освободившимися странами и особенно с нефтедобывающими носят не одномерный характер. Империалистические державы иногда успешно используют создавшуюся ситуацию. Эти вопросы также могли бы быть объектом дальнейшего исследования.

Много внимания в монографии уделяется анализу взаимоотношений между освободившимися странами и Советским Союзом. Их определяющей тенденцией является упрочение связей, расширение сотрудничества. В 1960 г. СССР имел дипломатические отношения лишь с 29 государствами Азии, Африки, Океании и района Карибского моря, а уже в 1979 г.— с 76 странами. Особое общественно-политическое содержание отношениям Советского Союза с освободившимися государствами как социалистической, так и капиталистической ориентации придает (хотя, конечно, по-разному) объективная общность интересов в борьбе за мир и безопасность народов, за демократизацию международных связей, против империалистической политики.

Итак, сама жизнь ставит перед народами освободившихся стран задачи чрезвычайной важности и сложности: укрепить завоеванную независимость, обрести свою роль в мировой политике, в общих судьбах человечества, преодолеть отсталость, сорвать попытки затормозить их движение, навязать им капиталистический путь развития. В борьбе за решение этой задачи на стороне народов всегда будут симпатии, поддержка и помощь Советского Союза, других братских стран социализма.

Работа К. Брутенца — одна из наиболее интересных по данной проблеме — несомненно оставит заметный след в научной литературе, положит начало разработке новых вопросов; она полезна не только специалистам, но и широкому кругу читателей, интересующихся мировой экономикой и политикой.

А. Шарков

Коротко о книгах

«Международные экономические и научно-технические организации стран — членов СЭВ». Справочник. Под общей ред. В. В. Воротникова и Д. А. Лебина. М., «Международные отношения», 1980, 256 с.

Расширяющееся сотрудничество социалистических стран в рамках Совета Экономической Взаимопомощи находит свое выражение в росте их взаимного товарооборота, который увеличился за тридцатилетний период существования СЭВ в 22 раза. Сейчас он превышает 100 млрд. руб. Стоимость строящихся интеграционных объектов достигла 9 млрд. переводных руб. Действуют около 100 многосторонних и более 1000 двусторонних соглашений по специализации и кооперированию производства. В проводимых совместных научно-исследовательских работах участвуют 2200 научных организаций стран СЭВ.

Такие масштабы интеграции, отмечается в справочнике, требуют соответствующего организационного обеспечения. Созданы и создаются отраслевые и функциональные международные экономические и научно-технические организации различных типов на многосторонней и двусторонней основе, задача которых — поиск наиболее эффективных путей планомерной консолидации усилий ряда социалистических стран в решении согласованных задач в различных отраслях экономики на базе углубления международного разделения труда между партнерами и координации их действий по сотрудничеству и кооперированию. В работе приводятся данные о составе участников международных экономических и научно-технических организаций стран — членов СЭВ, направлениях их деятельности, задачах, функциях, структуре и достигнутых практических результатах.

Открывается справочник разделом, посвященным Совету Экономической Взаимопомощи, являющемуся важнейшей международной экономической организацией (МЭО). И это вполне оправданно, так как большинство отраслевых и функциональных международных организаций стран СЭВ создается при его непосредственном участии. СЭВ также в определенной мере направляет деятельность всех других международных организаций. Помимо общей характеристики МЭО, подробно освещены отношения СЭВ с другими международными организациями. Здесь же излагаются материалы по Институту СЭВ по стандартизации и Международному институту экономических проблем мировой социалистической системы.

Во втором разделе справочника приводятся данные о многосторонних (отраслевых и функциональных) международных организациях в области промышленности, транспорта и связи, в сфере обращения, а также о финансово-кредитных и научно-технических организациях. В третьем разделе характеризуются двусторонние организации в области промышленности, транспорта и науки и техники.

Таким образом, читатель получает весьма полную информацию о деятельности международных экономических и научно-технических организаций.

Достоинство справочника и в том, что его составители сумели показать процесс формирования, становления и развития международных организаций не изолированно, а в связи с расширением деятельности Совета Экономической Взаимопомощи. Излагая историю развития различных МЭО, они раскрыли влияние образования СЭВ на организационно-институциональные формы в различных отраслях производства и областях сотрудничества. В первый период сотрудничество стран — членов СЭВ осуществлялось главным образом через внешнюю торговлю. Затем возникают многосторонние международные организации в области транспорта и связи, появляются новые организационные формы совместного проведения научных исследований (Объединенный институт ядерных исследований).

Дальнейшее развитие экономической интеграции социалистических стран позволило приступить к координации народнохозяйственных планов и разработке мероприятий в области международной специализации и кооперирования производства, что способствовало возникновению организационных форм, адекватных новому содержанию экономических отношений между социалистическими странами. Большинство из действующих международных экономических и научно-технических организаций образовалось в третьем десятилетии деятельности СЭВ. Это отражает как совершенствование ранее сложившихся форм сотрудничества, так и внедрение новых форм (многосторонняя координация народнохозяйственных планов, применение методов совместного планирования в ряде отраслей и видов деятельности, разработка долгосрочных целевых программ сотрудничества и др.). Тесная связь развития МЭО и деятельности СЭВ отчетливо просматривается во всех разделах сборника.

Все приводимые в справочнике сведения о международных экономических и научно-технических организациях основываются на учредительных документах, дополнениях к соответствующим соглашениям, материалах самих организаций по состоянию на 1 ноября 1979 г.

Работа рассчитана на широкий круг читателей: ученых-экономистов, практиков, лекторов, пропагандистов, преподавателей и студентов вузов.

О. Сергеев

Б. А. АБДУРАШИДОВ, Проблемы развития бытового обслуживания населения. Ташкент. Издательство «Узбекистан», 1979, 144 с.

Своеобразие социально-экономических, климатических, демографических и других условий того или иного региона в значительной степени определяет внутренние закономерности развития здесь бытового обслуживания. С этих позиций рецензируемая монография представляет интерес.

Первая глава ее посвящена характеристике службы быта как особой отрасли народнохозяйственного комплекса. При определении понятия «бытовая услуга» автор выделяет три его основных слагаемых — платность, индивидуальность запросов в услугах и общественная организация форм их удовлетворения. Много места отводится показу взаимосвязи развития бытового обслуживания населения с использованием ресурсов труда в Узбекской ССР, которая относится к трудоизбыточным районам страны.

Основные результаты проведенного исследования изложены во второй главе. В частности, здесь анализируются итоги социологического обследования, которым было охвачено более 61 тыс. потребителей бытовых услуг в Узбекистане. Б. Абдурашидов подробно рассмотрел условия дифференциации потребления бытовых услуг взрослыми и детьми, мужчинами и женщинами, а также в зависимости от сложившихся национальных традиций. Его вывод о необходимости учета возрастной структуры при планировании развития бытового обслуживания населения достаточно аргументирован. Интересна предложенная методика учета в планировании различий в возрастной структуре населения по союзным республикам.

Заслуживает внимания обоснование необходимости учета коэффициента семейности при расчетах потребления бытовых услуг. Автор показал, что при планировании следует учитывать реализацию отдельных видов бытовых услуг не на одного жителя, а в расчете на среднюю семью.

В книге характеризуется также влияние национальных традиций, условий расселения, уровня обобществления жилищного фонда, климатических условий и других факторов на формирование спроса и потребностей населения в различных видах услуг. Перспективным направлением в методологии долгосрочного прогнозирования является разработка рациональных потребительских бюджетов населения (РПБ), в том числе в части потребления услуг. В монографии показан механизм формирования параметров РПБ бытовых услуг применительно к условиям Узбекской ССР. При разработке РПБ Б. Абдурашидов учитывает демографические факторы. Его рекомендации, по-видимому, могут быть использованы при обосновании рациональных нормативов бытовых услуг и по другим союзным республикам.

Одним из важных результатов обслуживания населения является экономия внерабочего времени трудящихся. Б. Абдурашидов попытался определить основные параметры перспективного развития сети предприятий службы быта с учетом значительного повышения социальной эффективности функционирования отрасли, выражающейся экономией внерабочего времени населения. Такая экономия по Узбекской ССР может достигнуть 1,3 млрд. часов внерабочего времени за год.

В монографии рассмотрены тенденции развития отдельных подотраслей бытового обслуживания населения. Главные направления улучшения их работы связаны с концентрацией и специализацией производства, расширением приемной сети, повышением престижности деятельности в этой отрасли с помощью средств массовой информации, совершенствованием управления и улучшением взаимоотношений потребителей и предприятий.

Работа не лишена противоречий, недостатков, отдельных неточностей. Так, на с. 72—74 автор пишет о преимуществах использования в планировании деятельности предприятий бытового обслуживания показателя «чистой продукции». Далее (на с. 75) он говорит о необходимости учета стоимости основных и вспомогательных материалов при планировании объемных показателей деятельности бытовых предприятий. Нам кажется, что это делать не нужно. В данном случае измерение результатов деятельности по чистой продукции будет носить своего рода факультативный характер. Такой учет, конечно, нужен при формировании баланса денежных доходов и расходов населения, планировании материально-технического снабжения отраслей бытового обслуживания. Но это совсем разные проблемы.

Автор исследует взаимосвязь уровней занятости населения в общественном хозяйстве и показателей среднедушевых расходов населения на бытовые услуги в разрезе союзных республик (с. 87). Он утверждает, что потребление бытовых услуг тем выше, чем значительнее уровень занятости населения в общественном хозяйстве. Однако это слишком отдаленная зависимость.

В целом монография заслуживает положительной оценки.

В. Алешин

НОВЫЕ КНИГИ ПО ЭКОНОМИКЕ

«Автоматизированная система плановых расчетов. Коллективная монография». Под ред. Н. П. Лебединского. Издательство «Экономика», 1980 г., 375 стр.

А. Ф. АКСЕНЕНКО, Микроанализ и оценка внутрихозяйственных резервов. Издательство «Финансы», 1980 г., 127 стр.

В. В. АЛЕКСЕЕВ, С. С. БУКИН, Рост благосостояния рабочих Сибири в условиях строительства развитого социализма. Новосибирск, 1980 г., 216 стр.

Н. И. АНДРЕЕВ, Теория статистически оптимальных систем управления. Издательство «Наука», 1980 г., 415 стр.

Е. А. АНУФРИЕВ, Социалистический образ жизни. Методологические и методические вопросы. Издательство «Высшая школа», 1980 г., 183 стр.

П. БЕРТОКС, Д. РАДД, Стратегия защиты окружающей среды от загрязнений. Перевод с английского. Под ред. Я. Б. Черткова. Издательство «Мир», 1980 г., 606 стр.

О. Т. БОГОМОЛОВ, Страны социализма в международном разделении труда. Издательство «Наука», 1980 г., 367 стр.

Н. И. ВАЛЕНЦЕВА, Методы кредитования социалистического хозяйства. Издательство «Финансы», 1980 г., 128 стр.

К. К. ВАЛЬТУХ, Целевая функция потребления: анализ и практическое использование. Отв. ред. И. П. Суслов. Новосибирск, 1980 г., 384 стр.

М. И. ВОЕЙКОВ, Соревнование и народнохозяйственное планирование. «Наука», 1980 г., 149 стр.

А. В. ГАНИЕВ, В. И. МИНЧУК, Оптимизация развития городов. Ташкент, 1980 г., 239 стр.

«Государственный бюджет СССР». Учебник. Под ред. В. С. Павлова. Издательство «Финансы», 1980 г., 364 стр.

Г. И. ГРАНИК, С. П. ТОКАРЕВ, Экономика СССР — единый народнохозяйственный комплекс. Издательство «Экономика», 1980 г., 183 стр.

В. Б. ДАСКОВСКИЙ, Планирование экономической эффективности капитальных вложений. Некоторые проблемы экономической эффективности проектов. Отв. ред. Ю. В. Овсиенко. Издательство «Наука», 1980 г., 189 стр.

«Два направления социально-экономического развития в Африке». Коллективная монография. Отв. ред. А. А. Громыко. Издательство «Наука», 1980 г., 192 стр.

Н. ДЖОНСОН, Ф. ЛИОН, Статистика и планирование эксперимента в технике и науке. Методы обработки данных. Перевод с английского. Под ред. Э. К. Лецкого. Издательство «Мир», 1980 г., 610 стр.

«Диалектика объективного и субъективного в развитом социалистическом обществе». Коллективная монография. Редколлегия: Г. Г. Вдовиченко и др. Киев, 1980 г., 205 стр.

В. И. ДОКУКИН, Критика буржуазных трактовок научно-технического прогресса при социализме. Издательство «Высшая школа», 1980 г., 136 стр.

А. С. ЕМЕЛЬЯНОВ, Общественное производство: динамика, тенденции, модели. Киев, 1980 г., 427 стр.

А. Н. ЕФИМОВ, Проблемы обоснования государственного плана. Издательство «Экономика», 1980 г., 197 стр.

В. П. ЕФИМОВ, В. И. МАНЯКИН, Интенсификация сельскохозяйственного производства в СССР. Экономико-статистический анализ. Издательство «Статистика», 1980 г., 191 стр.

В. А. ИВАНОВ, Экономическое стимулирование повышения эффективности интенсификации совхозного производства. Издательство «Наука», 1980 г., 248 стр.

«Измерение научно-технического прогресса предприятий и объединений промышленности». Коллектив авторов. Отв. ред. А. С. Бляхман. Ленинградское отделение. Издательство «Наука», 1980 г., 229 стр.

«Интенсификация сельскохозяйственного производства на современном этапе». Авторы И. А. Чепурнов и др. Киев, 1980 г., 195 стр.

«Инфраструктура и интенсификация экономики». Коллектив авторов. Отв. ред. В. П. Красовский. Издательство «Наука», 1980 г., 192 стр.

С. В. КАЗАНЦЕВ, Макромоделирование расширенного воспроизводства. Отв. ред. И. А. Ицкович. Новосибирск, 1980 г., 208 стр.

А. Х. КАРАПЕТЯН, Доходы и потребление населения СССР. Избранные труды. Под ред. Н. М. Римашевской. Издательство «Статистика», 1980 г., 271 стр.

А. Л. КОНОНОВИЧ, И. А. ТИМОФЕЕВ, Эффективность экономического стимулирования в промышленности. Минск, 1980 г., 207 стр.

Ф. КОТЛЕР, Управление маркетингом. Сокращенный перевод с английского. Издательство «Экономика», 1980 г., 223 стр.

В. В. КОЧКАРЕВ, Кредитные отношения Госбанка с межхозяйственными организациями. Издательство «Финансы», 1980 г., 159 стр.

Б. Х. КРАСНОПОЛЬСКИЙ, Инфраструктура в системе регионального хозяйственного комплекса Севера. Методические особенности исследования. Издательство «Наука», 1980 г., 144 стр.

М. Г. ЛАПУСТА, Д. Н. НИКИТИН, Стимулирование повышения качества продукции. Профиздат, 1980 г., 223 стр.

К. Б. ЛЕЙКИНА, Снижение потерь в народном хозяйстве — важный резерв повышения эффективности. Издательство «Наука», 1980 г., 135 стр.

А. В. МАКАРОВ, Научно-техническая революция и социальные изменения в производственном коллективе. Ред. А. А. Тарасенко. Минск, 1980 г., 175 стр.

«Международные организации социалистических государств». Справочник. Отв. ред. В. И. Менжинский. Издательство «Международные отношения», 1980 г., 255 стр.

«Методологические основы системы розничных цен». Коллектив авторов. Отв. ред. А. А. Дерябин. Издательство «Наука», 1980 г., 176 стр.

«Мир социализма в цифрах и фактах. 1979». Справочник. Под общ. ред. Р. П. Федорова. Политиздат, 1980 г., 127 стр.

«Мировая энергетика: прогноз развития до 2020 года». Перевод с английского. Под общ. ред. Ю. Н. Старшинова. Издательство «Энергетика», 1980 г., 255 стр.

«Народное хозяйство СССР в 1979 г.». Статистический ежегодник. Отв. за выпуск Л. А. Уманский. Издательство «Статистика», 1980 г., 615 стр.

«Народное хозяйство социалистических стран в 1979 году». Сообщения статистических управлений. Отв. за выпуск Б. Д. Зотов. Издательство «Статистика», 1980 г., 142 стр.

«Население мира: вчера, сегодня, завтра». Главный ред. Д. И. Валентей. Издательство «Статистика», 1980 г., 119 стр.

«Наука и актуальные проблемы развития народного хозяйства. Сессия общего собрания АН СССР 13—14 дек. 1979 г.». Редколлегия: П. Н. Федосеев и др. Издательство «Наука», 1980 г., 164 стр.

«Оборот капитальных вложений и эффективность воспроизводства основных фондов». Авторы Н. С. Герасимчук и др. Отв. ред. С. М. Ямпольский. Киев, 1980 г., 239 стр.

«Общественная производительность труда (Методология измерения)». Научный ред. А. Г. Казаченок. Минск, 1980 г., 128 стр.

«Общество и природная среда». Сборник. Сост. С. Н. Смирнов. Издательство «Знание», 1980 г., 240 стр.

«Организация производства и управления в объединениях». Коллектив авторов. Под ред. М. В. Брыка. Киев, 1980 г., 228 стр.

«Планирование народного хозяйства СССР». Учебное пособие. Под ред. М. З. Бора, Г. В. Лукиной. Издательство «Высшая школа», 1980 г., 312 стр.

«Политическая экономия». Том 2. *«Социализм — первая фаза коммунистического способа производства».* Учебник. Авторы А. М. Румянцев и др. Издание 4-е, дополненное. Политиздат, 1980 г., 573 стр.

«Программно-целевое управление социалистическим производством. Вопросы теории и практики». Редколлегия: А. Г. Аганбегян, Б. З. Мильнер, Г. Х. Попов. Издательство «Экономика», 1980 г., 206 стр.

С. С. САТУБАЛДИН, Учет затрат на производство в промышленности США. Издательство «Финансы», 1980 г., 141 стр.

М. С. СКОРОВ, Научно-технический прогресс и тяжелая промышленность Японии. Издательство «Наука», 1980 г., 215 стр.

«Современные буржуазные концепции мирового капиталистического хозяйства». Коллективная монография. Отв. ред. М. М. Максимова. Издательство «Мысль», 1980 г., 373 стр.

«Социалистическая интеграция и интенсификация производства». Коллективная монография. Авторы В. С. Будкин и др. Киев, 1980 г., 215 стр.

«Социалистическое природопользование: экономические и социальные аспекты». Коллективная монография. Под ред. Н. Н. Некрасова, Е. Матеева. Москва — София, 980 г., 215 стр.

С. Г. СТРУМИЛИН, На плановом фронте. Отв. ред. Г. М. Сорокин. Издательство «Наука», 1980 г., 463 стр.

Л. Ф. СУХОВА, К. С. САРИЕВ, Инфраструктура материального производства. Проблемы повышения эффективности ведущих отраслей производственной инфраструктуры. Алма-Ата, 1980 г., 152 стр.

И. Г. УШАЧЕВ, Х. О. РЕПП, Управление сельскохозяйственным производством. Учебное пособие. Издательство «Колос», 1980 г., 304 стр.

Н. П. ФЕДОРЕНКО, Вопросы оптимального функционирования экономики. Издательство «Наука», 1980 г., 200 стр.

«Финансирование и кредитование капитальных вложений». Учебник. Под общ. ред. В. И. Ситниковой. Минск, 1980 г., 416 стр.

Г. Е. ЧЕРНОИВАНОВ, Фондоемкость продукции и эффективность социалистического производства. Издательство «Мысль», 1980 г., 158 стр.

А. И. ЧИСТОБАЕВ, Развитие экономических районов. Теория и методы исследования. Издательство «Наука» Ленинградское отделение, 1980 г., 128 стр.

М. Р. ЭЙДЕЛЬМАН, Статистика общественного продукта и национального дохода в СССР. Учебное пособие. Издательство «Статистика», 1980 г., 72 стр.

«Экономика сельского хозяйства на современном этапе». Под ред. А. М. Емельянова, С. И. Половенко. Издательство МГУ, 1980 г., 268 стр.

«Экономика социалистической промышленности». Учебник. Под ред. Л. И. Итина, В. М. Лагуткина. Издание 6-е, переработанное и дополненное. Издательство «Высшая школа», 1980 г., 494 стр.

«Экономика торговли». Учебник. Под общ. ред. А. И. Покровского. Издательство «Экономика», 1980 г., 391 стр.

«Экономическая энциклопедия. Политическая экономия». В 4-х томах. Глав. ред. А. М. Румянцев. Т. 4 — *«Социология.— Я».* Издательство «Советская энциклопедия», 1980 г., 672 стр.

«Экономический справочник». Авт. Е. И. Андросевич и др. Минск, 1980 г., 302 стр.

«Экономическое развитие Сибири и Дальнего Востока». Коллективная монография. Под ред. В. П. Можина. Издательство «Мысль», 1980 г., 264 стр.

«Эффективность социалистического производства. Методологические проблемы». Под ред. А. С. Толкачева, Л. Дрекслера. Москва — Будапешт, 1980 г., 216 стр.

О НОВОМ ИЗДАНИИ ТИПОВОЙ МЕТОДИКИ ОПРЕДЕЛЕНИЯ ЭКОНОМИЧЕСКОЙ ЭФФЕКТИВНОСТИ КАПИТАЛЬНЫХ ВЛОЖЕНИЙ

Постановлением ЦК КПСС и СМ СССР от 12 июля 1979 г. предусмотрено совершенствование плановых расчетов на основе системы показателей, предназначенной для всех уровней управления. Это вызвало необходимость приведения действующих методических документов и других нормативных актов в соответствие с положениями постановления. В связи с этим Научным советом АН СССР по экономической эффективности основных фондов, капитальных вложений и новой техники разработан проект третьего издания «Типовой методики определения экономической эффективности капитальных вложений».

Проект, разработанный акад. Т. Хачатуровым, д. э. н. В. Красовским и к. т. н. М. Лойтером под общим руководством Т. Хачатурова, базируется на положениях указанного постановления, развивает действующую «Типовую методику» 1969 г. и включает результаты методических разработок, проведенных Научным советом в последние годы.

От «Типовой методики» 1969 г. третье издание отличается более детальными рекомендациями по расчетам общей (абсолютной) эффективности при планировании. В основу расчетов общей (абсолютной) эффективности положен единый для всех уровней управления (народное хозяйство, отрасль, производственное объединение, предприятие) критерий: прирост национального дохода — прирост чистой продукции (в том числе нормативной).

Значительно полнее определяется сам объем капитальных вложений. Наряду с капитальными вложениями в основные производственные фонды учитываются затраты на формирование (пополнение, уменьшение) оборотных средств, затраты непроизводственного назначения, связанные с развитием производства и привлечением рабочей силы (на жилищное, коммунально-бытовое строительство и др.).

Подробнее разработаны рекомендации по применению нормативов общей (абсолютной) эффективности. Более обоснованы и сами нормативы, которые предусматривается дифференцировать по периодам планирования (5 лет и 10—20 лет) и уровням управления народным хозяйством (народное хозяйство в целом, отдельные отрасли, подотрасли).

Особое значение имеют нормативы эффективности для пятилетнего плана как главной формы планирования. На одиннадцатую пятилетку норматив общей (абсолютной) эффективности по народному хозяйству в целом устанавливается на уровне, достигнутом в десятой пятилетке, то есть E_a-0,14, по отраслям народного хозяйства от 0,05 до 0,25.

Новыми в третьем издании «Типовой методики» являются рекомендации по применению в анализе факторов, влияющих на общую эффективность капитальных вложений: изменения трудоемкости, материалоемкости и фондоемкости продукции, сокращения продолжительности строительства и снижения его сметной стоимости.

Полнее представлены рекомендации по учету фактора времени при определении общей (абсолютной) эффективности. Помимо расчета лага, рекомендуется осуществлять расчет потерь от замораживания капитальных вложений за сверхнормативные периоды строительства (и освоения), для чего приводятся соответствующие расчетные формулы.

В меньшей мере потребовалась разработка рекомендаций по расчетам сравнительной эффективности капитальных вложений, основанной на критерии минимума приведенных затрат. В новом издании «Типовой методики» выделены весьма существенные моменты. Во-первых, предусматривается ограничение отраслевых отклонений от нормативного коэффициента сравнительной эффективности, сохраняемого на одиннадцатую пятилетку на уровне 0,12. При необходимости отклонений норматив не должен быть ниже 0,08—0,10 и выше 0,20—0,25. Во-вторых, в новом издании приводятся рекомендации по расчетам эффективности не только у производителей, но и у потребителей. Рекомендуется определение совокупного эффекта, который и сопоставляется с суммарными затратами.

Третье издание «Типовой методики» содержит новые разделы, позволяющие учитывать особенности расчета эффективности капитальных вложений в расширение, реконструкцию и техническое перевооружение действующих предприятий, научно-исследовательские и проектные работы, непроизводственную сферу и сферу обращения, в охрану окружающей среды.

В основу раздела по определению экономической эффективности капитальных вложений в расширение, реконструкцию и техническое перевооружение действующих предприятий положены исследования, проведенные в последние годы Научным советом и его Уральским филиалом [1]. Эффективность нового строительства рекомендуется обязательно сопоставлять с эффективностью реконструкции и технического перевооружения действующих предприятий. При этих сопоставлениях необходимо учитывать весь объем капитальных вложений — производственных и непроизводственных, а также затраты (или экономию), связанные с дополнительным привлечением трудовых ресурсов. Содержатся также рекомендации по учету социальных последствий реконструкции — улучшения и облегчения условий труда.

Включенный в «Типовую методику» раздел по определению эффективности капитальных вложений в непроизводственную сферу базируется на разработанной ранее Научным советом «Методике определения эффективности затрат в непроизводственную сферу» (М., 1979 г.). Раздел содержит обобщенные рекомендации по расчетам социально-экономической эффективности путем сопоставления получаемых социальных и социально-экономических результатов (эффектов) с затратами, необходимыми для их осуществления. Приведена совокупность показателей, отражающих эффект капитальных вложений в материальную базу непроизводственной сферы, ее отдельные отрасли и объекты. Даются рекомендации по расчетам сравнительной эффективности и выбору оптимального варианта на основе максимума достигнутого социального результата, а при тождественности социальных результатов в различных вариантах — на основе минимума приведенных затрат.

В третье издание «Типовой методики» введен новый раздел по определению экономической эффективности капитальных вложений в сферу обращения (торговлю, общественное питание, материально-техническое снабжение, заготовки). Величина эффекта определяется суммой торговых скидок (наценок) за вычетом оплаты услуг других отраслей народного хозяйства и материальных затрат, входящих в состав издержек обращения. Рекомендуется учитывать также издержки потребления, частью которых являются затраты времени населения на приобретение товаров, и такие дополнительные показатели, как широта ассортимента товаров, товарный вид и сохранность качества товаров, обеспечение удобств покупателям, соблюдение требований охраны и гигиены труда торговых работников и др.

В последние годы Научный совет много внимания уделял разработке методических вопросов эффективности капитальных вложений экологического назначения. Результаты исследований нашли отражение во «Временной методике определения эффективности затрат в мероприятия по охране окружающей среды» (1980 г.), подготовленной Научным советом и утвержденной Госпланом СССР. Соответствующий раздел включен в третье издание «Типовой методики». В нем приводятся рекомендации по расчетам социального и экономического эффекта, даны рекомендации по использованию утвержденных экономических оценок земельных, водных, лесных и минерально-сырьевых ресурсов, а также по использованию в расчетах, при отсутствии таких оценок, показателей чистой продукции, прибыли или снижения себестоимости.

В разделе по определению экономической эффективности научно-исследовательских и проектных работ даны: классификация этих работ по степени их способности повышать эффективность общественного производства; рекомендации по выбору базы (эталона) для сравнения научных результатов с имеющимися или запроектированными достижениями науки и техники; методы измерения экономического потенциала, создаваемого за счет внедрения научных результатов в хозяйственную практику; рекомендации по учету предпроизводственных затрат, связанных с подготовкой к внедрению научных результатов и не включаемых в себестоимость производства продукции. Предусматривается также учет социальных результатов, не отражаемых полностью в стоимостной оценке: ликвидации тяжелого физического труда, повышения уровня техники безопасности, устранения производственного травматизма и профессиональных заболеваний и т. д.

В специальном разделе «Типовой методики» представлены методы определения фактической эффективности капитальных вложений. Здесь даны рекомендации по расчетам абсолютной и сравнительной фактической эффективности капитальных вложений, направляемых на новое строительство, реконструкцию и техническое перевооружение действующего производства; в качестве показателей используются прирост чистой продукции (прибыли) и коэффициент эффективности (рентабельности).

Проект «Типовой методики» неоднократно обсуждался на бюро Научного совета и затем был представлен на пленарное заседание совета, состоявшееся 28 мая 1980 г., в котором приняли участие специалисты научно-исследовательских и проектных организаций, министерств и ведомств. Выступившие в прениях единодушно одобрили представленный на обсуждение проект, констатировали, что он является значительным вкладом как в общую теорию эффективности, так и в дело внедрения в плановую и проектную практику единых научно обоснованных методов расчета эффективности капитальных вложений. В ходе обсуждения был высказан ряд замечаний и пожеланий.

Д. э. н. В. Воротилов (Институт социально-экономических проблем АН СССР) обратил внимание на отсутствие в проекте специального раздела по определению региональной эффективности капитальных вложений и в связи с этим на недостаточность рекомендаций по учету сопряженных затрат только по отраслевому признаку.

---

[1] См. проект «Методических рекомендаций по определению экономической эффективности капитальных вложений в действующее производство» (Свердловск, 1980 г.).

В. Толпыгин (Госплан СССР), подчеркнув значение представленных в документе конкретных величин нормативов общей (абсолютной) эффективности, отметил необходимость строгого контроля плановых и финансовых органов за правильным использованием «Типовой методики» при экономических обоснованиях капитальных вложений.

К. э. н. М. Спектор (ИЭ Уральского научного центра АН СССР) высказал пожелание, чтобы при расчетах эффективности работ по реконструкции учитывалась не только экономия фонда заработной платы, но и оценивался высвобождаемый труд по общественным фондам потребления. Были также замечания по методике расчета фактической эффективности капитальных вложений, а также пожелания по использованию опыта, накопленного при анализе фактической эффективности предприятий Урала.

К. э. н. И. Перепечин (ЦСУ СССР) говорил об использовании при расчетах сводных показателей, о необходимости выделения при анализе эффективности доли эффекта, получаемого за счет внеинвестиционных факторов, о правильном выборе базы сравнения для расчетов эффективности реконструктивных работ с учетом динамики производства, о нецелесообразности суммирования недоамортизированной части действующих фондов с капитальными вложениями на реконструкцию.

Д. э. н. И. Вихрев (ЦНИИпромзданий Госстроя СССР) обосновал положение о неправомерности разделения реконструктивных работ на те или иные цели (как это было указано в проекте), поскольку в основу реконструкции действующего производства заложен комплекс целей.

Д. э. н. Б. Смехов (ИЭ АН СССР) внес предложение усилить в разделе по сравнительной эффективности капитальных вложений принцип народнохозяйственного подхода к расчетам эффективности, дать рекомендации по применению этого раздела не только при проектировании, но и при планировании с целью выбора оптимального варианта плана. В раздел по фактической эффективности он считает необходимым включить положение о стабильной сметной стоимости строительства.

Д. э. н. В. Фальцман (ЦЭМИ АН СССР) предложил распространить вероятностный подход к оценке эффективности, рекомендованной в «Методике» для НИОКР на все расчеты, учитывать распределенный лаг капитальных вложений. Он говорил также о целесообразности использования при сравнении вариантов методов линейного программирования, о внесении в «Типовую методику» пункта, предусматривающего сокращение суммы капитальных вложений на величину роста средств, предназначенных для капитального ремонта.

К. э. н. А. Булкин (НИИинформэнергомаш) высказал мнение, что региональный аспект проблемы должен быть предметом особых методических разработок.

К. э. н. П. Сапожников (ВНИИорганизации управления и экономики нефтегазпрома) подчеркнул, что для добывающих отраслей (особенно тех, которые не имеют возможности использовать в ближайшем будущем показатель чистой продукции) необходим переход к расчетам эффективности на основе замыкающих затрат.

Д. э. н. Н. Николаевский (ВНИИнефть) подчеркнул особую важность для добывающих отраслей того обстоятельства, что значительная доля капитальных вложений идет на возмещение планируемого выбытия фондов и мощностей. По его мнению, замыкающие затраты должны использоваться, как это и предусмотрено в проекте, лишь при оценке новой техники, так как применение их при всех расчетах эффективности капиталовложений в добывающие отрасли может привести к принятию капиталоемких вариантов.

Д. э. н. Д. Палтерович (ИЭ АН СССР), отметив особое значение приведенных в «Типовой методике» нормативов общей (абсолютной) эффективности, поставил вопрос о последующей разработке таких нормативов в отраслевых методиках определения эффективности капитальных вложений, базирующихся на типовой, а также в методиках по отдельным направлениям капитальных вложений. Имея в виду особую дефицитность трудовых ресурсов, он предложил учитывать при сравнении вариантов социальные расходы на одного трудящегося.

Д. э. н. А. Бесчинский (Комиссия по прогнозу энергетики) указал на необходимость корректировки мировых цен на сырье (особенно нефть), рекомендовал учитывать разницу в издержках производства, а также долю сырья, идущего на экспорт. Учет сопряженных затрат, по его мнению, целесообразно производить не по ценам, а по себестоимости продукции. Он считает также, что для разработки регионального аспекта расчетов эффективности необходимо создать специальную методику.

К. э. н. А. Витин (НИЭИ при Госплане СССР) сказал, что в проекте удалось устранить ряд противоречий между расчетами эффективности на народнохозяйственном уровне и уровнях отрасли и предприятия. Он также внес уточнения в понятие «хозрасчетный уровень управления», отметил особую срочность внедрения «Типовой методики» в плановую и проектную практику. Положительно оценил проект д. э. н. А. Толкачев (НИЭИ при Госплане СССР), говоривший о необходимости форсированной разработки на его базе отраслевых инструкций.

Выступивший с заключительным словом председатель Научного совета, акад. Т. Хачатуров подчеркнул, что зафиксированный постановлением ЦК КПСС и СМ СССР от 12 июля 1979 г. переход к учету чистой и нормативно чистой продукции позволил рекомендовать критерий эффективности капитальных вложений в виде прироста национального дохода как для глобального, так и для отраслевого и хозрасчетного уровней управления экономикой. Он отметил, что не со всеми высказанными при обсуждении замечаниями целесообразно согласиться. Это касается в первую очередь пожелания выделить специальный раздел по региональной эффективности, обоснование которой является предметом самостоятельного исследования. По-видимому, нет необходимости отражать в «Типовой методике» порядок контроля за ее использованием. Неправомочно давать рекомендации по дооценке живого труда за счет доли общественных фондов потребления, приходящейся на одного работающего, поскольку общественные фонды потребления предназначены для удовлетворения нужд всего населения. Вряд ли возможно в настоящее время дать четкий ответ на вопрос о доле эффекта, приходящегося на внеинвестиционные факторы; это требует специальных исследований, тем более что такая доля не остается стабильной. В известной мере отраслевой характер носит предложение об использовании при расчетах замыкающих затрат и мировых цен на отдельные виды добываемых природных ресурсов. Нецелесообразно подчеркивать также вероятностный характер расчетов эффективности капитальных вложений, безусловно, оправданный только для обоснований долговременных инвестиционных программ и НИОКР.

Многие конкретные предложения по совершенствованию третьего издания «Типовой методики» нашли отражение при ее доработке; были учтены замечания, представленные Стройбанком СССР и НИЭИ при Госплане СССР.

Методика, утвержденная в качестве временной первым заместителем Председателя Госплана СССР В. Исаевым (15 сентября 1980 г.) и первым заместителем Председателя Госстроя СССР М. Чентемировым (5 ноября 1980 г.), разослана заинтересованным организациям.

Г. Меркина

ПОВЫШЕНИЕ ЭФФЕКТИВНОСТИ ОБЩЕСТВЕННОГО ПРОИЗВОДСТВА

В июне 1980 г. в Ташкенте состоялась научно-производственная конференция «Актуальные проблемы повышения эффективности общественного производства», организованная Институтом экономики АН УзССР и республиканским правлением Общества «Знание». В конференции приняли участие работники республиканских плановых и хозяйственных органов, научно-исследовательских институтов и вузов Узбекистана, а также ученые из Москвы, Ленинграда и других городов.

Работа конференции проходила на пленарных заседаниях и шести секциях — региональных проблем экономики развитого социализма; эффективности территориальной организации общественного производства (определение понятия ТПК, их типология в связи с экономическим районированием, вопросы планирования ТПК на основе программно-целевого подхода); совершенствования планирования и управления народным хозяйством (актуальные теоретические и практические вопросы централизованного и регионального планирования, использование экономико-математических методов); формирования трудовых ресурсов, роста производительности труда; планирования социально-экономического развития коллективов предприятий, районов, городов, охраны окружающей среды; идеологического обеспечения повышения эффективности общественного производства и качества работы.

Открыл конференцию вице-президент АН УзССР, акад. АН УзССР Э. Юсупов. На конференции выступили акад. АН УзССР К. Ланкин, акад. АН УзССР С. Зиядулаев, д. э. н. А. Хикматов (ИЭ АН УзССР), д. э. н. В. Кистанов (СОПС при Госплане СССР), д. э. н. Ш. Закиров (ИЭ АН УзССР), д. э. н. В. Удовенко (ИЭ АН СССР), д. э. н. Р. Убайдуллаева (ИЭ АН УзССР) и др.

После широкого обсуждения поставленных проблем конференция приняла рекомендации, направленные на реализацию задач, выдвинутых в постановлении ЦК КПСС и СМ СССР от 12 июля 1979 г.

Р. Муртазина
Ташкент

КОНФЕРЕНЦИЯ ЧИТАТЕЛЕЙ ЖУРНАЛА

3 октября 1980 г. в Баку состоялась конференция читателей журнала «Вопросы экономики», организованная Институтом экономики АН АзССР.

Открывая конференцию, академик-секретарь Отделения общественных наук АН АзССР, акад. АН АзССР А. Сумбатзаде положительно оценил работу редакционной коллегии журнала, всего коллектива редакции. Он призвал экономистов Азербайджана активнее выступать в печати, в том числе на страницах «Вопросов экономики». Основные направления и задачи работы журнала осветил зам. редактора отдела А. Симонян. Важной задачей, подчеркнул он, является повышение теоретического уровня. Требования, предъявляемые партией к экономической науке, обязывают редакцию журнала тщательно отбирать статьи, имея в виду их качество, глубину разработки вопросов, постановку новых актуальных проблем дальнейшего развития экономической науки и народного хозяйства. Особое внимание журнал обращает на публикацию статей по проблемам политической экономии социализма как основы системы экономических наук, закономерностям перерастания его в коммунизм, совершенствования общественных отношений, социалистического образа жизни, технического прогресса и капитальных вложений. Был опубликован ряд статей по вопросам управления в помощь системе экономического образования. Редакция постоянно следит за читательскими интересами и пожеланиями, организует заседания «круглого стола», дискуссии, читательские конференции, публикует научные обзоры, заметки и письма.

Выступившие на конференции научные сотрудники научно-исследовательских экономических и отраслевых институтов, преподаватели кафедр политической экономии вузов Азербайджана единодушно отмечали, что журнал «Вопросы экономики» уделяет большое внимание вопросам экономической теории и практики, обобщению опыта социалистического хозяйствования, пользуется заслуженным авторитетом у научной экономической общественности, руководителей предприятий, специалистов.

Вместе с тем в выступлениях на конференции говорилось о некоторых недостатках в работе журнала, выдвигались предложения по ее улучшению. Так, директор ИЭ АН АзССР, член-корр. АН АзССР А. Махмудов отметил, что следует больше уделять внимания на страницах журнала таким перспективным научным направлениям, как экономика науки и образования, вопросы размещения. При освещении научной жизни следовало бы давать больше информации о результатах научно-исследовательской деятельности, ведущейся в союзных республиках.

Д. э. н. Т. Велиев (Азербайджанский государственный университет имени С. Кирова) считает, что в публикуемых на страницах журнала статьях содержится много интересных материалов, фактических цифровых данных. Однако некоторые статьи носят узкоспециальный характер.

По мнению к. э. н. Г. Касумова (ИЭ АН АзССР), заслуживает положительной оценки такая форма подачи материала, как совещания за «круглым столом»; это позволяет выдвигать новые идеи. Большой интерес представляют дискуссии по различным проблемам: природных ресурсов, экономики науки, эффективности общественного производства, научно-технического прогресса, производительности труда и хозрасчета. Следует расширить публикации по проблемам агропромышленной интеграции, взаимосвязи сельскохозяйственного производства с другими отраслями народного хозяйства.

Подчеркнув важное значение публикаций материалов по экономическим проблемам научно-технического прогресса, планирования и управления общественным производством и др., д. э. н. Ш. Мурадов (ИЭ АН АзССР) вместе с тем отметил, что в журнале мало статей практического характера. Недостаточно печатается статей, авторами которых являются ученые союзных республик. Следовало бы больше работать с этими авторами, помогать им в работе над статьями.

Журнал, сказал в своем выступлении к. э. н. Г. Мусаев (ИЭ АН АзССР), отводит на своих страницах много места проблемам капитального строительства и экономики строительства, в том числе повышения эффективности капитальных вложений. Но, к сожалению, мало освещаются вопросы развития капитального строительства, использования капитальных вложений в союзных республиках.

К. э. н. Г. Абдуллаев (ИЭ АН АзССР) говорил о целесообразности организации при редакции сети внештатных корреспондентов, что, по его мнению, значительно расширило бы возможности выступления на страницах «Вопросов экономики» авторов из различных городов страны и союзных республик. Весьма удачны материалы раздела «Критика и библиография», в которых не только раскрывается содержание рецензируемых книг, но и дается критический анализ основных авторских положений.

Ю. Гасанов (ИЭ АН АзССР) высказал пожелания, чтобы в журнале нашли отражение вопросы эффективности использования основных производственных фондов, методика их исчисления. В различных регионах страны разрабатываются новые методики, которые успешно применяются на местах. Хотелось бы, чтобы на страницах журнала обобщался опыт их применения. В связи с этим, естественно, расширится и круг авторов.

Редакция учтет предложения участников конференции в своей дальнейшей работе.

А. Симонян

ВНИМАНИЮ АВТОРОВ ЖУРНАЛА «ВОПРОСЫ ЭКОНОМИКИ»

Редакция журнала принимает статьи, напечатанные на машинке через два интервала, в двух экземплярах, один из которых обязательно должен быть первым. Оба экземпляра должны быть подписаны автором. Объем статьи не более 24 страниц машинописного текста, включая таблицы. В статье следует обязательно указать источники всех приведенных цитат и данных. В случае отсутствия источников редакция оставляет за собой право не рассматривать статью по существу. Просим также сообщать фамилию, имя и отчество, домашний адрес, должность и место работы автора.

Направленные в редакцию статьи не возвращаются.

АВТОРЫ СТАТЕЙ

ЕРЕМИН Альберт Михайлович — доктор экономических наук, старший научный сотрудник ИЭ АН СССР

ПЛЫШЕВСКИЙ Борис Павлович — доктор экономических наук, профессор

МИКУЛЬСКИЙ Константин Иванович — доктор экономических наук, зам. директора ИЭМСС АН СССР

ПАВЛОВ Петр Михайлович — доктор экономических наук, профессор, зав. кафедрой политэкономии Ленинградского ордена Трудового Красного Знамени финансово-экономического института им. Н. А. Вознесенского

ЦАГА Виктория Францевна — доктор экономических наук, профессор, зав. кафедрой экономических учений Ленинградского ордена Трудового Красного Знамени финансово-экономического института им. Н. А. Вознесенского

ДАРБИНЯН Мкртич Меликович — доктор экономических наук, начальник отдела Госплана СССР

МАЙЕР Владимир Федорович — доктор экономических наук, зам. директора НИЭИ при Госплане СССР

ГАТОВСКИЙ Лев Маркович — член-корреспондент АН СССР, зав. отделом ИЭ АН СССР

ИГНАТОВСКИЙ Павел Артемьевич — доктор экономических наук, профессор

КРАСОВСКИЙ Виктор Петрович — доктор экономических наук, профессор, зав. сектором ИЭ АН СССР

КУНЦ Вилли — доктор экономических наук, профессор, зам. директора Центрального института управления народным хозяйством при ЦК СЕПГ

ТРИГУБЕНКО Марина Евгеньевна — кандидат экономических наук, зав. сектором ИЭМСС АН СССР

ЛИГАЙ Константин Михайлович — кандидат экономических наук, старший научный сотрудник ИЭМСС АН СССР

СОРОКИН Геннадий Михайлович — член-корреспондент АН СССР, зав. отделом ИЭ АН СССР

БАЗАРОВА Галина Васильевна — доктор экономических наук, зам. директора научно-исследовательского финансового института Министерства финансов СССР

ПАШКОВСКИЙ Владимир Семенович — кандидат экономических наук, зав. сектором научно-исследовательского финансового института Министерства финансов СССР

ПОПРАВКА

В № 1 журнала на стр. 160 против фамилии Ширяев Ю. С. следует читать: доктор экономических наук, директор Международного института экономических проблем мировой социалистической системы.

Технический редактор И. П. Калачева.

Адрес редакции: 121019. Москва. Г-19. Волхонка. 14. Тел. 203-96-71. Год издания 54-й.

Сдано в набор 06.01.81. Подписано к печати 06.02.81. А 01022. Формат 70×108¹/₁₆. Высокая печать. Усл. печ. л. 14. Учетно-изд. л. 15,97. Тираж 53 000 экз. Изд. № 530. Заказ № 22.

Ордена Ленина и ордена Октябрьской Революции типография газеты «Правда» имени В. И. Ленина. 125865. ГСП. Москва, А-137. ул. «Правды», 24.

Цена 50 коп. Индекс 70157

«Вопросы экономики», 1981, № 2, 1—160.

FSC
www.fsc.org
MIX
Papier | Fördert gute Waldnutzung
FSC® C083411

Kolibri 360 GmbH
Ferdinand-Jühlke-Straße 7
99095 Erfurt, Deutschland
produktsicherheit@kolibri360.de